Frank Wartenweiler
Provozieren erwünscht ... aber bitte mit Feingefühl
Instrumente der „Provocative Therapy"
in der Arbeit mit Eltern und Kindern

Ausführliche Informationen zu weiteren Büchern aus den Bereichen Therapie und Kommunikation sowie zu jedem unserer lieferbaren und geplanten Bücher finden Sie im Internet unter **www.junfermann.de** – mit ausführlichem Infotainment-Angebot zum JUNFERMANN-Programm ... mit Newsletter und Original-Seiten-Blick ...

Besuchen Sie auch unsere e-Publishing-Plattform **www.active-books.de** – mittlerweile weit über 200 Titel im Angebot, mit zahlreichen kostenlosen e-Books zum Kennenlernen dieser innovativen Publikationsmöglichkeit. *Übrigens:* Unsere e-Books können Sie leicht auf Ihre Festplatte herunterladen!

Eine Auswahl von e-Books bei www.active-books.de
Bachmann, Winfried: „Pädagogik ohne NLP – geht denn das?" (kostenlos)
Blickhan, Daniela: „Walt Disneys Beitrag zum Familienleben – mehr als nur Zeichentrickfilme?" (kostenlos)
Vogt, Reinhold: „LernTipps" (kostenlos)
Blickhan, Daniela & Seidel, Isolde: „Mama, die Schule nervt mich!" (€ 7,00)
Birkenbihl, Vera F.: „Sprache als Instrument des Denkens" (€ 6,00)
Krüger, Astrid: „Asperger-Syndrom im Autismusspektrum" (€ 4,00)
Müller, Margot: „Langzeitentwicklung frühgeborener Kinder" (€ 3,00)
Zaepfel, Helmut & Metzmacher, Bruno: „Kinder- und Jugendlichentherapie in komplexen Lebenswelten" (€ 3,00)

Frank Wartenweiler

Provozieren erwünscht ... aber bitte mit Feingefühl

Instrumente der „Provocative Therapy" in der Arbeit mit Eltern und Kindern

Junfermann Verlag • Paderborn
2003

© Junfermannsche Verlagsbuchhandlung, Paderborn 2003

Alle Rechte vorbehalten.
Das Werk einschließlich aller seiner Teile ist urheberrechtlich geschützt. Jede Verwendung außerhalb der engen Grenzen des Urheberrechtsgesetzes ist ohne Zustimmung des Verlages unzulässig und strafbar. Das gilt insbesondere für Vervielfältigungen, Übersetzungen, Mikroverfilmungen und die Einspeicherung und Verarbeitung in elektronischen Systemen.

Satz: La Corde Noire – Peter Marwitz, Kiel

Bibliografische Information der Deutschen Bibliothek
Die Deutsche Bibliothek verzeichnet diese Publikation in der Deutschen Nationalbibliografie; detaillierte bibliografische Daten sind im Internet über http://dnb.ddb.de abrufbar.

ISBN 3-87387-532-2

Inhalt

Vorwort von Frank Farrelly 6
Vorwort 7

1. **Methode der „Provocative Therapy"** 11
   1.1 Arbeit mit Inkongruenzen 20
   1.2 Diagnostisches Vorgehen mit vier Schritten 24
   1.3 Klientenblatt 29
   1.4 Darstellungsform für Inkongruenzen und die vier Schritte an einem Beispiel ... 30
   1.5 Die Konstruktion einer provokativen Intervention 32
   1.6 Die gute Beziehung – erst lacht der Klient, danach der Therapeut 40
   1.7 Das Modell 45

2. **Die Arbeit mit Eltern und ihren Kindern im Rahmen der Erziehungsberatung** 51

3. **Orientierungsmuster** 65

4. **Inkongruenzen** 73
   4.1 Von Eltern vorgebrachte Klagen 75
   4.2 Bei Eltern zu beobachtende Verhaltensmuster 86

5. **Konstruktion der Wirklichkeit – Überzeugungen stabilisieren Verhaltensweisen** 91

6. **Gewinne oder Vorteile von problematischen Verhaltensweisen** 101
   6.1 Vorteile für das Kind 104
   6.2 Vorteile für die Eltern 106

7. **Interventionsmethodik** 109
   7.1 Umgang mit Übertragungen und Gegenübertragungen 109
   7.2 Interventionen in Eltern- und Familiengesprächen 125
   7.3 Interventionen in Kindertherapien 168

8. **Tradierung von Gewalt und Nicht-Denken bei Konflikten – eine Perspektive für das dritte Jahrtausend** 187

Literatur 202
Personen- und Stichwortverzeichnis 204

Vorwort von Frank Farrelly

Als ich Frank Wartenweiler vor einigen Jahren an einem meiner Workshops über „Provocative Therapy" erstmals begegnet bin, war ich nicht nur beeindruckt von seiner grossen Wissbegierde, seinem Lerneifer, seinen vortrefflichen Beobachtungen in Diskussionsgruppen und seiner Intelligenz, sondern auch von seinem köstlichen Sinn für Humor und seiner unverkennbaren Verpflichtung gegenüber dem Wohlergehen von Klienten.

Ein gewandter klinischer Psychologe, wahrhaftig, aber mehr als das war er auch Mensch, ein Mann, der sein Herz nicht vergessen hatte, während er seine Kenntnisse und Fertigkeiten in seinen Trainings erweiterte.

Jedes Jahr, wenn Franz Stowasser und Gabi Cahill-Brunner meinen Workshop im Tagungshaus Löwen in Gresgen, Deutschland, organisieren, freue ich mich, Frank wiederzusehen, und er erscheint regelmässig übersprudelnd von Lächeln, Fragen und Begeisterung, all das, was meine Aufgabe so viel leichter macht.

Unsere gelegentlichen Supervisionsgespräche am Telefon sind für mich immer ein Vergnügen. Er bespricht mit mir seine schwierigsten Fälle, und gemeinsam überlassen wir uns lachend verschiedenen Annäherungsmöglichkeiten und Antworten an den jeweiligen Klienten, welche uns aus der „Provocative Therapy" einfallen, wobei wir Doppelbindungen auflösen, klären, was in diesem Fall theoretisch wichtig ist, und sein Repertoire für therapeutische Reaktionen vergrössern. Er nimmt alle Sitzungen mit mir auf Tonband auf, hört sie sich wiederholt an, studiert sie und verarbeitet sie auf verschiedenen Ebenen.

Das ist Frank Wartenweiler, ein warmherziger Therapeut, der auf tiefsinnige Weise dem Wohlergehen seiner Klienten Sorge trägt und mit beachtenswerter Beharrlichkeit für ihre Gesundung arbeitet. Wenn Sie dieses Buch über seine klinische Praxis lesen, hoffe ich, dass Sie den spasshaften und zugleich auf mitfühlsame Art eindrücklichen Menschen spüren können, der er ist.

Frank Farrelly
Madison, Wisconsin, USA, 7. Januar 2003

Vorwort

Mein erstes Seminar bei Frank Farrelly verliess ich im November 1997 noch mit Skepsis. Eine Therapiesitzung von 25 Minuten Dauer sollte erst im Verlauf der nächsten Monate ihre volle Wirkung entfalten. Farrelly hat den Effekt seiner Arbeit einmal verglichen mit Depot-Medikamenten, die über lange Zeit im Organismus ihre Wirkung tun. Nach dem Seminar, begann ich bald meine Arbeitsweise am einen oder anderen Ort zu ändern. Ich weiss noch gut, was ich einer Mutter gesagt habe, nachdem ich über einige Zeit vergeblich mit „vernünftigen" Argumenten versucht hatte, ihr zu helfen und sie zu einer Änderung ihrer Haltung gegenüber ihrem ungehorsamen Sohn zu bewegen. Wir sprachen gerade von der typischen Angewohnheit von Jungen, stehend über der Klo-Brille zu pinkeln. Die Reinigung überliess er selbstverständlich ihr. Ich habe etwas ähnliches gesagt wie: „Ein typischer Brauch von Männern. Eigentlich muss man schon von einem Kult sprechen. Alle Männer machen das. Gut, dass Sie weder darauf bestehen, dass er sich zum pinkeln setzt, noch dass Sie von ihm verlangen, die Sauerei selber zu putzen. So etwas mögen Männer nicht. So ist es recht. So helfen Sie eine nächste Generation Männer heranzüchten, die ihrer alten Tradition treu bleiben kann und retten den Brauch für das nächste Jahrtausend." Ich habe mich etwas komisch gefühlt dabei, weil das keine integre Aussage meinerseits ist. Ich habe es genau einmal erwähnt. Die Frau hat gelacht, mich etwas merkwürdig angeschaut und das Problem mit ihrem Sohn von einem Tag auf den anderen nicht mehr gehabt. Sie brauchte ihm keine grossen Erklärungen abzugeben. Der zornige Klang ihrer Stimme hat ausgereicht, um ihn zu disziplinieren, wie sie mir später erzählt hat.

Verblüfft war ich von der wiederholten Beobachtung, wie schnell die Wirkung bei Klienten meist einsetzte und wie intensiv diese war. Nach einiger Zeit habe ich die Wirkung bei mir selbst mit meinen Erfahrungen in Psychoanalyse verglichen. Was mir da in 25 Minuten passierte, konnte in der Psychoanalyse gut zwei Jahre brauchen. Ich habe intensive Erfahrungen in verschiedenen Therapiemethoden gemacht: Psychoanalyse, Gruppentherapie, Körpertherapie, Hypnotherapie und NLP. Worin bestand der Unterschied zu all diesen

Methoden? Während alle anderen Therapeuten mir lange Zeit irgendwelche Hoffnungen über mich gelassen hatten, liess Farrelly von Anfang an mit lauter Stimme keine Illusionen über mich und mein Wesen aufkommen. Das war akzeptabel, heilsam und überzeugend.

Trotz weiterer Seminare bei Farrelly und wiederholter Lektüre der wenigen Fachbücher fand ich in der eigenen Praxis manchmal keinen Einstieg in diese Methode. So logisch und klar die Interventionen in der Literatur und in den Seminaren waren, mit eigenen Klienten in den vier Wänden der Praxis allein, fehlte mir immer wieder eine Verbindung zu dieser Methode. Vielleicht bin ich langsam, vielleicht auch blöd, dachte ich manchmal. Zugleich war ich von weiteren Erfolgen immer wieder begeistert. So habe ich aus Not einerseits und aus Überzeugung andererseits begonnen, systematisch nach dem zu suchen, was vor der Intervention ist. Nach dem Weg, der bei einer Aussage oder Verhaltensweise eines Klienten beginnt. Ich fragte mich, was ich von da aus genau unternehmen musste, um zur provokativen Intervention zu gelangen. Mit dieser Frage im Hinterkopf analysierte ich Audiobänder von Sitzungen und das Buch von Farrelly. Am Ende kamen noch Supervisionsgespräche bei ihm hinzu. Ein Schwerpunkt dieses Buchs ist, Wege aufzuzeigen, die von unterschiedlichen Klientenaussagen oder Verhaltensweisen zu provokativen Interventionen führen.

Wenn wir Früchte auf einem Baum oben ernten wollen, reicht es nicht, dass wir wissen, wie man sie pflückt. Wir brauchen eine Leiter, um vom Boden zu den Früchten hinauf zu gelangen. Die Kniffe des Erntens entsprechen den Interventionstechniken. Das hier dargestellte Instrumentarium lässt sich vergleichen mit der Funktion einer Leiter. – Wenn wir die Leiter an den Baum lehnen, hinaufsteigen und Früchte ernten, sind wir gefordert, von Augenblick zu Augenblick achtsam mit der Situation umzugehen. Wir beobachten, ob die Leiter genügend Halt hat, und passen auf das Gleichgewicht auf. Dies ist bei der therapeutischen Arbeit ähnlich. Alle Techniken, so auch die hier beschriebenen Instrumente, stellen jeweils nur einen einzigen Aspekt einer Situation dar, die sich andauernd wandelt, laufend neue Bedeutungen hervorbringt und so ständig instabil und mit Worten nur unzulänglich zu beschreiben ist.

In derselben Zeit, in der ich angefangen hatte, bei Farrelly zu lernen, habe ich mich teilzeitlich in einen neuen Bereich eingearbeitet: Erziehungsberatung. Er kam mir zu Beginn ziemlich quer. Wo früher Menschen Hilfe für sich selber beansprucht hatten, boten mir jetzt Eltern ihre „gestörten" Kinder zur Behandlung an, die sie am liebsten zu einem späteren Zeitpunkt wieder „repariert" nach Hause nehmen wollten. Die Kinder kamen meist sehr gern zu mir. Aber manche zeigten keine Veränderungen. Und es stellte sich bald die Frage, wie ich Eltern in die Arbeit einbeziehen konnte, die keinen Sinn in einer Behandlung von ihnen sehen wollten, aber unbewusst damit beschäftigt waren, die beklagte Störung zu pflegen, wie man eine schöne Pflanze im Garten umsorgt. Ich suchte systematisch nach Möglichkeiten, den neuen Ansatz für die Erziehungsberatung fruchtbar zu machen, in Gesprächen mit Eltern, Familien und in Kindertherapien. Meine Erfahrungen damit bilden den zweiten Schwerpunkt dieses Buches und einen grossen Teil des Materials für Beispiele.

Das Buch wächst unentwegt, während ich es schreibe. Genau so, wie meine Erfahrungen täglich reicher werden. Es enthält Widersprüche und ist unvollkommen. Es ist eine Werkstudie, geschrieben aus der Praxis für den Praktiker. Ich habe nie gedacht, dass ich je so etwas schreiben würde. Farrelly hat mich weit mehr dazu provoziert, eine solche Arbeit zu tun, als jeder andere Mensch, der meinen guten Willen unterstützt hätte. Wenn ich an meine ersten Gespräche mit ihm zurückdenke, vermute ich, dass auch er mir so etwas nie zugetraut hätte. Obwohl, man sieht ja nie hinter seine Karten ... Als ich in einer Sitzung mit ihm darüber sprach, dass mein Denken zeitweilig aussetzt und ich dann ein „slowminded man" bin, wie er es damals genannt hat, hat er ganz liebevoll als erstes zu mir gesagt: „I accept." In keiner anderen Methode wurde ich so schnell und so offensichtlich auf das hingewiesen und festgelegt, was ich bin.

Die Überraschung folgte später. Nachdem ich herzhaft wie mit keinem anderen Menschen über meine Marotten hatte lachen können, begann ich mich zu verändern. Heute wundere ich mich rückblickend, wohin denn diese Momente von Gedankenausfall verschwunden sind. Solche Erfahrungen haben meine Neugier geweckt und halten sie weiterhin auf Trab. Heute schätze ich die spezielle Gunst, auch Fälle aus der Praxis mit Farrelly direkt besprechen zu können. Am Telefon zwischen zwei Kontinenten und mit zwei verschiedenen Muttersprachen ist dies nicht immer einfach. Jedes Gespräch, das ich getreu seinen Anweisungen auf Tonband aufzeichne, ist eine Quelle von Humor, Inspiration und Weisheit und deshalb Gold wert. – Als er von meinem Buch erfuhr, war seine erste Frage: „Verwendest du Humor? Bring Humor hinein!" Er hat weiter einen befreundeten Psychiater zitiert: „Jeder kann vorgeben, seriös zu sein, aber nicht jeder kann humorvoll sein." (Ich hatte den ersten Teil des Satzes wörtlich mitgeschrieben und wunderte mich am Tag darauf: Ist dieses eingestreute „vorgeben" nicht sehr hintergründig?) Zwischen meiner Prägung durch eine wissenschaftliche Ausbildung so ernster Natur, dass Humor höchstens zufällig durch Fehlleistungen und Situationskomik Platz hatte, und Farrellys selbstverständlichem Humor hoffe ich eine Position gefunden zu haben, die seinen Vorstellungen entspricht, d.h. genug Humor eingestreut zu haben, dass Sie beim Lesen auch etwas zu lachen haben.

Dieses Buch habe zweifellos ich selbst geschrieben, mit meinen Händen, mit dem Bleistift und der Tastatur eines Computers. Dennoch habe ich es nicht selbst geschrieben. Es hat sich über weite Strecken selbst verfasst. Die Worte und Zeilen haben sich in den unmöglichsten Momenten einfach in meinem Kopf gebildet: beim Aufwachen, kaum hatte ich einen Fuss vor die Haustür gesetzt, wenn ich essen wollte ... Das konnte schon richtig lästig werden.

Über allem weht der Geist anderer Menschen, die irgendwie mitgeschrieben haben. Vorab von Farrelly, aber auch von Milton H. Erickson, auch wenn ich ihm nie direkt begegnet bin.

Dann von vielen Psychoanalytikern, Gruppendynamikern, Psychodramatikern, Gesprächspsychotherapeuten, NLP-Trainerm etc., bei denen ich viele Techniken und vor allem das Verständnis für das Geschehen von Übertragung und Gegenübertragung gelernt habe. Etwas, womit Farrelly selbstverständlich und auf eine eigene und sehr wirksame Weise arbeitet. FreundInnen und KollegInnen haben mich in Diskussionen zu klareren Gedanken herausgefordert. Schliesslich haben Eltern und Kinder, die mir in den therapeutischen Gesprächen ihr Vertrauen entgegengebracht haben, viel zu diesem Buch beigetragen. Dank sei hier all diesen Menschen ausgesprochen, die auf ihre Weise diese Zeilen mit mir geschrieben haben sowie auch dem Team von Junfermann, welches die Publikation derselben ermöglicht.

1. Methode der „Provocative Therapy"

Als Bettler[1]

An Markttagen stand Mulla Nasrudin häufig auf der Gasse und machte sich zum Narren: Sooft ihm Leute ein grosses und ein kleines Geldstück anboten, nahm er jedes Mal das kleinere.
Eines Tages sagte ein wohlmeinender Mann zu ihm: „Mulla, du solltest die grössere Münze nehmen. Dann wirst du mehr Geld besitzen, und die Leute haben nicht länger Gelegenheit, sich über dich lustig zu machen."
„Das mag stimmen", sagte Nasrudin, „aber wenn ich stets die grössere nehme, werden die Leute aufhören, mir Geld zu geben. Denn sie tun es ja nur, um zu beweisen, dass ich verrückter bin als sie. Und dann würde ich überhaupt kein Geld mehr haben."

Provoziert werden? Das hat uns gerade noch gefehlt. Wir haben doch schon genug Unannehmlichkeiten. Wir brauchen nicht noch mehr. Provozieren assoziieren wir in der Regel mit negativen Vorstellungen – mit allem anderen jedenfalls als Humor, Lachen und gesunder Entwicklung. In der Erziehung erinnert es an freche Kinder, die den Gehorsam verweigern und sich so unanständig benehmen, dass wir uns als Eltern schämen müssen. Jugendliche, deren Kleidung, Schmuck und Haartracht schon das Auge beleidigen, ganz zu schweigen von ihrer Art, lässig unsere Traditionen in einer Art zu verspotten, welche uns die Wände hochtreibt. – Kinder und Jugendliche sehen es aus ihrer Position nicht anders. Es sind allerdings die Eltern, die „nerven" mit ihren ewig dauernden, täglich wiederholten öden Belehrungen, Anweisungen, Zurechtweisungen, Ermahnungen ... und so fühlen sich Kinder und Jugendliche ihrerseits provoziert. Dies ist ein Grund für sie, die Erwachsenen so zu ärgern, dass wir möglichst nicht zurückgeben können, ohne das Gesicht zu verlieren. Es lachen höchstens diejenigen, die provoziert haben. Auf Kosten der anderen!

---

1 Zitiert aus Shah, Idries: *Die fabelhaften Heldentaten des vollendeten Narren und Meisters Mulla Nasrudin.* Herder, Freiburg 1984, S. 38

Ganz anderes ist in der „Provocative Therapy" gemeint. Wenn Sie zu den Menschen gehören, die immer zu spät kommen und lernen wollen, endlich pünktlicher zu werden, erwarten Sie von einem professionellen Ratgeber eine sinnvolle Unterstützung, einen nützlichen Rat oder vernünftigen Plan. Anstatt dessen behauptet ein mit „Provocative Therapy" arbeitender Therapeut so etwas wie, wahrscheinlich fehle es Ihnen an Voraussetzungen für Ihr Vorhaben. Humorvoll meint er, dass Ihr Erinnerungsvermögen, vielleicht altersbedingt, irgendwie so angegriffen sei, dass Sie im entscheidenden Moment nicht mehr genug Hirn zusammenkratzen können, um sich daran zu erinnern, ab und zu auf eine Uhr zu schauen. Er neckt Sie, dass Sie damit wohl nur überspielen wollten, dass Sie die Uhrzeit gar nie lesen gelernt haben. So ein Quatsch. Das provoziert bestimmt Protest. Das bringt Sie in Bewegung. Sie werden sich an Beispiele erinnern, wo Sie durchaus pünktlich gewesen sind, und Ihre Fähigkeit dazu beweisen. Dies ist die Ebene, auf der Provozieren in der Therapie wirksam wird. – Nun gut, wird Ihr Gesprächspartner mit Bedauern, aber auf liebevoll verzeihende Art einwenden: Ihre Unpünktlichkeit gehört halt zu Ihrem Wesen. Sie sind einfach eine dieser antiken Raritäten, ein gemütlicher Mensch, der sich noch Zeit lässt. Wozu wollen Sie in der unsinnigen Hektik von heute mithalten? Akzeptieren Sie Ihre Gemütlichkeit. Sie macht Sie sympathisch und, wer weiss, am Ende kommt sie Ihrer Gesundheit zugute und wird Ihr Leben um ein paar Jahrzehnte verlängern? So bleibt Ihr Herzinfarktrisiko gering. Was soll denn daran falsch sein? Schon wenn Sie zu spät kommen, haben Sie Zeit gewonnen. Wenn Sie länger leben gewinnen Sie nochmals Zeit. Kommen Sie auf diese Weise nicht im Grunde zu viel mehr Zeit als alle Ihre Zeitgenossen? Das ist doch ein leuchtendes Beispiel für gut organisierte Zeitersparnis.

In dieser Weise findet der Therapeut in der „Provocative Therapy" immer gute Gründe für Eigenschaften, die wir an uns selbst ablehnen, für Süchte, Zwänge, schlechte Gewohnheiten etc. Manchmal kann er sich sogar dafür begeistern, während wir wegen seiner verrückten Argumentation protestieren und uns erst recht von unserem negativen Verhalten distanzieren wollen. Er überrascht, wenn er ausgerechnet unsere fragwürdigsten Überzeugungen selbstverständlich richtig findet und weiter zementiert. So verdreht er unsere Wahrnehmung, verwirrt uns und fordert zum Nachdenken heraus. Er tut dies mit Humor, so dass wir etwas zu lachen haben, während wir vielleicht an Einsicht etwas reicher und weiser werden. Seine Reaktionen beleben uns, wo wir erstarrt waren.

Eltern, die ihren Kindern kaum Grenzen setzen und die sich deshalb über deren Benehmen beklagen, kann er für ihre grosse Toleranz loben, einer Qualität, die leider vom Aussterben bedroht sei wie die Walfische und deshalb nur noch selten anzutreffen. Er wird sie hilfreich unterstützend auf übersehene Gelegenheiten aufmerksam machen, wo sie ihren Kindern noch mehr Freiheiten gewähren könnten. Was ist das denn für ein lächerlicher Preis, dass sie weiterhin das unmögliche Benehmen der Kinder ertragen müssen? Ein nebensächliches Opfer angesichts des hohen Wertes einer Erziehung zur Freiheit, alle Grenzen zu überschreiten. Wenn er es gerade mit Eltern zu tun hat, deren Gabe vor allem darin liegt, den

Kindern viel Freiheiten zu gewähren, mehr als für sie gut ist, werden sie schon ihre Gründe haben. Anstatt sich gegen ein Verhalten zu stellen, das am Ende nur dem Therapeuten unvernünftig scheint, und eine Korrektur erzielen zu wollen, spielt er einfach mit und übertreibt ein bisschen. Indem er so „verrückt" spielt, wirft er auf seine Weise Licht auf fragwürdige Motive unseres Handelns. Es sind dann rasch die Klienten selbst, die gegen den Narren protestieren und sich für Veränderungen einzusetzen beginnen, im Beispiel dafür, mehr Grenzen zu setzen. Wenn dies geschieht, beginnt der Veränderungsprozess am richtigen Ort.

Provozieren ist im Kontext der Psychotherapie im ursprünglichen Sinn des Wortes, im Sinne von „pro + vocare"[2], zu deutsch „hervorrufen", zu verstehen. Der Therapeut will eine „unmittelbare, affektive Erfahrung in der Therapie"[3] oder direkt neue Reaktionen provozieren und Kräfte wecken. Die Therapie ist kein Ort intellektueller Diskussion, sondern ein Ort der Veränderung. Sie ist eine Begegnung, in welcher der Therapeut dem Klienten hilft, neue und gesündere Reaktionsweisen zu entwickeln. Sie soll uns auch Einsichten bringen und unsere Fähigkeit entwickeln, über uns selbst und unsere eigene Beschränktheit zu lachen.

So lässt sich kurz zusammengefasst das Wesen der „Provocative Therapy"[4] umschreiben, welche in den sechziger Jahren des letzten Jahrhunderts von Frank Farrelly (USA, geb. 1931) entwickelt wurde. Er war Schüler von Carl Rogers, bei dem er die Methode der Gesprächspsychotherapie erlernt und mit dem er lange Zeit eng zusammengearbeitet hat. Aus den Erfahrungen mit dieser Methode und im Rahmen seiner Arbeit in einer psychiatrischen Klinik entwickelte er einen eigenständigen Ansatz. Die „Provocative Therapy" vermag in kurzer Zeit starke, anhaltende therapeutische Effekte hervorzurufen, wie Farrelly in der Behandlung von chronischen Patienten innerhalb der Klinik und in der Behandlung von Fällen schwerer Dissozialität bewiesen hat. Mit relativ geringem Aufwand lassen sich gute Ergebnisse für verschiedene, psychische Schwierigkeiten erzielen.

Da mit der „Provocative Therapy" direkt an den tiefsten, inneren Überzeugungen von Klienten gearbeitet wird, die teilweise ausserhalb des Bewusstseins liegen, vereinigt sie die ökonomischen Vorzüge einer Kurzzeittherapie mit den qualitativen Vorzügen tiefenpsychologischer Verfahren. Selbst wenn es sich um einen eigenständigen Ansatz handelt, findet man

---

2 Farrelly, F. im Internet: www.provocativetherapy.com/whatis.html 2002
3 Farrelly, F. & Brandsma, J.M.: *Provokative Therapie.* Springer Verlag, Berlin, Heidelberg 1986, S. 73/74
4 Entstehung, Grundannahmen, Techniken der „Provocative Therapy" und z.T. ganze Therapiesitzungen im Wortlaut werden detailliert beschrieben und wiedergegeben in den drei Werken:
➤ Farrelly, F. & Brandsma, J.M.: *Provokative Therapie.* Springer Verlag, Berlin, Heidelberg 1986
➤ Höfner, Eleonore & Schachtner, Hans-Ulrich: *Das wäre doch gelacht! Humor und Provokation in der Therapie.* Rowohlt Taschenbuch 1490. Hamburg 1997
➤ Wippich, Jürgen & Derra-Wippich, Ingrid: *Lachen lernen.* Junfermann, Paderborn 1996

darin Techniken wieder, die auch in verschiedenen anderen Therapiemethoden verwendet werden. Paradoxe Interventionen, Elemente von Psychodrama, Gestalttherapie, Gesprächspsychotherapie, Hypnose, Verhaltenstherapie und psychoanalytischer Technik, unter anderem im Verständnis von Übertragung und Gegenübertragung. Einzigartig ist, wie diese Methode der Psychohygiene des Therapeuten gerecht wird. Sie erlaubt ihm, sich während der ganzen Arbeit gesund und gut zu fühlen und selber offen Spass daran zu haben. Farrelly dazu: „Wenn die therapeutische Arbeit wirklich Spass mache, geschehe dies keinesfalls auf Kosten der Bedürfnisse der Klienten. Provokative Therapie stärke nicht nur Klienten, sondern auch Therapeuten und sei damit eine gute Burn-out-Prophylaxe."[5]

In der „Provocative Therapy" erwartet der Therapeut zu keinem Zeitpunkt je Geradlinigkeit, Entschiedenheit, Konsequenz, Zielorientiertheit und ähnliches von seinen Klienten. Im Gegenteil geht er davon aus, dass so etwas nicht existiert, weil der lebendige Mensch sich grundsätzlich immer in Widersprüchlichkeiten befindet. Dies suggeriert die direkte Beobachtung therapeutischer Arbeit von Farrelly mit Klienten. Die meiste Zeit über taucht er richtiggehend gemeinsam mit ihnen in ihre schlimmsten Widersprüchlichkeiten ein und lässt sich von ihrer pendelnden Bewegung zwischen zwei Polen mittreiben, fortwährend bereit, ihr ganzes Desaster vorbehaltlos zu teilen. Auf diese Weise ist er immer auf ihrer Seite und bleibt jeden Augenblick im nahen Kontakt mit allem, was ein Klient gerade erlebt. – Er hat zugleich eine ebenso grosse Toleranz für seine eigenen widersprüchlichen Reaktionen, welche er offen in seiner Arbeit zur Sprache bringt. Seine Aufmerksamkeit gilt konsequent jeder Äusserung von Widersprüchlichkeit. Wenn diese ursprünglich rhythmische Bewegung des Lebens erstarrt und ein Mensch auf einem Pol eines Widerspruchs, einer Ambivalenz oder auch einer Inkongruenz verhaftet bleibt, wird dieser von selbst zum Fokus der Behandlung. Dort verstärkt der Therapeut einfach die durch Überbetonung negativ gewordene Seite weiter, bis ein Klient von sich aus wieder in Bewegung kommt.

Das funktioniert ähnlich wie bei einer Waage. Sind beide Schalen leer, stehen beide Seiten der Waage in einem Gleichgewicht oder balancieren hin und her. Legt man etwas in eine Schale hinein, braucht es Gewicht auf der anderen Seite, um das Gleichgewicht wieder herzustellen. Wenn man auf die eine Seite immer mehr Dinge legt, dann braucht es für ein Gleichgewicht immer mehr Gegengewicht. Das kann die Waage bis zum Brechen strapazieren. Anstatt mühsam Gegengewicht zu geben, drückt der Therapeut in der „Provocative Therapy" bildhaft gesprochen einfach mit seiner Hand auf die ohnehin schon überladene Schale, bis Ware und Gewichte durch die Bewegung von den Schalen fallen. Die Waage wird so entlastet und findet nun in einer balancierenden Bewegung wieder ihr Gleichgewicht. – Oder um es mit einem anderen Vergleich zu sagen, geht er ähnlich vor wie der Judokämpfer. Anstatt einem Angreifer Gegendruck zu geben, nutzt der Judokämpfer im

---

5 Hain, Peter: *Das Geheimnis therapeutischer Wirkung.* Carl Auer, Heidelberg 2001, S. 69

richtigen Moment die Kräfte des Angreifers so für sich, dass jener z.B. auf die Nase fällt. Nur will der Therapeut nicht den Klienten zu Fall bringen, höchstens dessen Verrücktheiten. Vor allem will er die Energien, die der Klient an seine Verrücktheiten gebunden hat, so umlenken, dass jener seine Kräfte wieder produktiver nutzen kann.

Viele Lebenskrisen balancieren sich auf ähnliche Weise spontan aus. Wenn Eltern aus Fürsorge ihr Kind mal kontrollieren und dann wieder sich selbst überlassen, kann dieser Wechsel an Aufmerksamkeit eine rhythmische Bewegung im Leben aller Beteiligten darstellen. Die Situation ist im Gleichgewicht. – Jahre später widersetzt sich ein Adoleszent zu Hause starrköpfig jeder Kontrolle. Wider die Hausregel schmuggelt er sogar seine Freundin in die Wohnung und erlaubt ihr, heimlich in seinem Zimmer zu übernachten. Die Eltern misstrauen ihm zusehends und klammern sich umso mehr an die Notwendigkeit, Kontrolle auszuüben, als ihr Sohn ihnen nicht reif genug erscheint, ohne diese auszukommen. Streit, einander anschweigen und aus dem Weg gehen sind die Folgen, bis die Eltern es eines Tages nicht mehr aushalten. Sie werfen ihren Sohn aus der Wohnung, in grosser Angst, dass der noch in Ausbildung stehende junge Mann nicht fähig sein werde, Ausbildung und Haushalt selbständig zu bewältigen. Ganz plötzlich entfällt auf beiden Seiten das Kräftespiel, das sich polarisiert hatte. Die Eltern haben nichts mehr zu kontrollieren. Der Jugendliche braucht nicht mehr zu kämpfen. Und, oh Wunder, wo die beiden Parteien nicht mehr miteinander reden konnten, kehrt plötzlich gegenseitiges Interesse und Anteilnahme zurück. Nicht selten zeigt sich der Jugendliche zu weit mehr Selbstkontrolle fähig, als die Eltern erwartet hatten, während sie sich wieder entspannen und Vertrauen zurückgewinnen können. So lauten Berichte von Eltern.

Die Methode der „Provocative Therapy" stellt praktische Instrumente zur Verfügung, mit denen wir wirkungsvoll Erstarrungen dieser urmenschlichen, zwischen Gegensätzen pendelnden Bewegung lösen helfen können. Wo Erstarrung herrscht, soll Lebendigkeit zurückkehren. Diese Instrumente sind über den Rahmen der Psychotherapie hinaus punktuell auch für Beratung, Schulung, Erziehung, Verkauf etc. brauchbar, in allen Situationen, in denen wir anderen Menschen aus einer Fixierung heraushelfen möchten.

Drei grundlegende Haltungen des Therapeuten charakterisieren seine Arbeitsweise und haben stets Vorrang vor allen Strategien und Techniken:

1. *Akzeptanz, Empathie, emotionale Wärme und Hingabe.* Der Therapeut zeigt diese Haltung, wenn er Klienten bis in die extremsten Formen von Erstarrung zu begleiten bereit ist. Farrelly schreibt: „Die Aufgabe des Therapeuten ist es, mit dem Patienten von Augenblick zu Augenblick auf der affektiven Ebene und mit den Verhaltensweisen, die etwas vermeiden wollen, in Kontakt zu bleiben."[6] Und in einem Gespräch mit Peter Hain begründet er

---

6 Farrelly, F. & Brandsma, J.M.: *Provokative Therapie.* Springer Verlag, Berlin, Heidelberg 1986, S. 79

seinen Erfolg mit: „Die Fähigkeit, sich ganz auf diesen Moment, diesen Patienten, dieses Paar oder diese Gruppe zu konzentrieren, als gäbe es nichts Wichtigeres auf der Welt. ‚Love and do what you will', mit diesen Worten habe es Augustinus ausgedrückt, und ein guter Therapeut brauche ein Herz für seine Patienten, mit ihnen zu arbeiten, alle Energie aufzuwenden, aus dem einzigen Grund, weil sie (die Patienten) hier sind."[7]

2. *Kongruenz und Ehrlichkeit.* Der Therapeut zeigt dies, wenn er seine Reaktionen auf Klienten unmittelbar und offen äussert. Jene sollen jederzeit wissen, was sie bei ihm auslösen. Farrelly begründet dies so: „Der Geist des Menschen braucht Wahrheit wie seine Lungen Luft brauchen, und ‚meine Reaktion auf dich in diesem Augenblick, in diesem Gespräch ist eine soziale Wahrheit oder Realität', die, wenn sie vermittelt wird, auf lange Sicht fast immer hilft."[8] Dies ist eine Form, Klienten ernst zu nehmen und ihnen als gleichwertiger Partner zu begegnen. Farrelly sagt: „Ich tue es, konfrontiere sie direkt und sage ihnen damit indirekt: ‚Du bist stark genug, dies zu verkraften.'"[9] Er selbst ist ein instruktives Modell dafür, wie wir schwierige Gefühle und Gedanken gegenüber anderen von Anfang an in einer Beziehung auf akzeptable Weise zur Sprache bringen können. Und er ist ein Meister darin, wie man zugleich einerseits den Klienten und andererseits der eigenen Person auf ausgewogene Art Aufmerksamkeit zuwenden kann.

3. *Humor* ist ein Element, welches sich durch alle therapeutischen Stunden mit Farrelly hindurchzieht. Er sagt: „Wohlwollender Humor ist heilsam und kann als starke Gegenkonditionierung wirken. Jeder kann lernen, seinen Humor zu entwickeln."[10]

Klienten werden in der „Provocative Therapy" nicht wie Porzellantassen, nicht als zerbrechliche, schwache, hilflose und schonungsbedürftige Wesen betrachtet, die ihr Leben noch knapp mit der Unterstützung eines starken Helfers wieder in Griff bekommen können, so wie sie manchmal selbst gerne gesehen werden möchten und wie es der Selbstgefälligkeit von Helfern schmeicheln könnte. Farrelly schreibt: „Die psychische Zerbrechlichkeit der Patienten wird in hohem Masse überschätzt – von ihnen selbst und von anderen."[11] Sie werden in der „Provocative Therapy" als Menschen wahrgenommen, die über hinreichend Stärke und Ressourcen verfügen, um mit ihrem Leben momentan fertig zu werden. Fehlhaltungen und Symptome werden als eine verzerrte und deplazierte Manifestation ihrer Ressourcen betrachtet. Sie absorbiert Phantasie und Energie dieser Menschen. In ihnen äussern sich gerade Stärke und Lebensenergie von Klienten, wenn auch auf eine verschlüsselte Weise.

---

7   Hain, Peter: *Das Geheimnis therapeutischer Wirkung.* Carl Auer, Heidelberg 2001, S 64
8   Farrelly, F. & Brandsma, J.M.: *Provokative Therapie.* Springer Verlag, Berlin, Heidelberg 1986, S. 84
9   Hain, Peter: *Das Geheimnis therapeutischer Wirkung.* Carl Auer, Heidelberg 2001, S. 67
10 Hain, Peter: *Das Geheimnis therapeutischer Wirkung.* Carl Auer, Heidelberg 2001, S. 72
11 Farrelly, F. & Brandsma, J.M.: *Provokative Therapie.* Springer Verlag, Berlin, Heidelberg 1986, S. 55

Diese Überlegungen reduzieren allerdings eine Grundhaltung auf psychologische Überlegungen, welche für die Praxis relevant sind. Die dahinter stehende Haltung ist umfassender und bezieht sich auf ein Bild des Menschen, der nie zu bevormunden und immer gleichwertiger Partner ist. Der andere verdient zu jeder Zeit unseren vollen Respekt, weil Selbstbestimmung und Unabhängigkeit das Wesen des Menschen sind.

Wie viel Zeit können Eltern mit falscher Zurückhaltung gegenüber unangemessenen Verhaltensweisen eines Kindes verbringen, aus Angst einen Fehler zu machen. Sie spüren, dass etwas auf ihre Kosten geht, und dass es für ihre Gesundheit richtig wäre, anders zu reagieren. Aber sie halten sich selbst zurück. Eine Mutter erlaubte ihrem Kleinkind monatelang sie zu beissen, manchmal bis sie blutete, und ihr Schmerzen zuzufügen. Wenn das nicht ein Zeichen von Stärke ist! Vielleicht nicht gerade an einem optimalen Ort investiert. Aber Hauptsache, es ist gut für das Kind! – Andere verbrauchen sich tapfer immer wieder an denselben, erfolglosen erzieherischen Massnahmen und wagen nicht, anderes zu versuchen. Wenn Klienten danach innerlich verletzt und ausgepumpt zur Behandlung kommen und über fehlende Energie klagen, brauchen sie vom Therapeuten nicht einen mit Samt ausgekleideten, in gedämpftes Licht gehaltenen Ruheraum, in dem sie Erholung und Schonung finden. Das würde ihnen in keiner Weise helfen. Sie werden ihre Erschöpfung nicht durch eine Schlafkur beheben, weil sie Folge zwar begründeter, aber dennoch inadäquater Entscheidungen ist, die dazu geführt haben und täglich weiter dazu führen, dass sie ihre Energie chronisch und gut organisiert am falschen Ort einsetzen. Sie brauchen Verständnis vom Therapeuten und eine nette Einladung, Einsicht zu entwickeln und ihre Haltung zu ändern.

Klienten erhalten in der „Provocative Therapy" weder Aufmunterung, guten Rat oder unterstützenden Zuspruch im klassischen Sinne, noch bekommen sie Ermahnungen zu hören. Beides weckt im tiefsten Inneren das Gefühl, unfähig zu sein oder versagt zu haben, und würde bestehende Schuldgefühle nur steigern. Schuldgefühle behindern persönliche Veränderung mehr als sie zu fördern. Anstatt dessen schafft der Therapeut durch sein ganzes Verhalten und seine Aussagen einen Raum in der unmittelbaren Beziehung zu seinen Klienten, der bei ihnen direkt andere, vielfach brachliegende Potentiale wecken soll. Die deklarierten Ziele des Begründers der „Provocative Therapy"[12] sind, Verhaltensweisen hervorzurufen, die Klienten ermöglichen,
➤ ihren Selbstwert zu sichern,
➤ sich bei der Erfüllung von Pflichten und in Beziehungen angemessen zu behaupten,
➤ sich realistisch zu verteidigen,
➤ sich in der psychosozialen Wirklichkeit auf Experimente einzulassen und
➤ sich auf Wagnisse in persönlichen Beziehungen einzulassen.

---

12 siehe auch Farrelly, F. & Brandsma, J.M.: *Provokative Therapie.* Springer Verlag, Berlin, Heidelberg 1986, S. 74/75

Der Therapeut geht in der „Provocative Therapy" davon aus, dass Klienten den inneren Ausgleich selbst schaffen, automatisch die zu ihrem Leben passenden Ziele wieder wahrnehmen und darauf hinsteuern werden, wenn sie ihre Lebensenergie von ihren Symptomen oder Fehlhaltungen zu lösen beginnen. Dies ist noch einmal Ausdruck der respektvollen Haltung, welche in Würde bei allen Menschen grundsätzlich Selbstbestimmung und Kompetenz voraussetzt. Von der ersten Sekunde an geht der Therapeut an die Arbeit, die dies zum Ziel hat und sich an definierten Instrumenten der Diagnostik und Interventionsmethodik orientiert. Oft beginnt er seine Arbeit, noch bevor er sich über Behandlungsziele unterhalten hat, allein aufgrund von Verhaltensbeobachtungen und Andeutungen.

Seine Aufgabe ist es in keiner Weise, Klienten zu anständigen, gut funktionierenden und angepassten Menschen zu machen. Noch nicht einmal sie dazu zu bringen, Ziele zu erreichen, die sie sich selber *bewusst* gesetzt haben. Schlagworte wie Zielorientiertheit, Effizienz und lösungsorientiertes Vorgehen werden heute auch in der Psychotherapie als allmächtige Instrumente hoch gepriesen, obwohl bewusst gesetzte Ziele manchmal das Wesentliche verpassen. Es gibt gut durchsetzungsfähige Menschen, die mit lauter Stimme darauf bestehen, endlich durchsetzungsfähiger gemacht zu werden, denen es im Grunde an Einfühlungsvermögen fehlt. Menschen mit hoher Selbstkontrolle sind fähig, nach einer noch perfekteren Beherrschung ihrer letzten, noch nicht ausgerotteten, spontanen Reflexe zu verlangen, die in einer Art seelischem Reservat nur noch als nutzlose Symptome dahinvegetieren.

Der Therapeut setzt sich in der „Provocative Therapy" vom ersten Augenblick an konsequent dafür ein, Klienten in eine Lage zu manövrieren, in der sie ins Stocken geratene Entwicklungen wieder aufnehmen und fortsetzen können. Entwicklungen stocken, wenn wir unseren persönlichen Lebensweg verfehlen mit seinen Bestimmungen und Veranlagungen. Diese Pläne sind weit mehr im Unbewussten angelegt, als in unseren Köpfen und als unseren Köpfen lieb ist. Man könnte auch sagen, dass der Therapeut die Therapie selbst als einen Raum betrachtet, in welchem er in erster Linie Gelegenheiten schafft für neue Erfahrungen, die dem Wachstum der Klienten dienen. Ein Raum auch, in dem ein Klient seine inneren Konflikte lösen wird. Was in der Therapiestunde geschieht ist weniger etwas, was wir mit dem Verstand begreifen sollen, als etwas, was unsere Erlebnismöglichkeiten erweitert.

Ausgerechnet in der Arbeit mit Familien, die Behandlung wegen verhaltensgestörter Kinder suchen, ist Anpassung allerdings ein Teil der Therapie. Im Mittelpunkt steht jedoch etwas anderes: die Entwicklung des ganzen Familiensystems. Dazu gehört auch, dass das Kind Respekt entwickeln, Regeln akzeptieren und Rücksicht nehmen lernt. Wenn es sich besser in die Gemeinschaft integrieren kann, wird häufig eine Menge Energie frei, gefolgt von einem Entwicklungsschub auf emotionaler, körperlicher, sozialer und intellektueller Ebene. Wenn Eltern anfangen, bestimmter und klarer Regeln durchzusetzen, lernen sie dazugehörige Konflikte durchzustehen, erweitern ihr Einfühlungsvermögen und ihre

Fähigkeit, ihren Kindern Halt und Orientierung zu geben. Diese Erweiterung der Verhaltensmöglichkeiten bei allen Angehörigen ist das eigentliche Ziel der Arbeit mit Familien und verhaltensgestörten Kindern.

In einem Gespräch mit Peter Hain verdeutlicht Farrelly, wie bedeutsam neben innerpsychischen auch unsere psychosozialen Muster sind, eine Haltung, die seine Methode für die Arbeit mit Familien geradezu prädestiniert: „Einer der wichtigsten Faktoren für dich, mich, unsere Klienten und Familien ist der, welchen Einfluss wir mit unserem Verhalten auf andere Menschen haben. Es geht nicht nur um innerpsychische, sondern auch um psychosoziale Muster. Wir leben nicht nur in psychischen, sondern auch in familiären, kulturellen, ökonomischen oder spirituellen Systemen."[13]

---

13 Hain, Peter: *Das Geheimnis therapeutischer Wirkung*. Carl-Auer, Heidelberg 2001, S. 71

1.1 Arbeit mit Inkongruenzen

Grundlage der „Provocative Therapy" ist die Arbeit mit Inkongruenzen. Weil Klienten solche schon in den ersten Sekunden zeigen, kann der Therapeut sofort an die Arbeit gehen. Inkongruenzen sind widersprüchliche Botschaften. Entweder handelt es sich um eine Ambivalenz, wenn eine Person mehr oder weniger bewusst zögert, zwischen verschiedenen Alternativen zu wählen. Oder es handelt sich um einen Widerspruch, wenn eine Person gleichzeitig zwei unvereinbare Haltungen einnimmt. Häufig ist eine davon unbewusst. Ein Elternteil kann vorgeben, dass ihm Ordnung im Haushalt wichtig ist, und gleichzeitig sehr nachlässig im Durchsetzen seiner Forderung sein.

Systematisch wird in den Interventionen die negative, unerwünschte, unangepasste oder problematische Seite von Konflikten unterstützt. Dieses Kernstück im Instrumentarium der „Provocative Therapy" baut auf der Erfahrung, dass Klienten dann ohne weiteren Anstoss von aussen, umgehend und spontan die Kräfte auf der Gegenseite mobilisieren. Die Kräfte also, die eine gesunde Entwicklung ermöglichen[14]. – Ein Beispiel aus der Praxis, in welchem einem jugendlichen Verweigerer zu einer Laufbahn als moderner „Strassenwischer" geraten wird, soll diese Dynamik illustrieren.

Mancher Jugendliche, vorzugsweise gegen Ende der Schulpflicht, also wenn Fragen der Berufsfindung anstehen, hängt lustlos in chronischer Verweigerungshaltung, an allem desinteressiert wirkend herum und kifft dazu nicht selten. Für die Schule lernt er schon längst nicht mehr, denn das bringt es nicht. Und er kümmert sich kaum um seine Zukunft. Er hat gar keine Zeit dafür, weil er im Moment wichtigeres zu tun hat, z.B. am PC. Für die Eltern natürlich eine alarmierende Situation, in der sie sich ernsthaft Sorgen um die Zukunft ihres Kindes machen und grosse Anstrengungen unternehmen, um es anzutreiben. Je passiver der Jugendliche, desto aktiver die Eltern. Sehr zur Verärgerung des Jugendlichen ermahnen ihn die Eltern dauernd zum Lernen und liegen ihm mit Überlegungen zur Berufswahl in den Ohren. Nie hat er mehr Ruhe, wenn ein Elternteil auftaucht. Dauernd drängen sie, dauernd fragen sie, dauernd fordern sie. Die Eltern ziehen in eine Richtung, der Jugendliche in die entgegengesetzte. Je mehr die Eltern zur Vernunft mahnen, desto unbekümmerter der Jugendliche, der sich am Ende auf unvernünftigste Weise ernstlich verärgert über ihre Bemühungen gibt. Natürlich kommt den Eltern nie in den Sinn, dass *sie* sich unvernünftig benehmen könnten, weil sie dann das vollendete Chaos befürchten, welches sie vorläufig noch knapp im Zaum halten. Diesen Raum und diese Chance nutzt nun der

---

14 Siehe dazu auch
> die Ausführungen von Wippich, Jürgen & Derra-Wippich, Ingrid in *„Lachen lernen"*.
> Modellhaft wird das Wesen von Inkongruenzen mit seinen Behandlungsmöglichkeiten dargestellt in: Bandler, R. & Grinder, J.: *Kommunikation und Veränderung. Die Struktur der Magie II*. Junfermann, Paderborn 1982

Therapeut, der nach den Methoden der „Provocative Therapy" arbeitet, wenn er anfängt in die andere Richtung zu ziehen, in die Richtung der Unvernunft.

In vertraulichen Gesprächen unter vier Augen verbündet er sich mit dem Jugendlichen und rät ihm, das Leben ausgiebig zu geniessen, solange es noch möglich sei. Man könne nie wissen, bald werde dazu wahrscheinlich keine Gelegenheit mehr bestehen. Er solle in aller Ruhe verschlafen, wenn er zur Schule müsse. Ihn könne keine Schuld treffen. Für diese Verantwortung sei er noch gar nicht reif. Unterstellungen dieser Art hören Jugendliche ungern und schüren deshalb bereits Protest. Was die Zukunft angeht, stellt sich der Therapeut mit Schalk in den Augen, liebevoll übertreibend auf den Standpunkt, eine ganz einfache, anspruchslose Arbeit mit kurzer Ausbildungsdauer sei genau das richtige, z.B. „Pilot" einer Strassenreinigungsmaschine. Er begeistert sich für das Vergnügen, tagelang auf den Strassen herumkurven zu können. Endlich brauche der Jugendliche über nichts mehr nachzudenken. Was für ein Vergnügen, wenn er beim Herumspritzen mit Fingerdruck elektronisch die Wasserdüsen so verstellen könne, dass er damit hübsche Mädchen, frühere Lehrer oder ältere Menschen erschreckt über die Strasse jagen würde. Er lobt die Freiheit im eigenen Cockpit, Selbständigkeit, sichere Distanz von lästigen Vorgesetzen, den geregelten Feierabend, der nie mehr durch langweilige Hausaufgaben gestört wird, die knappen, aber doch existierenden Ferien und den sicheren Verdienst beim Staat.

Der Ton eines solchen Gesprächs erlaubt dem Jugendlichen und dem Therapeuten, manches Mal gemeinsam über einen Einfall zu lachen. Es hinterlässt zugleich das zu einer Veränderung der Haltung notwendige Unbehagen. Es ist ein gutes Zeichen, wenn der Jugendliche in der Stunde zu protestieren beginnt, denn dann fängt er an, Verantwortung zu übernehmen. In der „Provocative Therapy" wird dieser Protest deshalb geschürt! Meist sagt der Jugendliche, dass er sich seine Zukunft etwas anders vorgestellt habe und nennt vielleicht einige vage Pläne. Der Therapeut lobt ihn enthusiastisch für etwaige, hochfliegende Pläne, fällt aber nach kurzer Begeisterung mit einem müden Seufzer des Bedauerns – im Stillen auf weiteren Protest hoffend – in den Stuhl zurück, als er sich unglücklicherweise an alle bisherigen Versagen erinnert und die chronische Unlust zum Lernen. Gesichtspunkte, bei denen die beschriebene Laufbahn als Strassenkehrer wahrscheinlich einfach naturgemäss passender, vielleicht sogar von der Wiege auf einfach vorgegeben sei. Anstatt zu ermahnen, bedauert er, anstatt zu hohen Zielen zu motivieren, rät er, sich abzufinden.

Manche Jugendliche entwickeln lebhaften Protest in solchen Stunden. Aber auch solche, die nur wenig direkten Protest entwickelt hatten, haben meist nach wenigen Therapiestunden dieser Art aus nicht weiter erklärlichen Gründen angefangen mehr für die Schule zu lernen, oder sich um eine Lehrstelle zu kümmern ... Der Jugendliche beginnt rasch, sich um das Vernünftige in seinem Leben zu kümmern, wenn der Erwachsene ihm eine unvernünftige Zukunft offeriert.

Die Frage der Berufswahl ist häufig so etwas wie ein Kapitel unter vielen anderen im Rahmen einer Therapie mit einem jugendlichen Verweigerer. Das geschilderte Vorgehen kann auch in anderen Kontexten als in rein psychotherapeutischen angewendet werden. So etwas lässt sich auch in einer Berufsberatung machen. Lehrer, ein Pate oder die Eltern selbst können von diesem Ansatz punktuell Gebrauch machen. Und manche tun es ganz spontan, meist in einem Anfall von Verzweiflung, wenn sie nicht mehr weiter wissen, und erzählen verblüfft von der Wirkung.

Um nun die negative Seite einer Inkongruenz unterstützen zu können, braucht der Therapeut geeignetes Material. Die negative Seite der Inkongruenz manifestiert sich in Verhaltensweisen, welche die Probleme erzeugen, hier in der Weigerung, sich mit Schule und Ausbildung zu befassen. Die andere Seite der Inkongruenz ist das noch nicht erwachte – vielleicht sollte man besser sagen: das verdrängte – Interesse an Laufbahn und Zukunft. Um einer Verhaltensweise treu zu bleiben, über die ein Klient, resp. dessen Angehörige sich beklagen, braucht der Klient Überzeugungen, die das Verhalten rechtfertigen. Im Beispiel will der Jugendliche in Ruhe gelassen werden und sieht nirgends einen Grund zur Sorge, weil er „weiss", dass sich alles schon von selbst lösen wird. Weiterhin muss das Verhalten dem Klienten trotz Leid oder Nachteilen irgendeinen Gewinn bringen. Im Beispiel hat der Jugendliche trotz aller Streitigkeiten ein relativ unbeschwertes Leben mit viel Freizeit. Und er überlässt es anderen, sich um seine Belange zu kümmern, weil dies weniger anstrengend ist, als die Sache selbst in die Hand zu nehmen. Überzeugungen und Gewinne sind die Faktoren, welche unsere Verhaltensweisen stabilisieren. Konsequenterweise forscht der Therapeut sofort danach, weil ihm dies Material für seine Interventionen geben wird. Er wird sich nicht gegen all diese scheinbar unvernünftigen Überzeugungen und Gewinne stellen. Im Gegenteil. Er wird sie selber auf unvernünftigste Weise aufbauschen und wie Öl in das schon hell brennende Feuer der Konflikte seines Klienten leeren, bis dieser sich daran macht, das Feuer zu löschen.

Farrelly demonstriert seine Arbeitsweise in Seminaren öffentlich. Ihre Effektivität ist beeindruckend. Als Therapeut mit jahrzehntelanger Erfahrung im Umgang mit unterschiedlichsten Klienten versteht er es, in kürzester Zeit wesentliche Konflikte zu erkennen und mit den passenden Instrumenten präzise an der richtigen Stelle zu intervenieren. Es schaut ganz einfach und leicht aus. Sein Wirken ist dank seiner Erfahrung sehr intuitiv. Für Lernende ohne breiten klinischen Hintergrund ist sein Vorgehen nicht immer nachvollziehbar. Auch entgehen weniger Erfahrenen Details.

Für Lernende kann leicht ein Dilemma entstehen: einerseits werden sie von der Effektivität dieses Instrumentes geblendet und möchten es auch einsetzen. Andererseits fehlt es ihnen an Wissen, so dass sie mit diesem Instrument einmal zufällig Erfolg haben und dann wieder „daneben treffen" oder einfach ratlos bleiben. Wenn man mit einem Klienten einmal den Dreh für das Arbeiten mit den Mitteln der „Provocative Therapy" gefunden hat, so hat es der Autor erlebt, dann beginnt der Prozess von selber zu laufen und stellen sich Intuition und viele Einfälle ganz spontan ein. Nur ist es bei der Menge an Mitteilungen, die ein Klient manchmal macht, nicht ganz einfach, diesen Einstieg zu finden. Wo soll der Therapeut überhaupt anfangen? – Überdies sind wir in Denkweisen gefangen und fühlen uns durch die Erwartungen von Klienten in bestimmte Positionen gedrängt, die diesem Ansatz manchmal diametral entgegenstehen. Von Therapeuten wird Hilfe und Vernunft erwartet zum Beispiel und nicht das Unterstützen ohnehin schlecht funktionierender Lösungen! Um so etwas in der alltäglichen Praxis mit voller Überzeugung zu tun, in der Klienten ernsthafte Schwierigkeiten zur Sprache bringen, braucht es entsprechende Erfahrung. Wenn ein Therapeut immer wieder Gelegenheiten nutzt, bei denen sich ein sachter Einstieg in diese Methode anbietet und damit gute Erfahrungen macht, so legt er den Boden für weitere Interventionen, in denen er mit der Zeit mutiger wird. Je mehr Erfahrungen er sammeln kann, desto mehr Sicherheit gewinnt er.

Die drei Bücher von Farrelly und Brandsma, Höfner und Schachtner, Wippich und Derra-Wippich erklären Modell und Techniken anhand vieler lebendiger Beispiele anschaulich. In Seminaren kann man ausserdem therapeutische Sitzungen beobachten und diskutieren, eigene Erfahrungen als Klient machen und ein wenig mit den Verfahren üben. Was bei all dem fehlt ist ein Leitfaden, der dem Therapeuten den Einstieg mit dieser Methode in seinen Alltag zeigt. Ein Leitfaden, der veranschaulicht, wie er allein in den vier Wänden seiner Praxis von einer Klientenaussage ausgehend zur Intervention kommt. Wie hat er eine Klientenaussage zu bearbeiten und welche weiteren Informationen wird er sich verschaffen, um zu einer Intervention zu kommen, die exakt zu einem Klienten passt? Diese Lücke soll mit der vorliegenden Arbeit geschlossen werden durch die Beschreibung eines diagnostischen Vorgehens mit vier Schritten, das in den Mittelpunkt der Arbeit mit der „Provocative Therapy" gerückt wird. Diese Schritte ermöglichen einen klientzentrierten Einstieg mit diesem Ansatz, von dem aus die in der Literatur beschriebenen Techniken eingesetzt werden können, und von dem aus auch die erwähnte Intuition sich spontan einstellen kann. Natürlich braucht es für eine fundierte therapeutische Kompetenz in dieser Methode wie bei jeder anderen auch Eigenerfahrung, Übung und Supervision.[15]

---

15 siehe auch Farrelly, F. & Brandsma, J.M.: *Provokative Therapie*. Springer Verlag, Berlin, Heidelberg 1986, S. 186ff.

1.2 Diagnostisches Vorgehen mit vier Schritten

Mit diesem Vorgehen kann der Therapeut für jeden Klienten individuell angepasste Interventionen entwickeln. Ein vom Autor dazu entwickeltes Klientenblatt erleichtert die Arbeit in der Praxis (siehe S. 29). Die vier Schritte lassen sich aus den Ausführungen von Farrelly in seinem Buch *Provokative Therapie* herleiten. Im Kapitel „Der Anfang der provokativen Therapie"[16] beschreibt er seine Entdeckung der Methode und die Erfahrungen, durch welche er die Überzeugungen gewonnen hat, die seine Arbeitsweise begründen. Die Falldarstellung „Bill" dokumentiert, wie er nach 91 Gesprächen mit seinem Latein am Ende „aufgegeben habe" und dazu gekommen ist, sich mit Bills negativsten Verhaltensweisen und Überzeugungen zu identifizieren. Bill war Patient in einer psychiatrischen Klinik und wiederholt hospitalisiert worden. Bisher hatte Farrelly als Teilnehmer eines Projektes von Carl Rogers immer versucht, Bill zu signalisieren, wie wertvoll er sei und dass er sich ändern könne. Jetzt begann Farrelly rückhaltlos zu spiegeln, was für ein wertloser Mensch Bill sei und welch hoffnungsloser Fall. Einer, der sich niemals ändern werde. Als Farrelly auf diese Weise dem Gespräch eine neue Wendung gab, begann Bill noch in der gleichen Sitzung zu protestieren und gesündere Verhaltensweisen zu zeigen. In der Folge malte Farrelly mit den für ihn typischen, humorvollen Verzerrungen Bills Zukunft aus. Ein Lieblingswort von Bill verwendend stellte er sie als eine Folge von „Regressionen" dar. Er stellte sich vor, wie er ihn wie ein kleines Baby füttern und seine Windeln wechseln werde, für die er wegen dessen fetten Popos Leintücher werde verwenden müssen. Bei anhaltender Regression werde Bill sich zum ersten „Neugeborenen mit Schamhaaren" entwickeln, der urkundlich belegt sein werde. Von vielen solchen Bemerkungen herausgefordert bekam Bill einen roten Kopf und brach in immer heftigeres Gelächter aus. Nach weiteren sechs Gesprächen war er wieder zu einem Leben ausserhalb einer Klinik fähig und habe sich selbst entlassen. Ein Jahr später erlitt Bill einen letzten Rückfall, der eine Hospitalisation notwendig machte. Nach einer weiteren Behandlung bei Farrelly sei Bill nach zwei Wochen „geflohen" und nie mehr in die Klinik zurückgekehrt.

Um klientzentrierte, provokative Interventionen zu entwickeln, wird der Therapeut sich von Anfang einer Behandlung an konsequent auf die folgenden vier Schritte konzentrieren und diese für die verschiedensten Fragestellungen während der ganzen Arbeit immer von neuem vollziehen:
1. Beschreiben einer vorherrschenden Inkongruenz.
2. Bewerten der Inkongruenz: Welche Seite ist die negative oder unerwünschte, die eine Entwicklung behindert? Welches ist die positive, welche die Entwicklung voranbringen

---

16 Farrelly, F. & Brandsma, J.M.: *Provokative Therapie*. Springer Verlag, Berlin, Heidelberg 1986, S. 3ff., Darstellung des Falles „Bill" ab S. 34.

könnte, aber durch die negative in ihrer Ausdrucksmöglichkeit eingeschränkt ist? In Darstellungen werden die beiden Seiten jeweils mit **N** oder – für negativ, und **P** oder + für positiv bezeichnet.
3. Erfassen der Überzeugungen, welche die negative Seite unterstützen.
4. Erfassen der Vorteile und Gewinne (sekundärer Krankheitsgewinn) des problematischen Verhaltens.

Die Inkongruenz, das widersprüchliche Verhalten, ist das, was der Therapeut aus der Darstellung seiner Klienten erschliessen und – noch wichtiger – selber beobachten kann. Wenn Eltern klagen, dass ihr Kind ihnen nicht gehorcht, ist dies ein Hinweis auf eine Inkongruenz. Sie verlangen Gehorsam, aber wenn das Kind etwas anderes tut, als ihre Anweisungen zu befolgen, stören sie das Kind nicht allzu sehr dabei. So kann es tun, was es will, weil ihm die Eltern dies „erlauben". Direkt beobachtbar ist die Inkongruenz in der Gegenwart des Kindes. Wenn ein Elternteil dem Kind verärgert sagt: „Du weißt doch, dass du mir alles sagen kannst!", wird das Kind aus dem Ton schliessen, dass ein Gewitter im Anzug ist, seine Augen niederschlagen und einen weisen Entschluss fassen. Es ist jetzt besser zu schweigen, als sich einem Platzregen auszusetzen, wenn man lediglich mit einem Knirps ausgerüstet ist, dessen Gestänge von früheren Unwettern schon etwas lädiert ist. Auch wenn das Kind nicht anwesend ist, verraten Eltern ihr Verhalten meist unbewusst. Derselbe Elternteil wird mit verärgerter, wenig einladender Stimme zum Therapeuten sagen: „Sie weiss doch, dass sie mir alles sagen kann. Ich sage ihr dies immer wieder."

Überzeugungen, die eine Verhaltensweise unterstützen, sind unsichtbar. Sie finden sich in den Begründungen, die wir für eine Verhaltensweise abgeben. Manchmal sind sie laut zu hören, wenn jemand etwas immer von neuem beteuert. Manchmal werden sie von Klienten so beiläufig erwähnt, dass wir sie leicht überhören. Unsere Überzeugungen sind etwas, was wir für so selbstverständlich richtig oder sogar wahr halten, dass wir manchmal meinen, alle anderen würden dasselbe denken. Wir brauchen also gar nicht viel Worte darüber zu verlieren. Und viele unserer Überzeugungen sind uns so selbstverständlich, dass wir nicht einmal mehr wissen, dass da Überzeugungen existieren. Damit sind sie in den Bereich des Unbewussten gelangt. – Wenn ein Kind etwas nicht verstanden hat und sich „falsch" verhält, meinen viele Eltern selbstverständlich, ihm etwas erklären zu müssen. Und wenn es dann noch immer nicht versteht, dann müsse man es ihm halt noch einmal sagen. Und dies logischerweise immer wieder, bis dieser Dummkopf endlich versteht. Dass Erklären die richtige Methode ist, ist eine Überzeugung. Und diese erhält sich in ihrer Richtigkeit, selbst wenn Erklärungen nicht den gewünschten Effekt haben. Es zeigt sich eine weitere Überzeugung: „Wenn du nicht gehört worden bist, dann musst du das Gesagte wiederholen, bis du gehört wirst."

Gewinne und Vorteile von Verhaltensweisen werden manchmal vollständig geheimgehalten oder sind Klienten gar nicht (mehr) bewusst. Aber sie lassen sich mit Phantasie und Einfühlungsvermögen aus dem Kontext rekonstruieren. – Selbst wenn Eltern aufgrund der

Wirkungslosigkeit ihrer Erklärungen sehr müde sind, setzen sie das Verhalten fort. Das ist die Beschreibung ihrer Inkongruenz. Immerhin sind sie nicht ganz ohnmächtig. Sie können noch handeln. Und das ist ein Gewinn. Würden sie nichts mehr sagen, käme dies einer Kapitulation gleich und einem Eingeständnis der Ohnmacht. Wenn sie mit Erklären aufhören würden, dann würde das Kind noch viel schlimmere Verhaltensweisen entwickeln, meinen Eltern vielfach. Der Gewinn ist – auch wenn das eine Illusion ist –, dass die Eltern glauben, die ganz grosse Katastrophe noch abzuwenden. Manchmal ist der Gewinn auch der, dass grosse Erklärer sich einfach grösser und intelligenter wähnen als die dummen, kleinen Kinder, die nicht verstehen wollen. Eine Alternative zum Erklären wäre, dass die Eltern sich mit dem Widerstand des Kindes befassen würden. Sie könnten den Dialog mit ihm suchen und sich die Zeit nehmen, auf das Kind zu hören, bis sie es verstanden haben. Mit Erklären wählen Eltern den leichteren Weg – ein weiterer Gewinn.

Auf dem Klientenblatt findet sich ein weiteres Element: die Orientierungsmuster. Dieses Modell stammt nicht direkt aus der „Provocative Therapy" und gibt dennoch nützliche Anhaltspunkte für die Arbeit damit. Es wird in einem gesonderten Kapitel erklärt. Mit Orientierungsmustern können wir besser übergeordnete Kategorien erkennen, nach denen wir unser Verhalten ausrichten. Ein Orientierungsmuster beschreibt z.B. den Umgang mit Zeit. Im Beispiel mit dem herumhängenden Jugendlichen orientieren sich die Eltern an der Zukunft des Jugendlichen, während er sich nur für die Gegenwart interessiert. Nach der Intervention des Therapeuten begann auch der Jugendliche sich mit seiner Zukunft zu beschäftigen. Ein anderes Orientierungsmuster beschreibt die Bewegungsrichtung von Intentionen: die Eltern bewegen sich auf etwas zu, was der Jugendliche gerade vermeiden will und von dem er sich wegbewegt, nämlich sich Gedanken über sich und sein Leben zu machen. Auch diese Orientierung änderte nach der therapeutischen Intervention.

Wenn es darum geht, Überzeugungen und Gewinne von Verhaltensweisen aufzudecken, nimmt der Therapeut in der „Provocative Therapy" eine ausgesprochen aktive Rolle ein. Er geht von Anfang an direkt auf diese Themen zu. Um Reaktionen zu bekommen, operiert er damit, dass er mögliche Überzeugungen und Gewinne zwanglos unterstellt oder vorschlägt. Er tut dies stets auf sehr konkrete Art mit spezifischen Darstellungen. Nachfolgend ein Beispiel für diese Methode der Aktivdiagnose[17], welche zugleich die Technik des szenischen Spiegelns von Verhaltensmustern illustriert (s.a. das Kapitel über Interventionsmethodik):

In der Therapiesitzung einer Mutter mit einem ihrer Söhne ahnt der Therapeut, dass die Kinder die Führung in der Familie haben. Aber die Indizien dafür sind noch nicht ausreichend deutlich für eine therapeutische Arbeit. So sagt der Therapeut aufs Geratewohl: „In

---

17 Der Begriff stammt von Höfner, Eleonore & Schachtner, Hans-Ulrich: *Das wäre doch gelacht! Humor und Provokation in der Therapie.* Rowohlt Taschenbuch 1490. Reinbek 1997, S. 93ff.

manchen Familien sind es die Kinder, die regieren, und nicht die Eltern." Während die Mutter auf eine geistesabwesende Art schweigt, protestiert der 10 Jahre alte Sohn prompt. Das könne man von ihm wohl nicht behaupten. Wenn er eine neue Playstation wolle, erhalte er diese ja nicht. Durch das andauernde Schweigen der Mutter und nach der Antwort des Jungen gewinnt der Therapeut den Eindruck, dass er auf dem richtigen Weg ist. Da aber keine weiteren prägnanten Aussagen zu diesem Thema erfolgen, entscheidet er sich für szenisches Darstellen einer solchen Situation. Damit will er deutlichere Reaktionen provozieren. Er wendet sich an den Jungen:

„Nun, was du da sagst, ist noch kein Beweis. Schau ich zeige dir, was in solchen Familien passiert (der Therapeut spielt im Folgenden einen kurzen Sketch als Beispiel dafür, wie Kinder sich gegen Forderungen der Eltern durchsetzen):

,Toni! Komm hilf mir beim Geschirr waschen.'
,–'
,Toni! Komm jetzt endlich. Hast du nicht gehört?'
,Ich komme gleich.'
,Toni! Jetzt komm sofort her.'
,Gleich. Mama. Ich muss nur noch ...'
,Nein. Du kommst jetzt, und zwar sofort.'
Man hört die Schritte von Toni, der im Vorübergehen eine Blumenvase streift, so dass sie am Boden zerschellt. Das Wasser ergiesst sich über den Teppich.
,Oh. Hoppla.'
,Auch das noch! Muss das sein? Toni, kannst du denn nie aufpassen?'
Toni tritt jetzt ungeschickterweise noch auf das Telefonkabel und reisst das Telefon zu Boden.
,T O N I ! Es reicht!'
(leise zu sich selbst) ,Ich mach das wohl lieber selbst.'
(wieder laut) ,Hopp. Zieh die Schuhe an. Raus mit dir.'
Toni atmet auf. Endlich kann er zum Spielen mit den Nachbarskindern hinausgehen."

Nach diesem Beispiel verfällt der Junge in nachdenkliches Schweigen, während die Mutter unvermittelt „aufwacht" und bestätigt: „Genau so ist es doch." Und sie erzählt Beispiele ähnlicher Szenen, die alle damit enden, dass der Junge auf Kosten der Mutter bekommt, was er will. – In dem Mass, wie der Therapeut mehr detaillierte Episoden aus dem Alltag der Familie erzählt bekommt, erwerben die Familienangehörigen Bewusstheit über die Art ihres Umgangs miteinander. Diagnostik und therapeutische Intervention fallen hier zusammen.

Je mehr klinische Erfahrung der Therapeut hat, desto mehr Einfälle wird er für dieses Verfahren haben. Sorgfältig beobachtet er die unmittelbaren, nonverbalen Reaktionen. Was erzählen diese? Drücken sie Zustimmung oder Ablehnung aus? Sie sind so wichtig, weil sie spontan Aspekte verraten, welche die Worte vielleicht sogar verschweigen werden, die eine Weile später folgen. Nonverbale Reaktion und Worte ergänzen einander, und sie bringen Inkongruenzen zum Ausdruck. – Die Methode der Aktivdiagnose, die Ähnlichkeit mit

Gedankenlesen hat, erleichtert Klienten den Ausdruck schwieriger Aspekte, selbst wenn sie grossen Widerstand haben, ein Thema zur Sprache zu bringen. Je genauer die Aussagen des Therapeuten sein Erleben treffen, desto besser fühlt er sich verstanden. Gelegentlich fühlen sich Klienten verstanden bis zu dem Punkt, wo sie fragen, ob der Therapeut denn an denselben Schwierigkeiten leide.

Wenn er „danebentrifft" und Überzeugungen und Gewinne zur Sprache bringt, die dem Klienten fremd sind, kann er mit „leeren Reaktionen" rechnen. Der Klient begreift dann nicht, wovon der Therapeut redet. Löst der Therapeut mit einer Unterstellung Widerspruch aus, dann hat meist ein therapeutischer Prozess begonnen. Auch konkrete, falsche Aussagen über Klienten zu machen oder sich gezielt zu „verhören", kann sehr produktiv sein, weil dies Klienten aktiviert, ihren Widerspruch reizt und sie den Therapeuten korrigieren müssen. Es zwingt sie zum Denken und dazu, ihren persönlichen Standpunkt präzise zum Ausdruck zu bringen. Damit diese Methode therapeutisch wirksam wird, muss eine Voraussetzung erfüllt sein. Der Therapeut ist niemals daran interessiert, mit Aussagen *seine* Position zu untermauern. Er trifft alle diese Feststellungen im Sinne von Experimenten, bei denen ihn einzig die Reaktionen des Klienten interessieren. Er weiss bei jeder seiner Aussagen, dass sie falsch sein kann! Ziel ist nie ein Kampf um Positionen und Überzeugungen. Der Therapeut will auf wohlwollende Art den Klienten darin ermutigen, seine Lebenswahrheit erkennen und zum Ausdruck bringen zu können.

Ein weiteres Beispiel: Wenn der Therapeut im Verlauf des Gesprächs beobachtet, dass ein Klient wiederholt die Bedeutung seiner Leistungen herunterspielt, kann er ihn mit einer möglichen Überzeugung über sich selbst konfrontieren, indem er sagt: „Sie denken vielleicht im Innersten, dass Sie unfähig sind und gar nichts können. Vielleicht sind Sie eine geborene Null." Der Klient denkt eine Weile nach und widerspricht: „Es ist das Gegenteil. Ich habe so viele Ausbildungen absolviert. Ich halte es für Gold, was ich mache. Aber das darf man ja nicht sagen." Damit hat er gerade einen sonst verborgenen Aspekt seines Lebens und seiner Person offenbart.

Die direkte Beobachtung von Farrelly zeigt ein weiteres Merkmal seiner Arbeitsweise, die ihm ermöglicht in kurzer Zeit viel Material zu erhalten. Er behält ein Grundthema während einer Sitzung immer im Auge und kommt wiederholt darauf zurück. Zum Beispiel eine vom Klienten zum Ausdruck gebrachte Überzeugung, alles falsch zu machen. Zugleich spricht er in kurzer Zeit verschiedene Lebensfelder an, in denen die Schwierigkeit sich manifestieren kann: gegenüber eigenen Kindern, dem Lebenspartner, in der Arbeit, Folgen für den Klienten selbst etc. Gerade am Anfang einer Therapie ist dies ein vorzügliches Mittel, viele Lebensdaten über den Klienten zu erhalten, und allfällige Kontexte entdecken zu können, wo die Überzeugung keine Gültigkeit hat.

Methode der „Provocative Therapy" • 29

1.3 Klientenblatt

Inkongruenzen   **Name**
_____

Liste entwicklungshemmende Inkongruenzen von Kl. auf. Beispiele:

„Ich möchte diese Arbeit rechtzeitig erledigen."   ◁ P N ▷   „Ich schaffe es nie."

„Ich bin es nicht wert, dass man etwas für mich tut."   ◁ N P ▷   „Ich bin wertvoll."

Wenn nur eine Seite bekannt ist: notiere diese und erfinde die andere. Unterscheide jeweils zwischen der **P**ositiven und der **N**egativen Seite. Letztere hemmt die Entwicklung. Halte weiter die wichtigsten **Orientierungsmuster (OM)** fest.

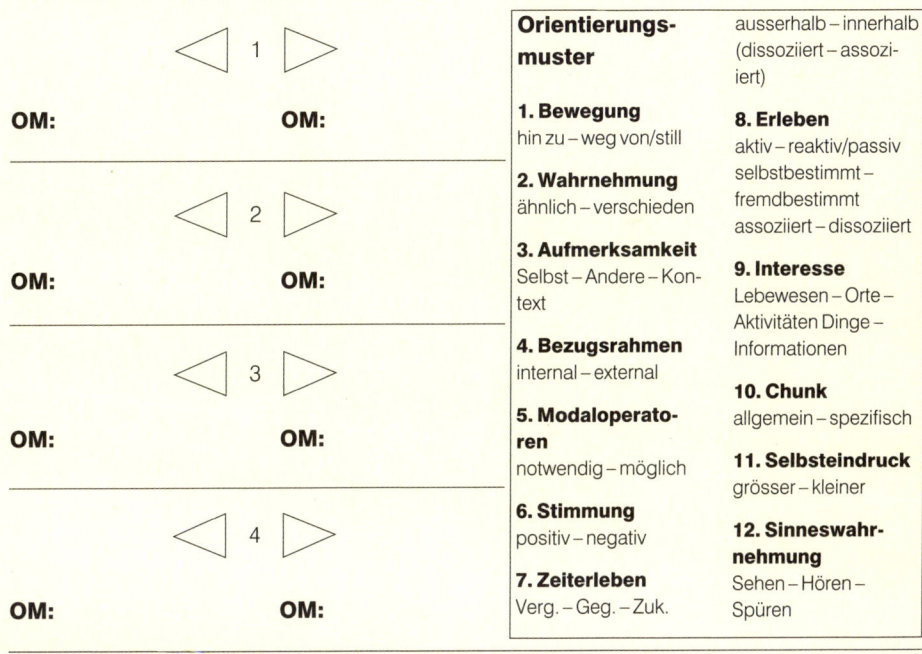

Formuliere <u>Überzeugungen</u> und <u>Gewinne</u>, welche die negative Seite stützen und / oder <u>provokative Interventionen</u>!

1.

2.

3.

4.

1.4 Darstellungsform für Inkongruenzen und die vier Schritte an einem Beispiel

Das Vorgehen soll am Beispiel der typischen Ausgangslage vieler Erziehungsberatungsgespräche konkretisiert werden. Eltern bitten den Therapeuten, ihr schwieriges Kind wieder in Ordnung zu bringen, wie man etwa eine fehlerhafte Uhr auf den Ladentisch legt und zur Reparatur abgibt. Sie sind vorbeigekommen, um ihn über die Mängel aufzuklären. Dann soll *er* einmal etwas unternehmen. Sie haben schon manches versucht. Alles vergeblich. Jetzt soll mal jemand anderer etwas unternehmen. Jemand, der mehr von der Sache versteht. Sie selbst möchten möglichst nichts mehr mit der Schwierigkeit zu tun haben und sich aus allem heraushalten können. Nur haben sie bisher einen zentralen Einfluss auf das Kind gehabt und werden diesen weiterhin ausüben, was immer der Therapeut mit dem Kind auch erarbeitet. Wie man in alten Zeiten eine Uhr jeweils noch aufgezogen hat, werden sie täglich ihr Kind aufziehen, aber auch das Kind seine Eltern. Mit etwas anderen Konsequenzen als bei einer Uhr allerdings. Wenn man bei der Uhr die Feder überspannt, bleibt sie stehen, während die Kinder, manchmal auch die Eltern, im Gegenteil häufig erst aufdrehen. Seine Schwierigkeiten sind vielmals als inadäquate Antwort auf ebenso inadäquate Verhaltensweisen der Eltern zu verstehen. Wenn ein Junge mit seinen Wutanfällen die ganze Familie plagt und die Eltern respektlos mit obszönen Worten beleidigt, kann niemand ihnen die Aufgabe abnehmen, dem Kind Grenzen zu setzen, was sie aus Angst vor seinen Aggressionen bisher nicht gewagt haben. Das Dilemma der Eltern ist, dass sie Einfluss auf das Kind haben und seine Aggressivität begünstigen. Aber sie verleugnen den Einfluss und behaupten nicht selten, eben keinen Einfluss auf das Kind zu haben.

Für die Darstellung von Inkongruenzen empfiehlt der Autor eine von ihm entwickelte visuelle Repräsentation, welche den Charakter der Widersprüchlichkeit betont. Diese Form wird auch auf dem Klientenblatt verwendet. Für unser Beispiel könnte das Dilemma aus der Sicht der Eltern folgendermassen dargestellt werden:

Die bewusste und mit Worten formulierte Seite des Dilemmas lautet:		Die unbewusste, im Verhalten manifestierte und verleugnete Seite des Dilemmas lautet:
„Wir haben keinen Einfluss auf das Kind und deshalb möchten wir, dass Sie es behandeln."		„Wir haben einen Einfluss auf das Kind, den wir nicht erkennen und deshalb noch entdecken könnten."

Nachdem die Inkongruenz dargestellt ist, werden die beiden Seiten mit Negativ und Positiv bewertet. Die linke Seite in diesem Fall wird mit negativ bezeichnet, weil diese Haltung den Konflikt stabilisiert und eine gesunde Entwicklung verunmöglicht. Rechts wird festgehalten, dass die Eltern einen Einfluss haben. Da ist eine ungenutzte Ressource. Ein

Bewusstsein ihrer Einflussmöglichkeit brauchen sie, damit die Familie sich konstruktiv entwickeln kann.

Natürlich verleugnen Eltern ihren Einfluss, weil es peinlich ist, wenn die Heftigkeit der Aggression ihres kleinen Kindes sie so erschreckt. Was für ein Anblick für das Kind, welches eben daran ist einen Wutausbruch zu bekommen, wenn z.B. die „grossen Eltern" erbleichen, ihre Augen sich vor Schreck weiten und sie anfangen leer zu schlucken? Einige halten sogar die Ohren zu und verlassen fluchtartig den Raum. Was bedeutet es für das Kind, wenn Eltern vor jedem weiteren Ausbruch zittern und einfach stillhalten, wie ein Hase im Gebüsch vor der Gewehrmündung des Jägers, in der Hoffnung, dass dann auch das Kind sich ruhig verhalten werde? Wenn sie bei jedem Ausbruch selbst von chaotischen Gefühlen überwältigt werden und ausserstande sind, ihr Kind angemessen anzuleiten, ermutigen sie sein unangepasstes Verhalten und seine dominante Rolle in der Familie. Natürlich kann es keinen Respekt entwickeln. Teufelskreise entstehen beim Kind und bei den Eltern. Wenn die Eltern täglich vorgeführt bekommen, dass sie nicht respektiert werden und nichts dagegen unternehmen, werden sie selbst zunehmend glauben, dass sie für Respekt nicht würdig sind.

Überzeugungen, die ein solches Muster begünstigen, bestanden bei den Eltern allerdings meist schon bevor sie Kinder hatten. Sie bringen diese aus früheren Erfahrungen mit und prägen damit die Erziehung ihrer Kindern. Sie lauten zum Beispiel: „Ich bin nichts wert. Niemand wird mich je anerkennen. Also haben auch meine Kinder nicht wirklich Grund zu Respekt vor mir." „Ich habe nie Erfolg bei Menschen. Ich werde es auch meinem Kind nie zeigen können. Dafür bin ich nicht stark genug." „Menschen sollen sich um ihre eigenen Angelegenheiten selber kümmern. Mein Sohn sollte doch selber merken, dass man das nicht macht." „Wenn ich hart und konsequent wäre, könnte ich Schaden anrichten. Ich will aber meinem eigenen Kind nicht schaden." „So viele, negative Gefühle machen mir Angst und machen mich hilflos."

Ein Gewinn auf der Seite der Eltern ist beispielsweise, dass sie liebenswert bleiben. Manchmal glauben sie, sich auf diese Weise die Liebe ihrer Kinder auch für die Zukunft zu sichern. Ein deutlicher Gewinn auf der Seite des Kindes ist seine Herrscherrolle. Der letzte Punkt ist der Grund, weshalb eine Therapie des Kindes allein nichts bringen wird. Diese Rolle in der Familie wird es nur aufgeben, wenn sie ihm weggenommen und verboten wird. Und dies können einzig die Eltern durchsetzen. Die Kinder bestehen darauf, dass die Eltern diesen Schritt tun. Die im Verlauf der Zeit sich steigernde Aggressivität eines Kindes in einer solchen Situation ist unbewusst darauf angelegt, die Eltern endlich soweit zu bringen, dass sie ihre Autorität wahrnehmen. Das Kind versucht damit das System zu heilen. Und manchmal hat es Erfolg. Dann haben beide einen wahren Gewinn.

1.5 Die Konstruktion einer provokativen Intervention

Mit dem Instrument der Diagnostik in vier Schritten kann der Therapeut bei *jeder* Verhaltensweise eines Klienten oder *jeder* Aussage über sich, sein Leben und seine Beziehungen nach einem Ausdruck einer Inkongruenz forschen. Die Bewertung der beiden Seiten zeigt ihm, welche Seite des Dilemmas er verstärken wird. Verstärken wird er die negative Seite mit Hilfe der Überzeugungen und Vorteile, die zu ihr gehören. Er wird vielleicht am Anfang nur eine leise Verstärkung geben. Wenn das Dilemma für einen Klienten von Bedeutung ist und nach Entwicklung verlangt, dann wird der Klient auf dieses Vorgehen reagieren, indem er Interesse zeigt. Der Therapeut kann dies zum Anlass nehmen, die negative Seite weiter zu verstärken, indem er mit allen ihm zur Verfügung stehenden Mitteln anfängt zu übertreiben: mit Dramatisierung, lebhaften Bildern, Humor, Paradoxien, indem er masslose Konsequenzen in der Zukunft ausmalt etc.

Wenn eine Klientin in der Konsultation sagt, dass sie ihre Gefühle kaum zeige, und dass nur ganz wenige Menschen fähig seien wahrzunehmen, wie es ihr gerade geht, dann wissen wir, dass sie weniger von sich zeigt als sie könnte. Und diese Feststellung kann in Form einer Inkongruenz dargestellt werden:

„Ich zeige anderen Menschen nur wenig von mir. Einzig mein Bruder ist fähig wahrzunehmen, wie ich mich fühle." 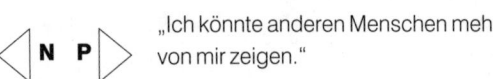 „Ich könnte anderen Menschen mehr von mir zeigen."

Das Verbergen wird negativ bewertet, weil es die Tendenz ist, welche die Klientin überbetont. Die andere Möglichkeit, mehr von sich zu zeigen mit allen damit verbundenen Chancen, bleibt unentwickelt. Der Therapeut sucht jetzt nach Überzeugungen für die negative Seite und möglichen Gewinnen. Auch wenn er noch nicht mehr weiss, kann er sagen: „Und Sie haben viel Grund dazu, sich so zu verhalten …", eine Feststellung, die Farrelly häufig am Anfang einer Therapiesitzung macht. Vielleicht formuliert die Klientin darauf hin spontan einen Grund. Wenn nicht kann der Therapeut ihr im Sinne der Aktivdiagnose Angebote machen. Es gibt eine Anzahl Feststellungen, die er treffen kann:
- „… denn Sie haben nicht eben die besten Erfahrungen gemacht, wenn Sie gezeigt haben, wie es Ihnen geht. Vielleicht hat sich nie jemand dafür interessiert."
- „Das braucht ja auch niemanden etwas anzugehen, oder nicht?"
- „So fallen Sie anderen nicht zur Last und schädigen niemanden. Vielleicht sind die anderen froh, dass Sie nicht jemand sind, die mit ihrem Gejammer anderen immer nur auf der Seele herumkniet."
- Etc.

Der Therapeut bezieht sich mit seinen Feststellungen sehr direkt auf Erfahrungen der Klientin, indem er mögliche Überzeugungen und Gewinne ihrer Verhaltensweise zur Sprache bringt. So fordert er Reaktionen heraus. Entweder sind die Feststellungen wahr im Leben der Klientin oder sie hat andere Gründe. Ihre Antworten bringen es an den Tag. Anstatt diagnostisch korrekte, sogenannt „offene" Fragen zu stellen und wie ein Satellit zu funktionieren, der um die Erde kreist und sie durch ein Objektiv aus weiter Ferne beobachtet, begibt sich der Therapeut mit seinen Feststellungen mitten auf einen lebendigen Marktplatz, d.h. mitten in die Wirklichkeit der Klientin hinein und kommt ihr sehr nahe.

Dies ist der klassische Einstieg in die „Provocative Therapy". Zu jeder Zeit kann jede Feststellung eines Menschen über sich, sein Leben und seine Beziehungen auf diese Weise als Ausgangspunkt für ein Gespräch über ihn benutzt werden. So provoziert der Therapeut Klienten dazu, rasch von Überzeugungen und Gewinnen ihrer Lebenslösungen zu sprechen. Hinter dem dargestellten Dilemma wird er schon zu Beginn einer ersten Konsultation wichtige Dinge erfahren können, wie z.B. dass die Klientin niemandem zur Last fallen möchte, dass sie viele Belastungen ertragen kann, eine unabhängige und starke Person ist, fähig viele Probleme allein zu lösen. Falls sie unter ihrer Verhaltensweise irgendwie leidet, wird sie anfangen von Vorteilen zu reden, die sie hätte, wenn sie offener wäre, z.B. dass sie mehr Hilfe und Anteilnahme bekommen könnte.

Das ist ein Moment, in welchem der Therapeut verführt sein mag, die Klientin zu ermutigen, von dieser kaum genutzten Möglichkeit Gebrauch zu machen. Die Verführung ist umso grösser, je mehr es scheint, dass die Klientin unter ihrem bisherigen Verhalten zu leiden hatte. Mit Ermutigen verlässt er den Pfad der „Provocative Therapy", weil er anfängt die positive Seite eines Dilemmas zu unterstützen. Wenn der Therapeut provokativ arbeiten möchte, wird er an dieser Stelle weiterhin die negative Seite unterstützen und selber protestieren. Er kann z.B. sagen:

> „Gut, das könnten Sie tun, und das könnte in gewisser Hinsicht eine Erleichterung sein. Aber ... haben *Sie* das nötig, dass Ihnen jemand hilft? Wollen Sie wirklich anfangen, zu einer dieser Plagen ... ein Blutsauger zu werden, der mit seinem ewigen Lamentieren den anderen ihre ganze Lebensenergie absaugt?"

Er kehrt zu ihren gewohnten Überzeugungen zurück, welche sie sehr lange vertreten hat, und fordert sie mit seinen grotesken Übertreibungen heraus. Wenn sie ihre Haltung ändern will, muss sie gegen ihn kämpfen und sich für die Veränderung einsetzen. Vielleicht sagt sie: „Also wenn ich *einmal* verlange, dass mir jemand zuhört, bin ich doch noch lange nicht ein Blutsauger." Implizit gesteht sie sich bereits das Recht zu, einmal angehört zu werden. Die absurde Übertreibung erleichtert ihr dies sogar, weil sie weiss, dass sie ganz sicher nicht ein Blutsauger ist. Negative Übertreibungen sind in der „Provocative Therapy" das subtile Mittel, Unterstützung zu geben, weil Klienten so schlimm nicht sind, wie ihnen unterstellt wird!

Solches Vorgehen ist zunächst ein Test. Will die Klientin überhaupt eine Änderung an dieser Stelle? Kämpft sie jetzt gegen den Therapeuten, bedeutet dies, dass sie Veränderungsbereitschaft hat. Sie kämpft weniger gegen den Therapeuten als gegen eigene Überzeugungen, die der Therapeut ihr spiegelt, auch übertreibt, und die bisher stark wirksam waren. Sie fängt an, ihren eigenen Widerstand gegen eine Veränderung zu bekämpfen.[18] Falls sie ihre Haltung ändern will, hat sie diesen sowieso zu überwinden. Der Therapeut bietet ihr die Gelegenheit dazu sofort hier im Therapiezimmer an. Vielleicht lassen diese Überlegungen erahnen, warum diese Therapieform so wirksam ist und so schnell brachliegende Energiepotentiale weckt. Solches Vorgehen stärkt den Willen der Klientin umgehend und macht sie zugleich unabhängig von jedem unterstützenden Zuspruch.

Nachdem im Detail beschrieben wurde, wie Therapeuten das diagnostische Instrument in Interventionen umsetzen können, noch ein Beispiel dafür, wie der Prozess einer ganzen Sitzung sich entfalten kann. Ein bereits schulpflichtiger Junge und seine Familie sind wegen seiner schweren Verhaltensstörungen seit einigen Monaten in therapeutischer Behandlung[19]. Seine Fähigkeit, andere zu quälen, zu kränken, zu demütigen und zu beschämen findet einen neuen Höhepunkt, als er eines Tages den Besuch seiner grösseren Schwester verdirbt, indem er in ihrem Zimmer mitten auf den Teppich seine Exkremente deponiert. Die Mutter, die allein mit ihrem Sohn zur Konsultation gekommen ist, schildert dem Therapeuten den Vorfall fassungslos und empört unter vier Augen. Währenddessen singt der Kleine auffallend laut im Wartezimmer. Auch dieser Vorfall, wie manch anderer schon, hat keine Konsequenz für den Jungen gehabt.

Inkongruenzen lassen sich bei allen Beteiligten beschreiben. Bei der Mutter etwa so:

„Ich kann dieses Verhalten unmöglich mehr tolerieren. Es muss etwas geschehen, ..." 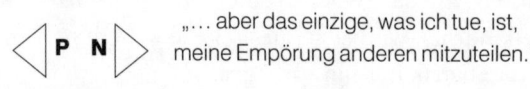 „... aber das einzige, was ich tue, ist, meine Empörung anderen mitzuteilen."

Ihre Überzeugungen lauten: „Es ist nicht gut." „Da sind immer Probleme." „Das geht nicht." „Er tut immer solche Dinge. Ich kann das nicht verstehen." „Mit ihm stimmt etwas nicht." „Auf mich hört er sowieso nicht." „Ich möchte eine gute und liebe Mutter sein. Und das bin ich, wenn ich dem Jungen ein gutes Essen koche." Die Gewinne ihrer passiven Haltung sind, dass sie nicht noch böser werden muss, als sie der Junge ohnehin wahrnimmt,

---

18 siehe auch „Die segensreichen Wirkungen des Widerstandes" in Höfner, Eleonore & Schachtner, Hans-Ulrich: *Das wäre doch gelacht! Humor und Provokation in der Therapie*. Rowohlt Taschenbuch 1490. Reinbek 1997, S. 113ff.

19 Der Fall ist wahr und nicht wahr zugleich. Alle Details bis hin zur Darstellung des Inhalts des Vorfalls sind so abgeändert, dass keine Identifizierung möglich ist. Jedoch wurde jede Änderung sorgfältig in einer Art vorgenommen, welche sicherstellt, dass sowohl Struktur und Dramatik des Falles wie auch Interventionen und Verlauf angemessen wiedergegeben werden. Dieses Vorgehen wurde in allen Falldarstellungen angewendet.

Methode der „Provocative Therapy" • 35

und dass sie mit ihrer Passivität immer wieder andere zum Handeln veranlasst. Sie bezieht die grössten Gewinne als Mutter in der Rolle der lieben und tüchtigen Hausfrau, die ihren Kindern eine gute Küche und sauberen Haushalt bietet.

Während Inkongruenz, Überzeugungen und Gewinne der Mutter explizit sind, weil sie diese als Erwachsene gut in Worte fassen kann, gilt dies für den wenig gesprächigen Jungen nicht. Manches muss aus seinem Verhalten und aus Aussagen der Eltern zu einem Bild zusammengefügt werden. Das Dilemma des Jungen lässt sich so darstellen:

„Wenn ich wütend bin, plage ich meinen Bruder, meine Schwester und die Mutter, und ich finde auch Spass daran, denn sie sind dann hilflos und ich in dem Fall stark, ..."

„... aber ich bin auch – in der Schule – schwach und nicht sehr beliebt. Ich weiss nicht, wie ich echt stark sein kann und wie man mich mehr lieb bekommen kann. Und ich habe Grund zu Reue und mich für mein Benehmen zu schämen."

Die Überzeugungen des Jungen dürften etwa so lauten: „Ich habe Spass daran, andere zu quälen, denn dann bin ich stark." „Sonst bin ich weder stark noch beliebt." Sein Gewinn ist deutlich der, dass er im Rahmen der Familie ein inadäquates Gefühl von Stärke entwickeln kann, weil ihm dort niemand Grenzen zu setzen versteht.

Der Therapeut hat jetzt verschiedene Möglichkeiten zu intervenieren. Er kann die Mutter behandeln, den Sohn – natürlich auch andere Familienangehörige, aber diese sind in dieser Sitzung nicht anwesend – und auch Interventionen so gestalten, dass die Verständigung beider verbessert wird.

Weil die Mutter verwirrt und hilflos wirkt, entscheidet er sich nach einer Rücksprache mit ihr für eine Intervention im Sinne einer erzieherischen Massnahme mit Modellcharakter in ihrer Gegenwart. Er ist sich bewusst, dass er im Moment ihrer Hilflosigkeit folgt und sie einen Gewinn aus ihrer passiven Haltung hat. Sie hat wieder erreicht, dass jemand anderer an ihrer Stelle handelt. Aber er erwartet, dass sie etwas vom Modell lernen kann.

Er holt den Jungen ins Sprechzimmer. Während der Junge jetzt trotzig schweigt, lobt ihn der Therapeut für sein schönes Lied, das er im Wartezimmer gesungen hat. Er anerkennt sein Talent. Dann wiederholt er die Schilderung seines anderen „Talents", von dem er durch die Mutter erfahren hat. Er stellt die Tat detailgetreu dar und verwendet ordinäre Worte, so wie es der Junge mag. Seine Augen leuchten sofort auf und er beginnt schamlos zu grinsen. Der Therapeut stimmt in das Lachen ein und malt fröhlich weitere Szenen aus, in denen der Junge anderen eine braune Überraschung bereiten könnte. Vielleicht in den Schultornister eines Mitschülers, den er nicht mag. Wie der wohl schauen würde, wenn er den stinkenden Tornister zu Hause öffnen würde? Und was dessen Mutter sagen würde?

Oder warum nicht in einer Pause schnell auf das Pult des Lehrers über dessen Bücher scheissen? Alle Kinder würden lachen. Der Lehrer werde den üblen Geruch schon nicht als den seinen erkennen. So ein Spass, da müssten doch eigentlich alle mitmachen. Ob er nicht seine Freunde dazu bringen wolle, daraus eine Art Sport zu machen. Oder warum auch nicht die Schwester selbst zum Mitmachen gewinnen. Sie sei ja schon eingeweiht. Vielleicht komme sie eines Tages ohnehin von selbst auf den Geschmack. Der Therapeut stellt sich vergnügt vor, wie der Junge eines Abends, als er ins Bett geht, mit seinen Füssen auf eine weiche, braune Überraschung der Schwester stossen würde, die sie unter seine Bettdecke versteckt hätte. Was für ein Vergnügen für beide, nicht so sehr für die Mutter, aber ... Der Junge hört der Darstellung mit wechselnden Gefühlen zu. Erst lacht er viel, und die Unterhaltung scheint ihm lauteres Vergnügen zu bereiten. Je länger der Therapeut phantasiert, desto stiller wird der Junge, bis ihm das Lachen ganz vergeht. Er beginnt allmählich leise zu protestieren, fängt an, sich zusammenzukrümmen, bis er am Ende mit wütendem Gesicht und ungehalten von der Geschichte nichts mehr wissen will.

Nun wechselt der Therapeut das Thema und geht zur Beschreibung des Tagesablaufes nach der Tat über, den er gar nicht kennt und nur phantasieren kann. Er spricht in unbekümmerten Plauderton vom Nachtessen und fragt, ob der Junge an jenem Tag gut gegessen habe und auch genug zu essen bekommen habe. Immer trübseliger werdend bejaht er kleinlaut die Fragen. Der Therapeut will wissen, was er bekommen hat. Er hat Kartoffelstock bekommen. Wie toll, meint der Therapeut und wundert sich plötzlich über die bedrückte Stimmung des Jungen. Was denn jetzt los sei mit ihm? Ob er denn nicht mehr mitmachen möge? – Er könne zu seinem Vergnügen erst der Schwester auf den Teppich scheissen. Diese müsse dann vor ihrer Freundin heulen, und die Freundin wegen des Vorfalles nach Hause. Das sei doch alles Spass. Er sei so stark, dass er ihr mit einem einzigen Schlag mehr als nur den einen Tag verderben könne. Ein voller Erfolg. Sie könne sich nicht wehren gegen ihn. Und die Freundin sei auch schockiert. Und seine Eltern müssten sich schämen, wüssten nicht mehr was machen wegen ihm und seien ganz verzweifelt. Dennoch bereite die Mutter ihm ein feines Nachtessen. Er habe erst das Vergnügen über seine Heldentat und obendrein zur Belohnung noch feinen Kartoffelstock zum Nachtessen, von seiner Mutter persönlich für ihn gekocht. Das habe er nach einer solchen Leistung hoffentlich verdient, oder etwa nicht?

Jetzt ist dem Jungen endgültig nicht mehr wohl. Blass und stumm sitzt er da und schüttelt zur letzten Frage etwas den Kopf. Zusammengekrümmt hält er die Arme verschränkt und meidet jeden Blickkontakt mit dem Therapeuten. Da beugt sich dieser zu ihm, weil er die Antwort genau wissen will. Er nimmt ihn sanft, aber bestimmt am Handgelenk und öffnet dessen verschränkte Arme. Er fordert ihn auf, ihn anzublicken und die Frage zu beantworten. Als der Junge verneinend äussert, er habe dieses Essen nicht verdient, veranlasst der Therapeut, dass der Kleine die Antwort mehrmals wiederholen muss. Dieses Nein will er verstärken, weil dies den Widerstand des Kleinen gegen asoziale Handlungen stärkt. Es ist leicht, eine mehrfache Wiederholung dieses „Neins" zu verlangen, weil der Junge unterdessen so heftig schluchzt, dass seine Antworten kaum mehr zu verstehen sind. Also „muss" der Therapeut nachfragen, um den Jungen überhaupt zu hören! Endlich beginnt der Kleine am ganzen Körper zu zucken und weint sich heftig aus, wie er schon seit langer Zeit nicht mehr geweint hat. Er weint von ganzem Herzen eine volle halbe Stunde ununterbrochen. Einmal bricht aus ihm heraus, wie sehr er sich schäme.

Während dieser Zeit lässt ihn der Therapeut darüber nachdenken, wie er die Angelegenheit wieder in Ordnung bringen kann. Er unterstützt ihn gelegentlich mit konkreten Tipps, weil der Kleine hier offenbar noch ganz unerfahren und hilflos ist. Er unterstützt ihn bis im letzten Moment, in dem er ihn zur Mutter begleitet und ihm das Besprochene einflüstert, wenn der Kleine nicht mehr weiterweiss. Der Junge entschuldigt sich bei ihr, verspricht dies nie wieder zu tun und unterbreitet ihr mehrere Vorschläge dafür, wie er die Angelegenheit bei jedem einzelnen Betroffenen wieder in Ordnung zu bringen gedenkt.

Auch wenn das Beispiel eine Therapiestunde stark zusammenfasst und die Darstellung sie auf wenige Facetten des Geschehens reduziert, lassen sich typische Merkmale der „Provocative Therapy" aufzeigen. Wie der Therapeut sich sofort mit der boshaften Seite verbündet, ohne zu ermahnen oder Strafen anzudrohen. Er verstärkt systematisch die negative Szene, betont die Gewinne für das Kind, geht in die Details seiner Erfahrungen und steigert die Situation ins Absurde, bis er damit Protest beim Jungen erzeugt und dieser die andere Seite der Inkongruenz aktiviert, Ablehnung des asozialen Benehmens, das Gefühl schwach und klein zu sein und die Empfindung von Reue. So herzhaft der Kleine weint, an keiner Stelle bekommt er Trost. Der Therapeut bestätigt lediglich die Gefühle und bemerkt, dass der Kleine diese verdient hat. Er war gross genug, sich den Streich auszudenken. Er ist also gross genug, sich darüber zu schämen. Der Therapeut traut ihm die Verantwortung für sein Tun zu. Er lässt den Jungen darüber nachdenken, wie er die Situation wieder in Ordnung zu bringen gedenkt, und unterstützt ihn mit einer Führung, die bei der Planung der Versöhnung bis in die Details geht. Er spürt, dass der Junge überfordert wäre, dies allein zu leisten. Er hat so etwas ja noch nie in seinem Leben tun müssen.

Das Verhalten des Therapeuten ist widersprüchlich. Er kann vom Jungen entschieden eine klare Antwort fordern und darauf bestehen, dass er ihm in die Augen blickt. Gleichzeitig kann seine Berührung sanft sein. Er kann je nach Bedarf seine Stimme ganz schnell modulieren, einmal etwas bestimmter, dann wieder weicher. Diese Feinheiten lassen sich im Text nicht wiedergeben und sind dafür wichtig, dass der Junge den Therapeuten als im Grunde wohlwollend und stets auf seiner Seite erleben kann. – Typisch für die „Provocative Therapy" sind die schnellen Wechsel der Gefühle und ihre Heftigkeit. Der Therapeut ist von Moment zu Moment herausgefordert, nuanciert auf die unterschiedlichsten Bedürfnisse des Kindes einzugehen.

Natürlich geht es später darum, auch die Eltern aktiv in die Behandlung einzubeziehen. Denn sie scheinen hilf- und ratlos keine Möglichkeiten zu kennen, wie mit dieser Art Konflikt konstruktiv umzugehen. Wenn sie zunächst den Therapeuten beobachten und dabei sehen können, wie das Kind bei ihm andere Reaktionen zeigt als bei ihnen, die Tränen der Reue beispielsweise, bekommen sie ein Modell für andere, ähnliche Vorfälle in der Zukunft. Das Zuschauen löst bei den Eltern selbst Gefühle aus – in diesem Fall zum Beispiel viel Rührung – und neue Überlegungen. Die Bemerkung über das liebevoll gekochte Nachtessen sollte die Mutter nachdenklich stimmen und war bereits eine Provokation an ihre Adresse, auch wenn der Therapeut deren Wirkung vorderhand nicht weiterverfolgt hat.

Wenn er mit den Eltern weiterarbeitet, wird er die negative Seite ihrer Inkongruenz verstärken, also ihre Tendenz auf alle inadäquaten Verhaltensweisen des Sohnes passiv und teilweise direkt belohnend zu reagieren. Er kann sich ihre Berichte über die häufigen Schandtaten des Sohnes in aller Ruhe anhören und sie, betont eine passive Haltung einnehmend, immer wieder darin bestätigen, dass alles genau so ist, wie sie es beschreiben. Er kann, wie sie, gelegentlich seufzen und sagen:

> „Ja, das ist alles nicht in Ordnung. Aber Sie haben die monumentale Gelassenheit der Natur. Ihre Ruhe ist unerschütterlich wie der Himalaja. Der nimmt Exkremente gleichgültig hin. Diese Nebensächlichkeit verrottet bald von selbst. Was hat dieser Berg nicht alles gesehen und an unzähligen Stürmen erlebt. Nichts kann ihm etwas anhaben. Er hat standgehalten und ächzt nur gelegentlich. Vor dem Universum sind alle gleich, Übeltäter und Heilige. Was für eine unendliche Güte gegenüber allem, wie bedeutungslos die harmlosen Streiche ihres Tonis. Nicht der Mühe wert, auch nur den kleinen Finger zu rühren. Auch Mutter Erde hat auf eine tröstliche Art täglich für jeden Erdenbürger stets etwas Gutes bereit, egal wie er sein Leben verbringt und egal was er ihr antut. Nähren und Warten sind die Gebote der Natur. Geduld bringt Rosen."

Heftige Gefühlsreaktionen, Tränen, Wut, Lachen, auch Einsicht und Protest sind die wichtigsten therapeutischen Effekte innerhalb der Therapiestunde. Häufig ist spezifische Wut gegen sich selbst zu beobachten. Nicht die Wut, in der jemand sich immer wieder Vorwürfe macht. Sondern eine Wut, welche den Klienten dazu drängt, eine längst fällige Veränderung endlich vorzunehmen. Protest ist ein typisches Merkmal des therapeutischen Prozesses und des Wandels, an dem sich der Therapeut in der „Provocative Therapy" orientieren kann. Übereinstimmung zu schaffen, Klienten für etwas zu gewinnen, sie zu einem Kompromiss zu bewegen, Zustimmung zu bekommen, ihnen ein „Ja" zu entlocken ... all dies liegt weit ausserhalb der Intentionen. Schon gar nicht erwünscht ist ein lau abgegebenes, halbherziges Ja, weil dies Ausdruck einer Inkongruenz ist. Die Absicht ist, starke Kräfte zu mobilisieren, welche Klienten auf ihrem Lebensweg wieder in Gang setzen und vorwärts bringen werden, wo sie schon zu lange stehen geblieben sind. Dafür eignet sich ein Vorgehen, welches lauten Protest weckt. Vergleichbar der Erfahrung mit Kindern, wenn sie zu trotzen und zu widersprechen beginnen. Ist es einmal soweit, sind sie von einer Idee kaum mehr abzubringen, ob es den Eltern passt oder nicht. Deshalb wird in der „Provocative Therapy" sorgfältig darauf geachtet, wann ein Klient gegen eigene inadäquate Verhaltensweisen zu protestieren beginnt. Dies ist ein Zeichen dafür, dass der Therapeut auf dem richtigen Weg ist und dass er eben einen zentralen Punkt berührt hat. Gerade dort wird er einhaken und auf weiteren Widerspruch hoffend weitermachen.

1.6 Die gute Beziehung – erst lacht der Klient, danach der Therapeut

Lachen und Humor sind wesentliche Bestandteile der „Provocative Therapy". Aber auch ganz andere und zum Teil sehr heftige Gefühle wie im vorangehenden Beispiel des Jungen mit Verhaltensstörungen. Seinem Lachen zu Beginn der Sitzung folgten später verschiedene andere Gefühle: Schmerz, Trauer, Reue, Scham.

Während der ganzen Zeit mit den subtilen Wandlungen der Affektivität des Klienten in Berührung zu bleiben, das schafft die notwendige Sensibilität für die Arbeit mit Provokationen, weil diese rasch intensive, zuvor abgewehrte Gefühle zum Vorschein bringen. Im letzten Beispiel hatte der Therapeut darauf geachtet, dass der Klient trotz der äussert schwierigen Gefühle einen guten Kontakt zu ihm aufrechterhalten konnte. Anderseits ist die Fähigkeit des Therapeuten, direkt zu tiefen Gefühlen eines Klienten Zugang zu bekommen, etwas, was das Vertrauen auch stärkt. – Wenn sehr zentrale, problematische Überzeugungen gespiegelt werden, z.B. dass ein Klient sich für absolut wertlos hält, versteht es sich von selbst, dass die gute Beziehung besonderes wichtig ist. Geht diese verloren, ist keine „Provocative Therapy" mehr möglich, zumindest für den Moment nicht mehr. Es ist *nie* der Therapeut, der auf Kosten von Klienten lacht!

Deshalb achtet der Therapeut ebenso sehr auf seine eigenen Gefühle, vor allem darauf, ob er den Klienten mag, und prüft immer wieder, ob er wirklich das Beste für ihn im Sinn hat. Sobald er eine provozierende Bemerkung äussern würde, um sich auf Kosten des Klienten einen Spass zu leisten oder einen eigenen, momentanen Affekt von Wut abzureagieren, ginge der gute Kontakt verloren. Dies ist der Stil der Provokation im Alltag, mit dem wir andere gezielt verletzen wollen. Der hat keinen Platz in der Therapie. Negative Gefühle als Reaktion auf einen Klienten „verkleidet" der Therapeut nicht in eine provokative Intervention, sondern meldet sie zurück.

Der Therapeut provoziert auch nicht um der Provokation willen oder um seine Kompetenz darin zu beweisen. Er braucht überhaupt nichts zu beweisen. Das würde zu einem Missverständnis führen und den Therapeuten überdies in einen wenig förderlichen Leistungsdruck versetzen. Der Therapeut provoziert mit der Absicht, brachliegende Kräfte im Klienten rasch für ihn verfügbar zu machen. Dazu braucht der Therapeut zunächst gar nicht so provokativ zu sein. Vielmehr wird er es unversehens, ob er will oder nicht, wenn es ihm gelingt, sich mit den verrücktesten, verschrobensten und wirrsten Ideen von Klienten zu identifizieren – sie so real zu sehen, wie sie es für Klienten sind! – und sie dann zu spiegeln. Farrelly bezeichnete es in einer persönlichen Bemerkung so: „You walk into the clients dreams." (Du gehst in die Träume von Klienten hinein.) Der Spiegel dessen, was der Therapeut dort erfährt, übt einen provozierenden Effekt aus und bringt den Klienten häufig zum Lachen, weil er ihm etwas bewusst macht, was er bisher zu sehen vermieden hat.

Ein Klient „wusste", dass er vom FBI überwacht wird. Das FBI sei heimlich in seine Wohnung eingedrungen und habe auf seinem Computer ein verstecktes Programm eingerichtet, mit dem jetzt seine Post überwacht werde. Alle Menschen im Umfeld des Klienten hatten dem widersprochen, ihn für verrückt erklärt und begonnen, sich von ihm zu distanzieren. Der Therapeut verfiel nach diesem Bericht seinerseits in Sorge, schaute sich plötzlich misstrauisch im Konsultationszimmer um, als ob er abgehört werden könnte, beugte sich dann nah zum Gesicht des Klienten hinüber, auf dem Schweisstropfen glänzten, und fragte mit betont leiser Stimme, ob wohl auch er jetzt damit rechnen müsse, dass das FBI seine Post überwachen werde, seit er in Kontakt mit dem Klienten stehe? Der Klient begann erstmals zu lächeln, entspannte sich etwas und sagte: „Also, so weit würde ich nicht gehen."

Provokation ist zunächst nur eine Konsequenz davon, dass der Therapeut sich nicht gegen das Verrückteste in einem Klienten stellt, sondern dass er diese Seite vollkommen akzeptiert und innerhalb dessen Bezugsrahmen bleibt. Das bedeutet es, einen Klienten bedingungslos zu akzeptieren, wie er ist. Bedingungsloses Akzeptieren und Provokation können also manchmal dasselbe sein! – So unglaublich und verrückt Überzeugungen eines anderen Menschen uns und auch anderen erscheinen mögen, so unbeirrbar wird der Betreffende daran festhalten, wenn jemand ihn von etwas anderem zu überzeugen versucht. Das haben wir alle aus beiden Positionen schon viele Male erlebt. Unsere Überzeugungen, alles was wir glauben, sind das Gerüst unserer Wirklichkeit. Etwas, was wir brauchen, um uns orientieren zu können. Niemand wird sich diese Lebensgrundlage ausreden lassen. Das wäre gefährlich. Der Therapeut will in der „Provocative Therapy" gar nichts daran ändern, sondern nur zum Ausdruck bringen, was häufig vermieden und verschwiegen bleibt.

Farrelly schreibt dazu: „Der Therapeut versucht all die tabuisierten Dinge zu sagen, die die Menschen in unserem Kulturkreis einander nicht sagen können; er bemüht sich, *das Unaussprechliche auszusprechen, das Nichtfühlbare zu fühlen* und *das Undenkbare* mit dem Patienten *zu denken*, all die verschlüsselten Zweifel des Patienten zu benennen, seine schlimmsten Gedanken und Ängste über sich selbst und die Reaktionen anderer auf ihn zu wiederholen. Der Patient bemerkt unweigerlich, dass er dadurch ‚nicht zerstört oder ausgelöscht' wird. Er kann mit diesen Konfliktbereichen auf einer bewussteren, realistischeren und angepassteren Ebene umgehen."[20]

Wenn der Therapeut paradoxerweise zur Fortsetzung inadäquater Verhaltensweisen rät und den Spiegel ohnehin extremer und verrückter Ideen zusätzlich mit Übertreibungen versieht, dann erst beginnt eigentlich Provokation von seiner Seite. Zugleich führt er therapeutischen Humor ein und verwendet ein Instrument, welches Höfner und Schachtner

---

20 Farrelly, F. & Brandsma, J.M.: *Provokative Therapie*. Springer Verlag, Berlin, Heidelberg 1986, S. 78

den Zerrspiegel[21] benannt haben. Farrelly spricht vom Negativbild[22]. – Eine adoleszente, junge Frau erzählt von einem gemeinsamen Abend mit ihrem neuen Freund:

> *Kl.* „Er wollte dann noch in diese Bar, wo seine Kollegen immer sind. Und dann haben wir den ganzen Abend dort verbracht. Ich habe kein Wort gesagt. Ich habe gar nichts verstanden, weil sie immer Italienisch gesprochen haben."
>
> *Th.* „Was für eine Enttäuschung. Sie hatten sich den Abend anders vorgestellt."
>
> *Kl.* (Mit kläglicher Stimme) „Jaah. Aber ich wollte nicht, dass er sich langweilt."
>
> *Th.* „Dafür haben *Sie* sich gelangweilt. Das ist auch etwas. Einfach da sein für Ihren Freund. Einfach schön sein. Wie eine antike, schöne Ständerlampe, die man hinstellt und stolz allen zeigen kann. Und dann reden die wieder über etwas anderes. Und Sie können einfach weiter da stehen, ganz still und für ihren Freund etwas leuchten."
>
> *Kl.* (Lacht, und jetzt wieder mit lauter Stimme) „Also das will ich nicht. Das ist mir zuwenig."

Dieser Spiegel fördert rasch die Bereitschaft zu einer persönlichen Veränderung und motiviert Klienten, die Schale ihrer Abwehr niederzulegen. Wenn ein solcher Augenblick eintritt, kann der Therapeut blitzschnell ernst werden, um der momentanen Verletzlichkeit angemessen zu begegnen, z.B. der grossen inneren Unsicherheit eines Jugendlichen. Oder dem traurigen Gefühl einer einsamen und geschiedenen Mutter, von Männern immer wieder abgelehnt zu werden, jetzt auch von ihrem kleinen Sohn. Dieses Vorgehen verlangt Sensibilität und die Fähigkeit, sich in Verhaltensweisen sekundenschnell umstellen zu können, vor allem rasch mit dem Klienten zusammen immer wieder zwischen zwei Positionen hin und her wechseln zu können: der Position der Abwehr und der Position der hinter der Abwehr verborgenen Gefühle und Einsichtsmöglichkeiten. Sichtbar wird dies manchmal an raschen Wechseln zwischen Lachen und Weinen.

Wie in anderen Therapien erfahren Klienten auch in der „Provocative Therapy" vom Therapeuten in erster Linie tiefes Verständnis und Kompetenz. Deshalb fühlen sie sich bei ihm aufgehoben. Einfühlungsvermögen und Verständnis *beweist* der Therapeut, wenn er dieses Gerüst der individuellen Wirklichkeit, die „Logik" persönlicher Überzeugungen von Klienten erkennen, akzeptieren und spiegeln kann. Gerade dass er damit bis zum Äussersten geht und auch das Unmöglichste mit ihnen zu glauben und zu benennen bereit ist, schenkt Klienten Vertrauen und das Gefühl, in der therapeutischen Beziehung aufgehoben zu sein. – Bisher hatte schon eine Andeutung auf diese Innenwelt gereicht, um Unglauben, Schrecken, Ablehnung und Protest bei anderen Menschen zu provozieren. Jetzt wo der Therapeut diese akzeptiert, spiegelt und sogar noch verrücktere Einfälle hat, kann der Klient anfangen, gegen sie zu protestieren ... Eine Form der Distanzierung von eigenen Verschrobenheiten. Eine andere Form ist das Lachen über sich selbst.

---

21 Höfner, Eleonore & Schachtner, Hans-Ulrich: *Das wäre doch gelacht! Humor und Provokation in der Therapie*. Rowohlt Taschenbuch 1490. Reinbek 1997, S 119ff.
22 Farrelly, F. & Brandsma, J.M.: *Provokative Therapie*. Springer Verlag, Berlin, Heidelberg 1986, S. 97

Der Therapeut selbst ist in der „Provocative Therapy" weitgehend inkongruent. Auf der nichtverbalen Ebene – Mimik, Gestik, Tonfall – signalisiert er konstant seine Anteilnahme und sein persönliches Interesse am Klienten. Mit seinen Worten kann er gleichzeitig beissend werden und Unakzeptables aussprechen.[23] Dinge zwar, die aus der inneren Welt der Klienten stammen, die aber dennoch eine Art Existenz am Rande ihres Bewusstseins fristen. Durch die Verzerrungen des Therapeuten werden sie noch unakzeptabler und wecken Protest. Ein Manöver, das nur funktioniert, wenn die Anteilnahme echt ist. Klienten spüren, wie es darum steht, und ziehen sich sofort zurück, wenn sie sich abgelehnt fühlen.

Klienten bringen ihre Schwierigkeit meist zum Ausdruck, indem sie in irgendeiner Form sagen, dass sie etwas nicht können. Mit dieser Überzeugung geht der Therapeut auf widersprüchliche Art um. Farrelly sagt: „Die Patienten stellen das ‚Ich kann nicht' in den Vordergrund: der provokative Therapeut, der sicher glaubt, dass der Patient nicht *will*, stimmt humorvoll zu. Er betont das Schicksal und die trüben Botschaften des psychologischen Determinismus in dem Versuch, den Patienten zu provozieren, anzuerkennen, dass er nicht funktioniert, weil er nicht will."[24]

Er schreibt weiter: „Der Spott der Therapeuten ist auf die verrückten Ideen und selbstzerstörerischen Verhaltensweisen des Patienten gerichtet. Seine nichtsprachliche Wärme und sein Sich-Kümmern sind dagegen auf die Person des Klienten gerichtet. Während die Personen selbst nicht lächerlich gemacht werden sollten, verdienen lächerliche Ideen und Verhaltensweisen Spott. Das ist unsere Haltung."[25] An einer anderen Stelle: „Wir verspotten den Wirrkopf des Patienten, seine idiotischen Ideen und Verhaltensweisen, aber nicht die Person selbst."[26]

Ein grosser Teil unserer „Ineffizienz" in der Verständigung, basiert darauf, dass wir mit Worten etwas beabsichtigen, aber in unserem Verhalten etwas Gegenteiliges bewirken. Wir sagen einem Kind, es möge sich anständig benehmen, und lassen es dann gewähren, wenn es sich unanständig benimmt. Da nützen keine Worte mehr, weil Haltung und Verhalten viel realer sind. Die „Provocative Therapy" benutzt dasselbe Muster mit umgekehrten Vorzeichen. Vielleicht basiert ihre Effizienz gerade darauf. Der Therapeut sagt mit seinen Worten Dinge, die er keineswegs wirklich meinen kann. Zugleich bewahrt er konstant eine hingebungsvolle Haltung, die nur eines im Sinn hat, die Gesundung seiner Klienten.

Die Arbeitsweise des Therapeuten in der „Provocative Therapy" kann so zusammengefasst werden: Die therapeutische Grundhaltung ist selbstverständlich Akzeptanz und Respekt vor dem anderen als würdiges, wertvolles und eigenständiges Individuum. Gegenüber

---

23 s.a. Farrelly, F. & Brandsma, J.M.: *Provokative Therapie*. Springer Verlag, Berlin, Heidelberg 1986, S. 85–86
24 ebenda S. 52/53
25 Farrelly, F. & Brandsma, J.M.: *Provokative Therapie*. Springer Verlag, Berlin, Heidelberg 1986, S. 144
26 ebenda S.141

spezifischen Verhaltensweisen nimmt der Therapeut unterschiedliche Haltungen ein. Ist er mit Abwehr von Einsicht in das eigene Wesen konfrontiert, reagiert er inkongruent. Er akzeptiert die Person als wertvolles Individuum, während er ihr Verhalten angreift und „nicht zu ernst" nimmt. Sobald der Klient die Abwehr aufgibt, tieferes Verständnis für das eigene Wesen zeigt und verborgen gehaltene Gefühle zum Ausdruck bringt, reagiert er kongruent auf beides, indem er die momentane Reaktion so warmherzig aufnimmt wie die Persönlichkeit. Es ist beim Beobachten der Arbeit von Farrelly manchmal nicht einfach, die schnellen Wechsel zwischen beiden Positionen wahrzunehmen. Entsprechend gross ist die Herausforderung bei dieser Arbeitsweise. Sie verlangt vom Therapeuten die Fähigkeiten, den Klienten sehr genau zu beobachten und seine Verhaltensweisen von Augenblick zu Augenblick rasch und präzise immer von neuem einschätzen zu können.

Zuschauer therapeutischer Sitzungen bei Farrelly, die das ganze nur von aussen sehen können, sind manchmal schockiert. Sie fragen dann, ob seine Aussagen nicht zu weit gehen. Und wer nicht genau hinsieht und hinhört, mag gelegentlich denken, dass er sich ohne Einfühlung auf Kosten eines Klienten amüsiert. Aber die Klienten bleiben auf ihren Stühlen sitzen, machen mit und nehmen auch weiter am Seminar teil. Vor allem aber ist während der Sitzungen beobachtbar, wie sie sich verändern. Sie erweitern sichtlich sofort ihre Verhaltens- und Ausdrucksmöglichkeiten. Wer als Klient in einer therapeutischen Sitzung unmittelbar neben Farrelly sitzt, erlebt die Situation ganz anders. Was er sagt, ist nichts anderes als die Darstellung des privaten, inneren Lebensszenariums, welches dem Klienten im Grunde sehr vertraut ist. Es ist seine eigene Welt, die ihm in allen Details gespiegelt wird. Der Klient erlebt den Therapeuten als jemand, der ihm ganz nahe kommt. Die Sicht des Therapeuten ist nochmals eine andere. Mit voller Hingabe will er nur eines: intensiven Kontakt zu dem Menschen, der gerade bei ihm sitzt. Ihm vollkommen in dessen innerer Welt begegnen. Wie sagt doch Farrelly selbst? Das Unfühlbare des Lebens seines Gesprächspartners mit ihm fühlen, das Unsagbare aussprechen und das, was jener nicht denken kann, mit ihm denken. Die Provokation ist dann einfach eine Möglichkeit, die sich ergeben kann und therapeutisch nützlich ist.

Für viele wirkt Farrelly während der Arbeit als gutmütiger Kumpel oder Freund mit grosser Lebenserfahrung. Als einer, der einem so wohlgesinnt ist, dass man ihm nie ernsthaft böse sein wird. Auch wenn er einem die schwierigsten und widrigsten Wahrheiten über die eigene Person ins Gesicht schleudert, ist dies akzeptabel, weil man um ihn herum spürt, dass er das Beste für einen im Sinn hat. Wenn der Therapeut lacht, so lacht er also *nach* dem Klienten und *mit* ihm.

1.7 Das Modell

Um jederzeit einen „Taschensupervisor" zur Verfügung zu haben, hat der Autor die Arbeitsweise der „Provocative Therapy" schematisch in einem Modell mit drei Schwerpunkten in der Grafik S. 47 zusammengefasst.

1. Rapport: Der Therapeut achtet während der gesamten Zeit auf die Qualität der Beziehung von Therapeut und Klient. Das ist eine Selbstverständlichkeit in allen Psychotherapien und wird hier deshalb herausgehoben, weil die Interventionstechnik die Beziehung mehr als in anderen therapeutischen Verfahren strapazieren kann. Also gilt es, der guten Beziehung besondere Aufmerksamkeit zu schenken.

2. Aktivdiagnose: Der Therapeut achtet vom ersten Moment an während einer Konsultation auf Inkongruenzen von Klienten und fördert durch geschickte Gesprächsführung aktiv den Ausdruck von Überzeugungen und Vorteilen, die zu negativen Verhaltensweisen gehören. Diesem Teil des Modells gilt die besondere Aufmerksamkeit dieses Buches.

3. Intervention: Hier ist eine liegende Acht in der Grafik zu sehen, welche einerseits die Unendlichkeit der Pendelbewegung von Inkongruenzen symbolisiert und zugleich die rhythmische Bewegung des Therapeuten während seiner Arbeit. Farrelly klopft mit einem Fuss immer wieder eine Art Takt während seiner Therapien. Auch seine Sprechweise ist rhythmisch und ausgesprochen melodiös. In einem lockeren Rhythmus verstärkt er abwechselnd einmal die negative Seite eines Konfliktes, und dann wieder entmutigt er den Klienten, wenn jener von seinen positiven Zielen und Veränderungsabsichten spricht. Wenn der Therapeut mit Worten zu negativem Verhalten ermutigt und bei positiven Absichten entmutigt, will der Therapeut nicht real ermutigen, resp. entmutigen. Er hat immer dasselbe im Sinn: Widerspruch und eine Neuorientierung der Lebenskräfte von innen her mit dem Ziel einer gesünderen Entwicklung.

Nach den Beobachtungen des Autors besteht eine zentrale Technik von Farrelly beim Entmutigen darin, dem Klienten zu beweisen, dass er mit seinen Wünschen und Zielen von falschen Voraussetzungen ausgeht. Dazu ist der Klient im einen Fall zu faul, im anderen fehlt ihm eine wichtige Fähigkeit, oder er ist zu alt ... Es gibt viele Möglichkeiten nachzuweisen, dass Vorannahmen von Klienten falsch sind: Ursache-Wirkungszusammenhänge lassen sich umkehren. Auch das Verhältnis aktiv-passiv. Oder der Therapeut veranlasst, dass sie die Lage aus der Sicht anderer wahrnehmen. (Die in der Grafik unterstrichenen Worte bei den Interventionen verweisen auf das Modell der Orientierungsmuster.) – Beispiel: Eltern können beklagen, nicht mehr fertig zu werden, mit den Schwierigkeiten und Aggressionen von Kindern. Sie möchten, dass die Kinder sich verändern. Dazu bieten die

Eltern die falschen Voraussetzungen an: Sie streiten leidenschaftlich und mit solcher Inbrunst die ganze Zeit in der Gegenwart des Therapeuten, sehr häufig auch vor den Kindern, ohne je zu irgendeinem greifbaren Resultat zu kommen, dass sie einfach ein natürliches Vorbild für Streit als Liebhaberei abgeben. Kein Wunder, dass die Kinder etwas davon übernehmen. Hoffentlich lernen die Kinder von den Eltern. Die Eltern sind keineswegs Opfer ständig nörgelnder Kinder, sondern ernten den Erfolg dafür, dass sie einstimmig für eine Kultur strengster Kritik am anderen eintreten, die sie in ihren Streitigkeiten auch konsequent vorleben.

Die im Unendlichkeitszeichen eingeflochtenen Abkürzungen *assoz.* und *dissoz.* weisen darauf hin, dass Klienten im Verlauf des therapeutischen Prozesses rasch wechseln zwischen einer assoziierten Position, in der sie ihre Schwierigkeiten aus ihrer gewohnten Perspektive sehen, und einer dissoziierten Position, aus welcher sie von aussen und mit Distanz auf sich selbst und ihre Probleme schauen.

Methode der „Provocative Therapy" • 47

1.7.1 „Provocative Therapy" nach Frank Farrelly – Modell

Gefühle – internal: Wahrnehmen von Zuneigung ↔ Ablehnung
Beachte: nur bei Zuneigung provokativ intervenieren!

Nonverbal – external: Einstimmen durch Pacing von Stimme, Rhythmen, Haltung und Gesten.
Zugewandte Körperhaltung, ev. sanfte Berührungen

Rapport
offenes Herz!

Verbal-external:
Verbalisierung emotionaler Erlebnisinhalte,
Gedankenlesen, Unterstellungen (für Diagnostik!)

Von Augenblick zu Augenblick in Kontakt bleiben mit
1. der affektiven Ebene von Kl.
2. den Verhaltensweisen, die etwas vermeiden wollen

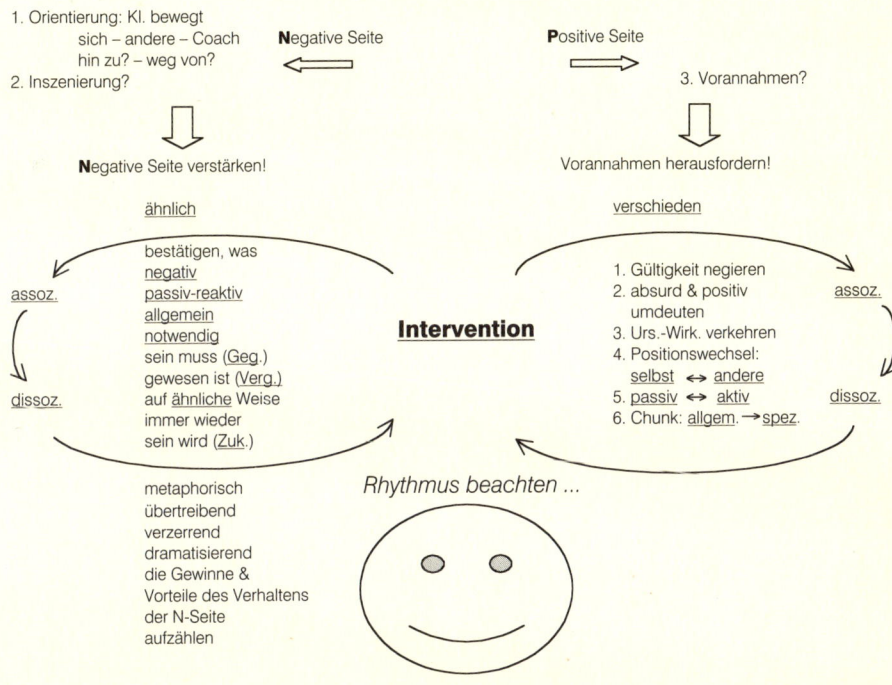

Aktivdiagnose

Ziele: 1. Inkongruenzen darstellen und
2. bewerten mit **N**egativ / **P**ositiv resp. – / +
3. Überzeugungen der N-Seite und
4. Gewinne & Vorteile der N-Seite herausarbeiten

1. Orientierung: Kl. bewegt sich – andere – Coach hin zu? – weg von?
2. Inszenierung?

Negative Seite ⟵   **P**ositive Seite ⟶

3. Vorannahmen?

Negative Seite verstärken!   Vorannahmen herausfordern!

ähnlich   verschieden

assoz.   assoz.

bestätigen, was
negativ
passiv-reaktiv
allgemein
notwendig
sein muss (Geg.)
gewesen ist (Verg.)
auf ähnliche Weise
immer wieder
sein wird (Zuk.)

Intervention

1. Gültigkeit negieren
2. absurd & positiv umdeuten
3. Urs.-Wirk. verkehren
4. Positionswechsel:
   selbst ↔ andere
5. passiv ↔ aktiv
6. Chunk: allgem. → spez.

dissoz.   dissoz.

metaphorisch
übertreibend
verzerrend
dramatisierend
die Gewinne & Vorteile des Verhaltens der N-Seite aufzählen

Rhythmus beachten ...

... und Humor verwenden!

Formal konnte der Autor bisher acht Interventionen unterscheiden, mit denen der Therapeut in der „Provocative Therapy" eine unmittelbare, affektive Erfahrung und neue Reaktionsmöglichkeiten hervorrufen kann:
1. Aktivdiagnose mit Unterstellungen.
2. Vorbehaltlose Identifikation von Therapeut mit den negativen Seiten von Klient und direktes Spiegeln seiner verrücktesten Ideen, Überzeugungen, Handlungsweisen und inadäquaten Lösungen.
3. Verstärken der negativen Seiten.
4. Verzerren des Spiegels der negativen Seiten.
5. Anbieten anderer, inadäquater Lösungen.
6. Positive Veränderungsabsichten entmutigen.
7. Veränderung von Denk- und Verhaltensmustern durch Zirkelschluss (siehe entsprechenden Abschnitt in Interventionsmethodik, speziell illustriert durch „Unterschiede in Ähnlichkeiten verwandeln").
8. Rückmeldung der eigenen Reaktionen (s.a. Interventionsmethodik: „Persönliche Reaktionen von Therapeut für Intervention nutzen").

Ein Schwerpunkt dieses Buches ist, den Weg von einer Klientenaussage zur Intervention aufzuzeigen. Der zweite gilt der Darstellung der Möglichkeiten der „Provocative Therapy" im Bereich der Erziehungsberatung, in welchem der Therapeut sich mit Interventionen an Erwachsene, Kinder, Familien oder Teilen einer Familie wendet.

Im zweiten Kapitel folgen generelle Ausführungen zur Besonderheit psychotherapeutischer Arbeit in der Erziehungsberatung. Im dritten Kapitel wird die Arbeit mit Orientierungsmustern erläutert. Obwohl dieses Konzept nicht direkt der „Provocative Therapy" entstammt, bietet es für die Arbeit nach dieser Methode gute Anhaltspunkte. Im vierten Kapitel folgt die Darstellung von Inkongruenzen an einer Auswahl von Klagen und von zu beobachtenden Verhaltensweisen, die im Rahmen von Erziehungsberatungen bei Eltern typisch sind. Das fünfte Kapitel ist wichtigen Überzeugungen von Eltern gewidmet, das sechste den Gewinnen und Vorteilen, die Eltern und Kinder von ihren Schwierigkeiten haben.

Abfolge und Form der einzelnen Kapitel stellen detailliert die Schritte dar, die ermöglichen, gezielt von der Diagnose zu Interventionen nach den Grundsätzen der „Provocative Therapy" zu gelangen. Man beginne mit der Beobachtung und Identifikation von Inkongruenzen und untersuche sie auf ihre positiven und negativen Aspekte hin (Kapitel 4), dann arbeite man Überzeugungen (Kapitel 5) und Gewinne (Kapitel 6) der negativen Seite heraus.

In einem siebten Kapitel über Interventionen werden spezifische Vorgehensweisen für die Arbeit in der Erziehungsberatung erläutert, die mit Erfolg eingesetzt worden sind, insbesondere:

➤ Umgang mit Übertragungen und Gegenübertragungen,
➤ Interventionen in Eltern- und Familiengesprächen,
➤ Interventionen in Kindertherapien.

In einem achten Kapitel zieht der Autor aufgrund seiner Erfahrungen in der Erziehungsberatung Rückschlüsse auf Modelle, die unbewusst unsere Erziehungsmethoden, aber auch unser zwischenmenschliches Verhalten im Allgemeinen weit verbreitet prägen.

Wenn einzelne Aussagen oder Reaktionen, vor allem im vierten Kapitel, aus einem ganzen Kontext herausgepickt werden, geschieht dies mit Absicht. Es handelt sich um verbreitete Reaktionen mit typischen Konfliktmustern. Jede diskutierte Aussage oder Verhaltensweise erscheint in vielen, verschiedenen Fällen mit den individuell unterschiedlichsten Vorgeschichten. Eine einzelne Aussage für sich, wie „Er hört mir nicht zu", und jede dargestellte Inkongruenz sind auch normale und unauffällige Ereignisse. Einmal hört ein Kind zu, dann wieder nicht. Erst wenn diese Bewegung anhält, ähnlich wie bei einer Uhr, bleibt eine Entwicklung stehen. Erst dadurch, dass in einer Inkongruenz über längere Zeit der eine Pol überbewertet wird, entstehen Not und Schwierigkeiten. Erst wenn das Kind uns nicht mehr zuzuhören bereit ist, haben wir es mit einer echten Schwierigkeit zu tun. Von solchen Situationen ist hier die Rede.

2. Die Arbeit mit Eltern und ihren Kindern im Rahmen der Erziehungsberatung

Erziehungsberatung wird zum Teil von Eltern beansprucht, welche bereits die Einsicht haben, dass sie einen Einfluss auf das problematische Verhalten des Kindes ausüben. Die Ausgangslage ist günstig, weil sie von Anfang an Kooperationsbereitschaft zeigen. Weiter hat der Therapeut es mit Fällen zu tun, in denen ein Kind trotz gesundem Familienklima an einer Schwierigkeit leidet. Auch diese Fälle sind relativ einfach zu führen, weil hier in erster Linie eine Therapie des Kindes indiziert ist. Bei beiden Ausgangspositionen wird der Therapeut mit dem beschriebenen Vorgehen leicht Interventionen nach dem Ansatz der „Provocative Therapy" entwickeln können. Die vielleicht komplexeste und eine zugleich verbreitete Ausgangslage ist, dass Eltern auf eine ausschliessliche Behandlungsbedürftigkeit des Kindes beharren, weil sie sich mit Hilfe von Projektion und Verleugnung – Konzepte der Psychoanalyse, die für diesen Kontext nützlich sind – von einer Mitverursachung der Schwierigkeiten des Kindes „entschuldigen" und überdies eine passiv-resignierte Haltung den Schwierigkeiten gegenüber einnehmen. Drei Faktoren, die spezielle Herausforderungen an den Therapeuten stellen, auch im Hinblick auf die Interventionsmethodik, weshalb sich dieses Kapitel auf diese Ausgangslage konzentriert.

Es ist eben eine Besonderheit der Erziehungsberatung, dass Eltern ihr Kind zur Behandlung anbieten können, als wäre das Kind ein Objekt, mit dem sie nichts zu tun haben. Sie bringen das Kind zum Therapeuten wie man ein Auto in die Garage bringt. Sie verlangen nicht Hilfe für sich, denn sie leiden nicht selbst. Oder wenn schon nur an den Folgen eines „gestörten" Kindes. Meist erzählen sie ausgiebig über das Kind. Manchmal ersäufen sie den Therapeuten geradezu in ihrer langweilenden Aufzählung von Varianten der immer gleichen Geschichte. „Und dann, das müssen Sie unbedingt auch noch wissen, hat er noch das angestellt ..." Verhaltensweisen, die das Kind auf negative Weise charakterisieren, werden unter dieser Lupe zu monströsen Gebilden, die bis in die kleinsten Details seziert werden. Der Therapeut, der dies alles nicht gesehen hat, muss ja darüber orientiert werden, wo der Defekt überall auftritt, damit er weiss, was er zu tun hat. Über sich selbst verlieren die Eltern kein Wort. Das Kind *ist* das Problem. Dieses wäre also wieder in Ordnung zu bringen. Und dafür gibt es Fachleute.

Natürlich sind die Verhaltensweisen des Kindes unakzeptabel, und Hilfe von aussen ist notwendig, damit die Situation verändert werden kann. Eine Behandlung des Kindes allein zielt am Wesentlichen vorbei und bleibt erfolglos, wenn Eltern eigene, unbewusste Konflikte in das Kind hineinprojizieren und sich in einer Art verhalten, die das problematische Verhalten des Kindes verstärken, ohne dass sie es erkennen. Ganz nach dem Muster der Mutter eines „krankhaft widerspenstigen" Kindes, die kaum im Sprechzimmer angekommen bereits damit beschäftigt ist, ihrem Kind etwas zu verbieten. Mit gutem Grund natürlich, denn es hat sofort etwas entdeckt, das es nicht berühren soll. Die Gegenwart des Therapeuten ist rasch überflüssig, denn die Mutter, ganz ihrem Kind zugewandt, ist bald vollauf damit beschäftigt, ihm abwechselnd „Nein!" und „Das darfst du nicht!" zuzurufen. Sonst bekommt er kaum etwas zu hören, so dass er sich, um die Mutter nicht zu stören, auch zurückziehen und einfach eine Strichliste anlegen könnte, um herauszufinden, welche der beiden Aussagen die Mutter bevorzugt. Von der Mutter scharf beobachtet, verlässt das Kind endlich den Raum und schickt sich an, den Gang zu erkunden. Als es stehen bleibt und zu einer weiteren Türe blickt, schallt es schon durch den Raum: „Du darfst diese Tür nicht öffnen." Sie wusste natürlich schon vorher, dass das Kind dort hineingehen wollte. Wie ein Wunder bekommt sie umgehend recht. Das Kind, vielleicht zuvor noch unschlüssig, jetzt versehen mit einem neuen Impuls der Mutter, was es noch erkunden könnte, steuert voll Entdeckerdrang direkt auf besagte, verbotene Tür zu ... Was ist doch Einfühlungsvermögen für eine hilfreiche Sache!

Damit Eltern nicht mit eigenen Schwierigkeiten konfrontiert werden, verwenden sie folgende Verhaltensmuster:
1. Projektion der Schwierigkeiten nach aussen auf und in das Kind hinein,
2. Verleugnung eigener Anteile an der Entstehung der Schwierigkeit bis zur Position: „Ich habe keinen Einfluss auf das Kind",
3. passive Haltung, welche andere zum Handeln veranlasst.

Mit Projektion können wir Eigenschaften, die wir an uns selbst ablehnen, weil wir sie negativ bewerten, loswerden, indem wir sie einer anderen Person zuschreiben. Selten hat die andere Person nichts von diesen Eigenschaften aufzuweisen. Meist ist der Prozess subtiler. Die auf die andere Person projizierten Eigenschaften stimmen durchaus mit real vorhandenen überein. Wir heben einfach Eigenschaften der anderen Person betont hervor, die wir negativ bewerten, während wir zugleich positiv zu wertende Eigenschaften als bedeutungslos oder nicht existierend abwerten. Die Bewertung ist es, die inadäquat ausfällt und der anderen Person nicht gerecht wird. Entsprechend kann die andere Person das Gefühl bekommen, dass sie im Kern ihres Wesens oder in ihrer Identität verkannt wird, ein kränkendes Gefühl, häufig verbunden mit gesunder Empörung. Wie soll ein von seinen Eltern noch abhängiges Kind unter solchen Bedingungen ein adäquates Gefühl für seine Identität entwickeln können?

Eine für seine Entwicklung unheimliche Konsequenz der Projektionen ihrer Eltern ist, dass es mit der Zeit tatsächlich so wird, wie die auf ihn projizierten Vorstellungen. Es ist klein, abhängig, seelisch und körperlich noch sehr anpassungsfähig. Wenn es über Jahre in einem Abhängigkeitsverhältnis steht, wird es sich den Vorstellungen angleichen, die sich Erziehungspersonen von ihm machen. Zugleich werden die Erziehenden auch das auf unbewusste Weise verstärken, was ihren Vorstellungen, Erwartungen und vor allem auch ihren tiefsten Befürchtungen entspricht. Was sind Befürchtungen doch für mächtig wirksame Vorstellungen, weil wir ständig an das denken, was wir vermeiden möchten. Die eigene Phantasie kann da zum vollendeten Gruselkabinett werden. Je mehr wir uns ängstigen, desto mehr füllen furchterregende Vorstellungen unser Denken aus und tendieren deshalb dazu, Wirklichkeit zu werden.

Mit einer Projektion verlegen wir nicht nur eine Schwierigkeit und ihre Ursachen nach aussen, sondern ebenso die Kompetenz, die zu deren Behebung notwendig ist. Projektion geht auf Kosten unserer Kompetenz! Wenn wir Gefühle von Angst nicht ertragen, dann wollen wir stark und selbstsicher sein. Es ist dann immer noch einfacher ein Kind zu haben, welches Angst hat, als selber Angst zu haben. Aber da es unser Kind ist, müssen wir uns täglich um seine Not kümmern. Wenn wir Angst nicht ertragen, haben wir zunächst keine Möglichkeit, konstruktiv mit dem Kind umzugehen. So etwas ist normal, weil wir unseren Schwächen im Leben immer wieder begegnen. Die Angst des Kindes stellt nichts anderes dar als eine weitere Chance des Schicksals, etwas dazuzulernen. Wie werden wir mit ihr umgehen? Werden wir uns um Entwicklung bemühen oder Stagnation wählen? Letztere mündet in Projektion, Verleugnung und passiver Haltung. Falls wir uns dafür entscheiden, werden wir auf die Angst des Kindes mit Ungeduld und vielleicht zornig reagieren, weil es so „dumm" tut. Anstatt, dass seine Angst geringer wird, wird sie stärker, weil das Kind jetzt auch noch vor uns Angst bekommt. – Ein Kind kam in einer solchen Situation zur ersten Konsultation. Aus Angst vor der neuen, erwachsenen Autorität schlotterte es am ganzen Körper, wagte kaum den Blick zu heben, bekam beim geringsten Anlass Tränen und flüsterte so leise, dass der Therapeut sein Ohr unmittelbar neben seine Lippen bringen musste, um es überhaupt hören zu können. Die Eltern wollten es ermutigen: „Du brauchst doch keine Angst zu haben vor dem Doktor." Und zum Therapeuten: „Sehen Sie, wir können nichts machen." – Wenn wir uns für Stagnation entscheiden, wollen nicht wir etwas an Kompetenz dazulernen, sondern verlagern die Kompetenz nach aussen und sehen den Therapeuten dafür vor, das Kind zu ändern. Dazu versuchen wir ihn einzusetzen und zu aktivieren. Eine nette Aufgabe für ihn, wenn wir gleichzeitig zuhause mit dem nächsten

Anfall von Zorn die unerwünschte Angst auf nicht bewusste Weise wieder verstärken, weil wir sie nicht verstehen.

Mit Verleugnung schaffen wir eigene Verhaltensweisen, Empfindungen, Gedanken und Haltungen, mit denen wir uns nicht identifizieren wollen, und ihre Effekte wirkungsvoll aus der Welt, indem wir ihre Existenz überhaupt leugnen. Verleugnung geht mit Dissoziation einher, beobachtbar z.B. an einer Aussage wie: „Ich erkläre es ihm immer wieder, aber es hört nicht zu." Natürlich umschreibt diese Feststellung eine Dissoziation des Kindes, welche die Eltern veranlasst eine Störung beim Kind zu diagnostizieren. Bemerkenswerter ist allerdings das Dissoziieren der Eltern, denn sonst würden sie ihr Tun als sinnlos erkennen und etwas anderes versuchen.

Während wir in Projektionen ein inadäquates Bild von anderen Menschen entwickeln, verändern wir mit Hilfe von Verleugnungen u.a. das Bild, das wir von uns selbst haben. In der Erziehung manifestiert sich Verleugnung darin, dass Eltern die Wahrnehmung für ihren Einfluss auf das Kind ausblenden. Sie sehen eine problematische Verhaltensweise, leugnen aber, dass diese eine Antwort auf *ihr* Verhalten sein kann. Zugleich werden sie nicht mehr wahrnehmen, wann und wie sie einen Einfluss haben, den sie wünschen! Übrig bleibt im schlimmsten Fall der Eindruck, überhaupt keinen Einfluss zu haben. Eine Klage, die in Hilflosigkeit mündet und zu Aufforderungen an den Therapeuten der Art führt wie: „Jetzt sagen doch *Sie* einmal, was ich da machen soll."

Eltern, die „wissen", dass sie keinen Einfluss auf ein Kind haben, nehmen nicht wahr, dass z.B. ausdauernde Ermahnungen in einem bestimmten Ton dazu führen, dass es sich verschliesst. Ebenso wenig sind sie fähig zu erkennen, dass sie das Kind aufmuntern, wenn sie eine Wissensfrage von ihm nicht beantworten können. Ein Kind mit geringem Selbstwertgefühl fühlt sich im Vergleich zu den sonst „allwissenden" Eltern danach weniger schwach und quittiert dies damit, dass es sich öffnet. Wenn wir „wissen", dass wir keinen Einfluss haben, werden wir gar nicht versuchen zu beobachten, welche Reaktionen des Kindes auf welche Anreize folgen. Wir werden Änderungen in seinem Verhalten als zufällig, als Folge beliebiger Stimmungen oder als Charakterzug verstehen.

Projektion und Verleugnung zusammen stellen eine phantastische Möglichkeit dar, unliebsame, persönliche Eigenschaften auf eine radikale Art von der eigenen Person zu trennen und in die Aussenwelt zu verlegen. Wir können überzeugt vorgeben, nichts mit ihnen zu tun zu haben. Je näher wir mit Menschen zusammenleben, die entweder spontan die abgelehnten Eigenschaften entwickeln, oder die wir unbewusst für unsere Projektion auslesen, desto problematischer wird das Zusammenleben und desto eher treten irgendwann Konflikte auf.

Eine passive oder auch reaktive Haltung – die Opferhaltung – ist Folge von Projektion und Verleugnung und hat ihre eigenen Gewinne: wir können gar nichts mehr selber tun, haben keine Verantwortung mehr für die Schwierigkeiten und aktivieren automatisch andere zur

Lösung der Probleme. Es kann keine Rede davon sein, dass Eltern immer passiv sind. Sie müssen eine Menge tun und tun dies auch, um ihre Kinder durch den Alltag zu führen. Aber in Bezug auf Reaktionen, die sie an ihren Kindern kritisieren, sind sie manchmal auffallend passiv. Vor den Augen des Therapeuten vielleicht noch mehr als im Alltag, weil sie einmal Aktivität von ihm erwarten und zum anderen, damit sie sich nicht mit Verhaltensweisen exponieren müssen, wegen deren sie sich schämen und Kritik befürchten.

Wenn ein Kind als Ausdruck von Konflikten in der Familie grosse Schwierigkeiten macht, lässt sich beobachten, dass Eltern aus eigener Problematik heraus den Ausdruck ihrer Kompetenzen in zwei Bereichen einschränken. Der erste betrifft ihre Fähigkeit, Lage und Bedürfnisse eines Kindes punktuell angemessen einschätzen zu können. Sie schränken ihr Einfühlungsvermögen für bestimmte Situationen ein und können das Kind dann nicht mehr verstehen. Das beginnt mit Situationen, in denen Eltern ihren Kindern etwas immer wieder erklären, ohne dass dies etwas nützen würde. Sie reden also an ihnen vorbei und bemerken nicht, wie sie gleichzeitig zu ihrem Spielball werden. Einschränkung des Einfühlungsvermögens reicht bis zu Situationen, in denen Eltern die Bedürfnisse von Kindern in Kampfscheidungen auf unglückselige Weise verdrehen. Beide Eltern sehen im andern Elternteil eine Gefahr für das Kind. Der andere Elternteil ist ein Lügner, unfähig für das Kind zu schauen, macht die eigenen Erziehungsbemühungen zunichte, hetzt das Kind gegen einen auf etc. Beide Eltern wollen es zu seinem Besten jeweils vor dem anderen Elternteil schützen. Das Kind, welches beide Eltern liebt, gerät in eine arge Verwirrung, und beginnt selber eine für seine seelische Gesundheit verheerende Rolle zwischen den Eltern zu spielen. So können Kinder im Kampf der Eltern zum Instrument für den Ausdruck ihrer Kränkung und deren Bedürfnis nach Rache werden.

Die andere, häufig stark eingeschränkte Kompetenz ist die, Grenzen zu setzen und Forderungen durchzusetzen. Starke Eltern zu erfahren, die Grenzen durchsetzen und auf Respekt bestehen können, ist selbst ein grundlegendes Bedürfnis von Kindern. Der Autor ist mehrmals von Kindern beeindruckt worden, die ihren Eltern klar mitteilen, dass sie dies wollen. Bis zu dem Punkt, wo ein Kind seine Eltern an Regeln und Konsequenzen erinnert, die in der Therapiestunde vereinbart worden sind, wenn diese sie vergessen. Kinder tun dies auch dann, wenn die unmittelbaren Folgen unangenehm sind, wenn sie ihre Eltern beispielsweise an eine verdiente Strafe erinnern! Wie viele Provokationen von Kindern haben – auf einer unbewussten Ebene natürlich – nichts anderes im Sinne, als Eltern an ihre Aufgabe zu erinnern, endlich Grenzen zu setzen?

Je desolater die Zustände in einer Familie, je grösser die psychische Verwahrlosung und je ausgeprägter das dissoziale Verhalten von Kindern, desto eher sieht sich der Therapeut damit konfrontiert, dass Eltern auf passive Weise erwarten, er werde ihre Aufgaben übernehmen. Sie haben viele Ideen, was er und andere alles unternehmen könnten: die Kindertherapie ist eine, aber dann auch noch Aufgabenhilfe, dass er den Kindern sagt, wie sie sich zu benehmen hätten, mit dem Exehepartner spricht, Kontakt zu dessen Psychiater oder Anwalt hat, und selbstverständlich noch zum Lehrer, dass er Berichte schreiben möge und und und ... Es gibt Eltern mit einer geradezu genialen Fähigkeit, andere zu aktivieren. Und je länger sie passiv verharren, desto schwieriger wird die Situation. Manchmal „muss" jemand von aussen eingreifen, ganz einfach zum Schutz der Kinder. Das ist der Punkt, an dem die aufwändige Maschinerie sozialer Institutionen zu arbeiten beginnt, mit Sitzungen und Massnahmen, bei denen Schulpflegemitglieder, Schulpsychologen, Sozialarbeiter, Sozialpädagogen, Lehrer, Erziehungsberater, Psychiatrische Dienste etc. beigezogen werden. – Der Punkt, wer aktiv zu werden hat, ist in der Erziehungsberatung zentral. Dem Moment, wie Eltern dazu gebracht werden können, eine passive Position aufzugeben und aktiv zu werden, kommt eine entsprechend hohe Bedeutung zu.

Der Therapeut bekommt in vielen Gesprächen ein typisches Dilemma vorgeführt, für welches die oben mit der Kontrolle ihres widerspenstigen Kindes vollauf beschäftigte Mutter nur ein mögliches Beispiel ist. Die Eltern beklagen mit Worten etwas, was sie zugleich in ihren Handlungsweisen mit aller Konsequenz fördern, ohne sich dessen bewusst zu sein. Die Inkongruenz dieser von Projektion und Verleugnung geprägten Haltung lässt sich folgendermassen darstellen:

| „Die Ursachen der Schwierigkeiten mit meinem Kind sind in ihm zu suchen. Ich kann nichts dafür, dass es sich so verhält. Eben habe ich keinen Einfluss. Ich bin ein Opfer. Ich tue mein bestes, aber trotz all meiner Bemühungen ändert es sich nicht." |  | „Ich habe einen Einfluss auf das Kind. Es ist bedeutsam, welchen Eigenschaften oder Verhaltensweisen meines Kindes ich Aufmerksamkeit schenke. So lenke ich *seine* Aufmerksamkeit und verstärke je nachdem erwünschte, resp. nicht erwünschte Verhaltensweisen." |

Die Projektion der ganzen Schwierigkeit auf das Kind verunmöglicht jede Entwicklung (N-Seite). Erst wenn die Eltern Einsicht in ihr Verhalten und ihre Wirkung auf das Kind gewinnen, bekommen sowohl das Kind wie auch die Eltern eine Chance zur Entwicklung (P-Seite). Es gibt viele Gründe, die Auseinandersetzung mit sich selbst zu vermeiden, die zu dieser Einsicht führen würde. Ein Motiv mag sein, dass die Eltern mit einem Bild von sich selbst konfrontiert werden, welches nicht mit ihren idealen Vorstellungen über sich selbst übereinstimmt. Ein anderes, dass sie sich mit tiefsitzenden eigenen Konflikten und Ängsten beschäftigen müssten, z.B. der Angst, selber Kontrolle zu verlieren. Eine solche Angst kann den im Beispiel des „krankhaft widerspenstigen" Kindes illustrierten Drang der Mutter nach übermässiger Kontrolle erklären.

Ein anderes Beispiel: Wenn eine alleinerziehende Mutter eines kräftigen und wilden Jungen, ein Einzelkind im Alter von acht Jahren, an Phobien leidet – angefallen zu werden von Menschen, Hunden, Pferden Schlangen und anderen wilden Tieren –, wird sie ungern und schwerlich den Schutz verlassen, den ihr Zuhause ihr bietet. Schon gar nicht wird sie mit ihrem Sohn über Felder streifen oder in den abgelegenen Wald gehen. So auf den engen Raum einer kleinen Wohnung eingeschränkt, wird der Junge kein Feld finden, auf dem er sich austoben kann. Ohne Ventil für seine natürlichen Kräfte wird er sich entsprechend unruhig und unbändig benehmen. Kein Wunder ersucht die Mutter um Behandlung ihres Sohnes, da er durch sein Benehmen mit jedem weiteren Jahr selber zu einem grösseren Wildfang und einer wachsenden Bedrohung für sie wird. Das Pferd wird am Schwanz aufgezäumt. Nur eine Behandlung der Phobie der Mutter kann etwas bringen. Auch ist es nicht Aufgabe des Therapeuten, kompensatorisch das mit dem Jungen zu tun, was die Mutter wegen ihrer Ängste mit ihm nicht zu unternehmen wagt. Solche Ängste gilt es allerdings erst zu entdecken, denn natürlich bleiben sie vor dem Therapeuten zunächst gut verborgen und erscheinen mit keinem Wort in den Gesprächen mit der Mutter. Sie berichtet anfangs nur über ihr gestörtes Kind.

Die Störung des Kindes oder sein Symptom ist immer eine Erscheinung innerhalb des komplexen Systems einer Familie, in dem das Kind integriert ist. Sein Problem hat Konsequenzen für alle Beteiligte. Alle, auch jedes Geschwister, können in irgendeiner Form darauf einwirken und tun dies, wenn auch nicht bewusst. Manchmal hat ein sehr kleines Kind auf ein schwieriges Geschwister einen heilsamen Einfluss, um den jeder Therapeut es beneiden könnte! Ein Symptom kann als missratener Versuch verstanden werden, mit einer schwierigen Situation fertig zu werden. Oder auch als ein Signal, das auf einen Missstand in der Familie aufmerksam machen will. Vielfach sind Symptomträger zu schnellen Veränderungen fähig. Ein Symptom zu entwickeln ist selbst eine Veränderung![27] Andere Familienmitglieder haben sich in der konflikthaften Familiensituation nicht verändert. Aber das eine Kind, das sich am leichtesten verändern kann, hat ein Symptom entwickelt. Im Hinblick auf eine Therapie bedeutet dies, dass dieses Kind zwar vielleicht in kurzer Zeit zu einer positiven Verhaltensänderung fähig ist, dass es sich aber genau so rasch wieder zurückentwickeln kann. Entsprechend sind auch die Erfolge, wenn Therapeuten mit Kindern Einzeltherapien durchführen, ohne die Familie einzubeziehen. Innerhalb der Therapie mit einem Kind lassen sich häufig rasch die gewünschten Veränderungen beobachten, sogar vor den Augen der Eltern. Aber innerhalb der Familie ändert das Verhalten des Kindes sich nicht, wenn die Bedingungen dort dieselben bleiben. Diese stabilisieren das problematische Verhalten des Kindes. Dazu ist noch die vollkommene Abhängigkeit und sehr kurze Lebenserfahrung gerade kleiner Kinder zu berücksichtigen, die es diesen verunmöglichen, innerlich Distanz zu Ereignissen in der Familie zu gewinnen. Das können Jugendliche vielleicht. Richtig entwickeln kann sich diese Kompetenz erst in der Unabhängigkeit des Lebens von Erwachsenen.

Eine Intervention wird in Erziehungsberatungen vor allem bei den Eltern und ihrem Umgang mit dem Kind ansetzen. Aber gerade diese sind für eine Kooperation manchmal

---

27 Siehe dazu: Meyer, Annegret & Stender, Jan: *Systemisches NLP*. Junfermann, Paderborn 1995

gar nicht motiviert. Grundverschieden und wesentlich einfacher ist die Ausgangslage bei Behandlungen, in denen Klienten wegen sich selbst um eine Behandlung ersuchen. Diese wissen, dass etwas mit ihnen nicht stimmt, dass sie selbst etwas brauchen, denn sie leiden an sich selbst. Anders in der Erziehungsberatung: Eltern stellen „andere" als schwierig hin. Mit ihnen selbst ist alles in Ordnung. Sie wehren den eigenen Anteil an der Problematik mit dem „gestörten Kind" erfolgreich und mit unmittelbarem Gewinn ab, weil sie sich mit den Ursachen des Misstands nicht weiter zu beschäftigen brauchen. Sie können glauben, dies sei Sache von jemand anderem. Projektion ist darauf angelegt, die Aufmerksamkeit des Therapeuten von den Eltern abzulenken. Es bedarf einiger Kunstgriffe, will man bei dieser Ausgangslage ihre Kooperation gewinnen.

Wer es nicht wie der Altmeister der „Provocative Therapy" Farrelly schon am Beginn der Behandlung bei der ersten sich bietenden Gelegenheit versteht, mit Charme auf ganz selbstverständliche und unwiderstehliche Weise so etwas zu sagen wie „also verdienen Sie die Reaktionen ihres Kindes" und damit den Widerstand zu unterwandern, hat noch lange nicht verloren. Ein frühes und direktes Ansprechen der Projektion und verleugneter Verhaltensweisen löst leicht Widerstand aus, wenn es taktisch nicht geschickt erfolgt. Das Ausgesprochene muss 100% überzeugend und einleuchtend sein und erst noch in einer für den Klienten akzeptablen Form gebracht werden. Andere Aspekte eignen sich am Anfang besser dazu, eine gute Kooperationsbasis aufzubauen, weil sie den Eltern leichter vermitteln, dass der Therapeut sie versteht.

Zunächst kann der Therapeut seine Aufmerksamkeit weniger den „Störungen" des Kindes schenken als mehr den Reaktionen der Eltern auf das „gestörte" Verhalten. Er kann besonders aufmerksam ihren Umgang mit dem Kind im Konsultationszimmer beobachten. Dies stellt indirekt die Eltern in den Mittelpunkt und fördert den Ausdruck von Material, das für Interventionen geeignet ist. Im Hinblick auf Interventionen im Stil der „Provocative Therapy" wird er sich für folgende Aspekte interessieren:
➤ Überzeugungen, die negatives Verhalten der Eltern unterstützen und eine Fortentwicklung des Familiensystems hemmen.
➤ Gewinne, die dabei für alle Beteiligten aus dieser Situation resultieren.

Diese Aspekte lassen sich bedenkenlos von Anfang an thematisieren, ohne dass sie Widerstand auslösen. Im Gegenteil wird dies den Eltern beweisen, dass der Therapeut sie versteht. Überzeugungen zum Fall des „widerspenstigen Kindes" können lauten: „Ich muss mein Kind dauernd kontrollieren, weil es sonst alles tun wird, was verboten ist. Wenn ich es nicht kontrolliere, zeige ich mich nachgiebig. Das Kind wird erst recht nicht mehr tun, was ich von ihm verlange." Der Gewinn der Mutter kann sein, dass sie sich in ihrer Kontrolle als ausdauernd und in ihrer Unnachgiebigkeit als stark erlebt. Der Gewinn des Kindes, dass es seine Unabhängigkeit und seine Hartnäckigkeit unter Beweis stellen kann. Die Mutter fördert sogar die Entwicklung einer kraftvollen Selbständigkeit durch ihre eigene Hartnäckigkeit. Gut zu wissen für seine Zukunft in einer Gesellschaft, in der man sich für sich wehren können muss. All diese Aspekte sind geeignet, das Gespräch mit den Eltern über sich selbst und zentrale Momente ihrer Erziehung in Gang zu bringen. Sie werden ermutigt, sich weiter zu exponieren, da sie nie angeklagt werden. Überzeugungen und Gewinne können zur Sprache gebracht werden, ohne dass das problematische Verhalten der Eltern selbst zur Sprache kommt. Man kann sich ihr ständig wiederholtes „Nein" und dessen Auswirkungen für später aufheben und vorerst anerkennen, wie wichtig kräftige, selbständige Kinder und eine starke Position der Eltern in der Erziehung sind.

Ein weiterer Aspekt, der speziell bei der Behandlung von Familien Beachtung verdient, ist die Frage, wer von allen Familienangehörigen vor allem leidet. Unter Phobien, Ängsten und Depressionen von Kindern leidet in erster Linie das Kind, so dass eine Behandlung von ihm indiziert ist. Wenn das familiäre Klima in solchen Fällen gesund ist, dann reicht eine Behandlung des Kindes. Zappelphilippe leiden meist unter den Folgen ihrer Unfähigkeit, ihre Unruhe zu kontrollieren, ebenso wie die Erwachsenen. Beide bedürfen einer Hilfe. Kleine Randalierer, herausfordernd freche und respektlos aggressive Kinder, die nicht nur ihre Familien terrorisieren, sondern Kinder und Eltern im ganzen Quartier, lachen auffallend viel, wenn von ihren Untaten die Rede ist. Das Gespräch mit ihnen bringt meist grossen Spass an diesem Verhalten an den Tag. Die Umgebung leidet deutlich mehr als das Kind selbst. Sie versagt darin, diesen provozierenden Kindern Grenzen zu setzen. Hier ist eine Intervention bei den Eltern unerlässlich und kann sogar genügen. Natürlich ist der Einbezug des Kindes ergiebiger, weil der Dialog in der Therapie direkt gefördert werden kann und allfällige, durch das aggressive Verhalten überdeckte Probleme des Kindes zum Vorschein kommen können. Manchmal überdecken aggressive Verhaltensweisen eine Depression. Dann ist die Behandlung des Kindes wiederum Voraussetzung für einen Behandlungserfolg. Wenn Kinder ihre Umwelt belasten, ist jedenfalls die Kooperation der Eltern besonders wichtig und kann darüber gewonnen werden, dass man ihnen drastisch beweist, wer der Gewinner ist und auf wessen Kosten. Gerade in diesem Fall versuchen die Eltern am häufigsten, mit Projektion und Verleugnung ihren Anteil abzuwehren und in einer passiven Haltung verharren.

Folgende Überlegungen können zu Beginn einer Therapie eine Orientierung für den Therapeuten und sein Gespräch mit den Eltern darstellen:
1. Wer hat welches Problem?
2. Wer sollte sich nach der Meinung der Eltern ändern?
3. Wer soll diese Veränderung bewirken?

Die Darstellung der Situation einer Familie wirkt im Gespräch auf den Therapeuten manchmal beklemmend und hoffnungslos. Er hat Eltern und auch Kinder vor sich, die auf der ganzen Linie zu versagen und nur Misserfolge aufzuweisen scheinen bei ihren Versuchen, Schwierigkeiten im Leben zu bewältigen. Im Moment ist eben nur davon die Rede. Das Gespräch des Therapeuten mit der Familie dauert allerdings eine ganz kurze Zeit verglichen mit den Jahren, während denen die Familienangehörigen bereits zusammengelebt und sich irgendwie organisiert haben. Er hört nur von Dingen, die nicht funktionieren. Aber daneben hat dieselbe Gemeinschaft mit einer Menge Ressourcen alle möglichen Anforderungen des Zusammenlebens und des alltäglichen Lebens bewältigen können. Und sie tut dies noch immer. Das bekommt der Therapeut natürlich nicht zu sehen. Aber es ist hilfreich, sich dies zu vergegenwärtigen.

Solche Aspekte sind einfacher wahrzunehmen in Gemeinschaften, wo der Charakter der Abwehrformen nicht so abweisend ist. Beispiel: Das Kind (Kindergartenalter) verhält sich in einer Konsultation seiner Mutter gegenüber unmöglich, obwohl es selbst gewünscht hatte, an der Konsultation teilzunehmen. Es wollte mitkommen, weil es hier im Sandkasten spielen kann, während die Mutter mit dem Therapeuten spricht. Die Mutter verlangt, dass es den Therapeuten anständig um Erlaubnis bittet. Anstatt zu fragen, plagt das Kind jetzt die Mutter. – Die Szene wirkt längere Zeit so, als käme niemand auf seine Rechnung, so dass auch der Therapeut gelangweilt und unruhig werdend sich zu fragen beginnt, was das soll. Müdigkeit, die in dieser langweiligen Situation aufkommt, verhindert glücklicherweise, dass er der Versuchung nachgibt, aktiv strukturierend eine vernünftige Lösung herbeizuführen, damit das Kind zu seinem Spiel, die Mutter und er zu ihrem Gespräch kommen. Der allgemeinen Stimmung entsprechend unterstützt er lustlos gelegentlich die negativen Verhaltensweisen beider. Er sagt z.B. etwas abwesend, dass das Kind es ganz toll mache, denn der Therapeut und das Mami müssten warten. Es solle nur weiter schauen, dass es sein Mami stören könne. Er lobt die Geduld der Mutter und anerkennt, dass sie nichts machen könne. Mitten in der andauernden und lustlosen Verhandlung zwischen Mutter und Kind legt sich das Kind plötzlich wie ein Säugling auf die Mutter und entspannt sich, während die Mutter es prompt zu streicheln beginnt und der Therapeut durch den Vorfall fasziniert wieder „aufwacht".

Vordergründig schienen Mutter und Kind in eine Auseinandersetzung über Einhaltung von Regeln verstrickt. Aber warum wollte das Kind nicht gehorchen? Und warum war die Mutter nicht konsequent? Weil die Szene zu etwas führt, was der Therapeut nicht vorhersehen konnte: dass irgendwann beide Nähe zueinander finden und Zärtlichkeit austauschen, ein ganz wichtiger Gewinn für beide. Ein Gewinn, den die Mutter bewusst erst wahrnimmt, als der Therapeut sie darauf aufmerksam macht, weil sie während des Streichelns etwas geistesabwesend weiterhin mit Gedanken über Disziplin beschäftigt war. Einen Genuss, den beide selten teilen, wie die Mutter sagt. Sichtbare Probleme müssen manchmal im Interesse aller bestehen bleiben. Sie sind nur eine Facette eines komplexen Geschehens, ein vergänglicher Augenblick, der trotz seines inadäquaten Charakters der Gemeinschaft gerade Zusammenhalt gibt. Die Beteiligten haben Gewinne, die ein Aussenstehender, wie der Therapeut es ist, nicht auf Anhieb entdecken wird. Hier gehörte ein längeres, frustrierendes, ödes und scheinbar sinnloses Vorspiel zur Vorbereitung eines seltenen, zärtlichen Augenblicks. Hätte der Therapeut es unterbrochen, hätte er nie seine Funktion erkannt. Mit weniger Worten bringt der Spruch „Streiten verbindet" dasselbe zum Ausdruck.

Die Arbeit mit Eltern und ihren Kindern im Rahmen der Erziehungsberatung

Die Eltern in den „Fahrersitz" zurückzubringen, das ist nach den Worten von Farrelly die hauptsächliche Aufgabe eines Therapeuten in Erziehungsfragen[28]. Dies ist heute so aktuell wie 1974. Nach Beobachtungen des Autors ist eine weitere, wichtige Aufgabe die, den Dialog zwischen Eltern und Kind wieder zu ermöglichen. Dieser gleicht manchmal dem absurden Versuch, sich inmitten von Kriegsgetrommel über eine Distanz von 200 Meter mit Flüstern verständigen zu wollen. Wo Projektion, Verleugnung und passive Haltung gegenseitiges Verstehen in einer Familie wesentlich beeinträchtigen, sind Rückmeldungen hilfreich. Unter dem Titel „Persönliche Reaktionen von Therapeut für Intervention nutzen" wird dafür im Kapitel über den Umgang mit Übertragungen und Gegenübertragungen ein differenziertes Vorgehen vorgestellt. Zu jedem einzelnen Verhaltensmuster passen im weiteren jeweils einzelne Interventionen besonders gut. Ziel ist nicht, den Eltern einzelne Massnahmen beizubringen, sondern ihnen eine neue Orientierung zu ermöglichen, aus der heraus sie selbst angemessenere Verhaltensweisen entwickeln werden.

An Stelle der Projektion sollen Eltern ihre Wahrnehmung verfeinern und Unterschiede genauer wahrnehmen lernen bei den Reaktionen ihres Kindes. Es lassen sich verschiedene Ebenen unterscheiden:
1. Unterschiedliche Verhaltensweisen und Massnahmen der Eltern führen zu unterschiedlichen Reaktionen.
2. Reaktionen variieren von Kind zu Kind, je nach Entwicklungsphase und je nach momentaner Situation.

Wahrnehmungs- und Differenzierungsfähigkeit kann der Therapeut fördern mit Rückmeldungen und szenischem Spiegeln von Verhaltens- und Interaktionsmustern. Projektionen können direkt unterwandert werden, indem der Therapeut das beklagte Verhalten des Kindes als Ressource umdeutet, auf seine Gewinne hinweist und darauf, wie Eltern das Verhalten verstärken. Eine weitere Technik besteht darin Unterschiede zwischen zwei Menschen, die bei der Projektion hervorgehoben werden, in Ähnlichkeit zu verwandeln. Siehe dazu die entsprechenden Abschnitte im Kapitel „Interventionsmethodik".

Bei Verleugnungen geben sich Eltern hilflos, weil ihre Massnahmen wirkungslos oder mit anderen Worten inadäquat sind. Mit diesem Aspekt geht der Therapeut am besten nach der klassischen Regel der „Provocative Therapy" um. Zunächst arbeitet er vorderhand verleugnete Verhaltensweisen der Eltern heraus, so dass diese ihnen bewusster werden, und danach unterstützt er jede Verhaltensweise, egal wie inadäquat sie ist. Spezielle Anregungen finden sich im Kapitel „Inadäquate Lösungen vorschlagen". Szenisches Spiegeln von Verhaltens- und Interaktionsmustern hebt Verleugnungen auf und gibt Impulse zur Verhaltensänderung.

---

[28] Farrelly F. & Brandsma J.M.: *Provokative Therapie*. Springer Verlag, Berlin, Heidelberg 1986, S. 208

Anstelle der passiven Haltung sollen Eltern Mut entwickeln, bei der Führung ihrer Kinder Experimente zu wagen. Da sie rasch mit subtilen Mitteln versuchen, den Therapeuten dazu zu bringen, dass er an ihrer Stelle aktiv wird, geht es hauptsächlich darum, dass er dieses Manöver rechtzeitig erkennt, seinerseits betont passiv darauf reagiert und dabei die Eltern in eine aktive Position drängt. Beispiele dafür finden sich im Kapitel über den Umgang mit Übertragungen und Gegenübertragungen. – Am Ende des Kapitels über Interventionen in Eltern- und Familiengesprächen sind die drei Verhaltensmuster, ihre Effekte und die wichtigsten Interventionen in Form einer Tabelle zusammengefasst (S. 166/167).

Eine Bemerkung zur Psychohygiene der Arbeit als Erziehungsberater. Wenn er viele Fälle behandelt, in denen die Verhaltensmuster Projektion, Verleugnung und Passivität dominieren, kann seine Tätigkeit nicht von vornherein einfach als gesund bezeichnet werden, weil er sich einer subtilen Aggressivität aussetzt. Mehrere Faktoren eignen sich dazu, in der Gegenübertragung ungesunde Spuren zu hinterlassen in Form von Unlust, aggressiven Gefühlen, Leere, langfristig eventuell auch einem „Burn-out": Wer viele Projektionen benutzt, beschäftigt sich mehr mit anderen als mit sich selbst und zwar nicht auf angenehme Weise. Von dieser Art Beschäftigung wird mit Sicherheit auch der Therapeut nicht ausgenommen! Häufig sind Eltern mehr an Kontrolle des Kindes als an Dialog mit ihm interessiert und möchten den Therapeuten als verlängerten Arm für ihre Kontrolle einsetzen. Verleugnung und Passivität verdecken ein hohes Mass an blockierter Lebensenergie und damit Aggression – vergleichbar mit einer Ladung Dynamit, die jederzeit explodieren könnte! Diese Atmosphäre weht dem Therapeuten gelegentlich wie eine unfreundliche Brise bei weit geöffneten Fenstern direkt in den Behandlungsraum.

Mit etwas Glück wird er an einem Tag mehrmals eine ähnliche Szene erleben: Ein Elternteil steigert sich während seiner Schilderung in eine immer grössere Wut. Seine Schilderungen bekommen zunehmend lebhaften Charakter, so dass er mit zornesblitzenden Augen, empört bebend und anklagender Stimme Worte repetiert, die eigentlich dem Kind – oder auch dieser Niete von komplett unfähigem Ehepartner, der gerade nicht anwesend ist! – gelten, aber bei ihm nie auf Gehör stossen. Nun trompetet der Klient sie in eine Richtung, in der hoffentlich endlich ein geduldiger und guter Zuhörer sitzt, der Therapeut, den der Klient ja auch dafür bezahlt, still zu sitzen und sich dies anzuhören. Dies wird beim Kind zwar weiterhin nicht viel ändern. Aber geteiltes Leid ist immerhin halbes Leid. So brüllt er denn: „,Jetzt hör endlich einmal auf mit diesem blöden Getue', habe ich ihm gesagt. Aber meinen Sie, der hätte hingehört. Nein! Man macht natürlich nie, was ich sage..." Wenn dies nicht Szenen sind, die geeignet sind, im Therapeuten längst vergrabene Kindheitserlebnisse wiederaufleben zu lassen. Er kann sogar sein privates Album durch den Schrecken neuer, bedrängender Szenen ergänzen, wo es noch nicht vollständig war. Mit allen dazugehörigen Gefühlen: sich klein zu fühlen, wehrlos, ohnmächtig, wütend, ausgesetzt ... Sie gehen einher mit spontanem, tiefen Verständnis für das Kind.

Im Beisein des Kindes wird der Therapeut eine andere bemerkenswerte Beobachtung machen können. Nicht selten beginnen Gespräche mit einer Aufzählung negativer Charakterisierungen des Kindes. „Toni gehorcht nicht! Er will nicht Auskunft geben! Er redet nie! Er tut einfach, was er will ..." Man kann zuschauen, wie Toni buchstäblich wie ein Schirm zuklappt. Er ist schon mit unguten Erwartungen hierher gekommen. Das gibt ihm den Rest. Nun wird der Therapeut den Dialog mit Toni aufnehmen wollen, wofür er das von den Eltern vorgeschlagene Thema nach seiner Beobachtung nicht gerade geeignet finden mag. In Erwartung einer etwas versöhnlicheren Stimmung unterhält er sich mit ihm über Dinge, auf die Toni selbst, aber auch seine Eltern stolz sein können. Vielleicht kann Toni gut schwimmen, hat Freude am Rechnen und bringt in dem Fach auch gute Noten nach Hause. Wenn der Therapeut so mit Toni spricht, richtet der sich sichtbar wieder auf, wird fröhlicher und gesprächig. – Der Schirm geht wieder auf! – Toni hat gehorcht, Auskunft gegeben, gesprochen und getan, was der Therapeut von ihm verlangte ... Ähem, Toni hat sich eben benommen, wie man nach den Klagen der Eltern annehmen müsste, dass sie es wollten. Es war natürlich reiner Zufall, dass der Therapeut das Gespräch so gelenkt hatte, dass er exakt diese Reaktionen hervorrufen konnte. Man kann gespannt sein, was jetzt geschehen wird. Man müsste annehmen, dass die Eltern Freude haben. Nein, leider ist dem nicht so. „Aber", sagen diese und nehmen mit Fleiss ihre Aufzählung negativer Charakterisierungen wieder auf, wie eine Hausarbeit, die sie noch nicht zu Ende geführt haben ... – Schirm zu! – Es gefällt also den Eltern nicht, was der Therapeut da angerichtet hat, wenn sie ihren Toni so schnell von seinen Einflüssen wieder reinwaschen. Zwei Minuten später ist alles wieder wie früher, als wäre nie etwas gewesen. Hatte der Therapeut sich etwa verhört, als er auf die Klagen der Eltern horchte? Wollten die etwas ganz anderes? Jedenfalls kann er jetzt beginnen, mit den Eltern endlos um die Wette das Spiel zu spielen: Schirm auf, Schirm zu, Schirm auf ... – In solchen Momenten eben mit etwas Distanz einen Blick nicht nur für die Tragik, sondern auch für die Komik einer Situation zu bewahren und seinen Humor zu entwickeln, ermöglicht dem Therapeuten, seine Beobachtungen in geeigneter Form in das Familiensystem zurückzugeben und so eine gute Psychohygiene zu pflegen. Er kann die Eltern auf das gemeinsame Spiel „Schirm auf – Schirm zu" aufmerksam machen. Vielleicht werden auch sie es komisch finden und lachen können. Feststellen lässt sich auch, dass der Schirm keineswegs defekt ist, im Gegenteil: er geht auf und zu wie der geölte Blitz. Nur, wie nass werden die Eltern beim nächsten Platzregen werden, wenn sie ihren Eifer wie üblich darauf richten, den Schirm sorgfältig zu schliessen?

Wenn der Therapeut an Stelle der Eltern aktiv wird, kann er eine Menge kreativer Ideen entwickeln und bei einem „schwierigen" Kind positive und erwünschte Verhaltensweisen provozieren. Zu Beginn seiner Anstellung an einer Erziehungsberatungsstelle hat der Autor sein Verhaltensrepertoire auf diese Weise sprunghaft vergrössert, weit umfassender, als dies bei anderen Klienten zuvor der Fall gewesen war. Ein Gewinn für den Therapeuten. Eine positive Folge davon, dass Klienten, wenn sie ihre eigene Kompetenz auf andere projizieren, eine Erwartungshaltung entwickeln, welche die Kompetenz des Therapeuten tatsächlich zu aktivieren vermag. Nur hatten die Eltern, wie im letzten Beispiel, zunächst nichts davon. Sie konnten seine Leistung gar nicht wahrnehmen, von seinem Modell nichts für sich übernehmen oder griffen ihn sogar verständnislos an. Er hatte dem Falschen geholfen! Sie waren für eine Veränderung nicht vorbereitet. Es galt, zuerst bei den Eltern eine Erweiterung ihrer Wahrnehmung und eine andere Haltung hervorzurufen. Die Mittel der „Provocative Therapy" sind eine liebenswürdige und angemessene Antwort auf die Haltung „Wir haben alles versucht und herausgefunden, was nicht funktioniert. Und jetzt bitte, *machen Sie mal weiter…*"

3. Orientierungsmuster

Orientierungsmuster – der Begriff stammt von Stowasser & Thumm – sind übergeordnete Kategorien zur Verhaltensbeschreibung. Therapeuten und Berater arbeiten damit, ohne dass ein jeweils verwendetes System explizit zu sein braucht. Welche Muster ein Therapeut beachtet, wird aus Kommentaren zu seiner Arbeit sichtbar. Milton H. Erickson hat darauf hingewiesen, wie bedeutsam die Orientierung der Klienten ist. Die Beobachtung von Farrelly verdeutlicht, dass auch er mit Orientierungsmustern arbeitet. Beide haben nirgends ein exaktes System dafür vorgeschlagen. In diesem Kapitel wird ein für die Praxis nützliches System von Orientierungen präsentiert. Eine einzige Verhaltensweise lässt sich meist durch mehrere Muster charakterisieren. Sinnvoll ist nach der im Augenblick bedeutsamsten Ausschau zu halten. Ein Beispiel möge das System erläutern:

Ein grundlegendes Muster beschreibt, ob eine Person sich auf etwas hinbewegt oder von etwas weg. Jede Verhaltensweise kann auf diese Frage hin untersucht werden. In ihre Karriere engagierte Männer können dies tun, weil sie damit Ansehen, Geld, Macht etc. erwerben. Sie bewegen sich auf etwas hin. Sie können aber ebenso ihren Einsatz am Arbeitsplatz steigern, um nicht soviel zuhause zu sein, wenn die Kinder z.B. lästige Verhaltensweisen entwickeln. Väter haben dann gelegentlich von einem Tag auf den anderen furchtbar viel zu tun im Büro! Das Motiv für dasselbe Verhalten – grosses Engagement am Arbeitsplatz – ist dann, dass sie sich von etwas weg bewegen.

Auch die Arbeitsweise des Therapeuten in der „Provocative Therapy" kann auf charakteristische Orientierungsmuster hin untersucht werden. Während das magische Wort „Zielorientierung" eine Bewegung auf etwas hin voraussetzt und heute auch im Bereich der Psychotherapie an Bedeutung gewonnen hat, beginnt Farrelly die Behandlung ohne Umschweife mit einer Arbeitsweise, in der er seine Klienten vor allem am Muster „weg von" orientiert. Wie er in seinen Seminaren sagt, „vergrössert er das Desaster" seiner Klienten. Professionelle Helfer, die pedantisch ihre Behandlungen von allen verunreinigenden Spuren von Humor säubern und fröhliches Lachen sogar für ein schädliches Zeichen in der Therapie halten, werden entsetzt von diesem Vorgehen abraten und den Gedanken moralisch so verwerflich finden, dass Therapeuten dafür zumindest die Prügel durch ihre Schuldgefühle, besser noch eine öffentliche Steinigung im Rahmen der beruflichen Vereinigung verdienen. Der Therapeut verzerrt also das Desaster mit phantastischen und verrückten Ideen und Vorschlägen, bis Klienten gegen ihr eigenes, gestörtes Verhalten aufbegehren. Während er ihre Aufmerksamkeit auf noch schlimmere Szenarien hinlenkt, fangen Klienten an, sich von ihren bisherigen Verhaltensmustern wegzubewegen.

Das zweite wichtige Orientierungsmuster in der „Provocative Therapy" ist das Muster „ähnlich-verschieden". Der Klient soll etwas tun und erleben, was sich vom bisherigen Vorgehen und von bisherigen Erfahrungen unterscheidet.

In manchen Behandlungen von Alkoholikern werden mit ihnen Ziele vereinbart, auf die sie sich hinbewegen und die sie mit Hilfe des Therapeuten zu erreichen hoffen. Das ist nicht die Methode der „Provocative Therapy". Der Therapeut winkt ab. Er gibt vor, dem Klienten sowenig eine Verhaltensänderung zuzutrauen, wie der sich selber dazu für fähig hält:

> „Warum sollen Sie auf Ihr Gläschen Wein am Abend verzichten? Ein bisschen Vergnügen soll doch noch erlaubt sein, nach einem strengen Arbeitstag. Das Leben ist kurz genug. Und überhaupt, übertreiben die anderen nicht immer? Eine halbe Flasche beim Essen. Was ist denn schon dabei? Dass es in letzter Zeit immer häufiger eine ganze gewesen ist, nun gut ... so häufig kommt das nun auch wieder nicht vor."

Er argumentiert genau wie der Alkoholiker es bisher selbst getan hat. Und er vergisst auch die „kleinen" Nachteile in der Zukunft nicht, die gesundheitlichen Schäden, die Leber, wie das Hirn sich abbaut ...:

> „Huh, was für ein Morgen heute. Woher kommen nur all diese weissen Mäuse her, die da im Zimmer herumhuschen? Gestern waren die noch nicht hier. Jemand soll die wegnehmen, aber rasch. Was ist denn da plötzlich los?"

> „Ja, Ihre Kinder werden sich was denken, wenn es soweit ist: ‚Uff, wie sollen wir nur mit Papa/Mama darüber sprechen? Er / sie braust ja immer gleich auf?' – Tröstlich, dass Ihnen dies in ihrem Zustand dann entgehen wird, weil sie schneller vergessen werden, als sie etwas zur Kenntnis nehmen können. Hirnabbau hat seine praktischen Seiten. Hatten Sie nicht gesagt, dass Sie in letzter Zeit so unruhig geschlafen und zunehmend Mühe mit dem Gedächtnis haben? Ah, das wird bestimmt nicht der Anfang einer Demenz sein."

Im Beispiel wird ein drittes Orientierungsmuster sichtbar, welches in der „Provocative Therapy" eine Rolle spielt. Der Therapeut orientiert sich an der Gegenwart und der Zukunft, und kaum an der Vergangenheit.

Eine vierte Orientierung ist der Wechsel der Position vom Akteur zum Zuschauer, aus der assoziierten zur dissoziierten Position. Bisher war der Alkoholiker im jeweiligen Augenblick seiner eigenen Verhaltensweisen gefangen. Deren Innenseite kennt er sehr wohl, z.B. die Leichtigkeit des Seins im alkoholisierten Zustand, ein heimliches schlechtes Gewissen danach, beginnende gesundheitliche Beeinträchtigungen, Vergesslichkeit, Konzentrationsstörungen, Schlafstörungen, Unruhe, Unfälle etc. Indem der Therapeut ihm möglichst viele, unterschiedliche Lebensszenen vorspielt, die zu seiner Verhaltensweise gehören, manövriert er den Klienten in eine Zuschauerposition, die sich gleich in mehreren Orientierungsmustern von seinem bisherigen Erleben unterscheidet:

➤ *spüren – sehen – hören:* Was er zuvor nur spüren konnte, wird erweitert durch die Perspektiven, dass er sehen und hören kann, wie er ist.
➤ *selbst – andere:* Je häufiger der Therapeut in einer Art Rollenspiel Verhaltensweisen spiegelt, desto mehr konfrontiert er den Klienten mit dem, was andere von ihm sehen und hören. Der Klient beginnt zu erkennen, wie er auf andere wirkt. Das entwickelt seine Fähigkeit zur Einfühlung in andere Menschen.
➤ *allgemein – spezifisch:* Wo der Klient mit seinen Erkenntnissen über sich selbst im Allgemeinen blieb und manches verdrängte, weil es unbequem war, bekommt er in den Szenen spezifische Details vorgeführt.

Eine Person verwendet ein persönlich bedeutsames Orientierungsmuster vielfach in verschiedenen Lebenssituationen. Wenn ein Klient sich motivieren lässt, indem er sich von etwas wegbewegt, kann diese Orientierung ihn zu den unterschiedlichsten Handlungsweisen motivieren. Er wechselt beispielsweise Arbeitsstellen, wenn er dort nicht mehr herausgefordert wird oder nicht mehr genug verdient, geht erst Kleider kaufen, wenn seine Garderobe keine guten Stücke mehr aufweist und ist in der Erziehung auf Ereignisse konzentriert, die nicht eintreten sollen: die Kinder sollen nicht schreien, nicht faul sein, keine schlechten Schulnoten nach Hause bringen, sich nicht unflätig benehmen ... Überall das Motiv, Missstände zu vermeiden. – Dieselbe Person hat vielleicht kaum Möglichkeiten, sich zu motivieren, indem sie gezielt auf etwas hinsteuert. Mit Hilfe der Orientierungsmuster können wir erkennen, wo Balance fehlt und eine Entwicklung notwendig ist, ganz unabhängig davon, welche Geschichte jemand erzählt. Ein einseitiges Bevorzugen einzelner Orientierungen engt Verhaltensmöglichkeiten ein, denn die vermiedenen oder nicht genutzten Orientierungen enthalten Ressourcen.

Orientierungsmuster enthalten keine Bewertung. Es ist nicht an sich gut, sich dadurch motivieren zu lassen, dass man etwas meidet oder dass man sich auf etwas hinbewegt. Wichtig ist, ob das angewendete Orientierungsmuster zur Lösung einer Aufgabe passt. Es ist wenig förderlich eine Berufswahl hauptsächlich nach Kriterien zu treffen, in denen man etwas zu vermeiden versucht. Hingegen ist es bei Feuerausbruch lebensnotwendig, rasch einen Weg vom Brandherd weg zu finden. Es bringt in der Regel viele Schwierigkeiten in eine Familie, wenn Eltern sich sehr damit befassen, was sie im Schicksal ihres Kindes alles vermeiden möchten. Je mehr sie an all diese Dinge denken – denn das müssen sie zuerst, um danach an das Vermeiden überhaupt denken zu können! –, desto sicherer werden diese Ereignisse auftreten!

Bei später dargestellten Inkongruenzen werden manchmal wichtige Orientierungsmuster aus den Aussagen eines Klienten herausgearbeitet. Leserinnen und Leser werden leicht erkennen können, welche Orientierungen ein Klient in einem Fall benutzt und welche nicht. Letztere deuten an, in welche Richtung die Chance einer Entwicklung geht. Sobald ein Klient anfängt, eine bisher ungenutzte Orientierung anzuwenden, beginnt er auch einen Ausgleich zu schaffen und verändert sich.

Beispiel: „Wenn ich ihn vom Tisch wegschicke, was ist das noch für eine Familie? Wo ist da noch eine Familie?" Mit diesen Worten kommentiert eine Mutter die Möglichkeit, ihren Sohn (sieben Jahre alt) vom gemeinsamen Essen wegzuschicken auf sein Zimmer. Alle leiden erklärterweise unter den Wutanfällen des Jüngsten und haben genug von seinem unflätigen Benehmen, das er auch beim Essen zeigt. Der Vorschlag, auf das Zimmer zu gehen, stammt sogar von ihm selbst. Er kann sich nicht beherrschen und wird auf eine Weise frech, welche die Mutter verletzt. Mit seinem Vorschlag bekundet er immerhin seinen Willen, die Mutter vor seinen Aggressionen schonen zu wollen. Weder für den Vorschlag noch für die damit zum Ausdruck gebrachte Absicht hat sie Gehör. Er stösst auf Widerstand, weil eine wichtige Überzeugung von ihr betroffen ist. Sie glaubt, die Familie zu zersetzen, wenn sie seinem Vorschlag nachgibt. Da ist der Horizont ihrer Verhaltensmöglichkeiten erreicht und findet ihr Verstehen ein Ende. Ein Widerspruch zwischen zwei Überzeugungen, bringt sie in die Lage, inkongruent zu handeln. Eine Überzeugung ist, dass er die Mutter respektvoll behandeln soll. Die andere, dass sie eine gute Familie möchte. Nach ihren Vorstellungen ist eine Familie nur dann eine gute Familie, wenn alle Familienmitglieder gemeinsam an einem Tisch essen. Weil die zweite Überzeugung höherwertig ist, gibt sie dieser Vorrang. Die Inkongruenz bleibt bestehen, solange sie nicht beiden Überzeugungen gleichzeitig gerecht werden kann.

„Ich will, dass er mich respektvoll behandelt."

„Ich will, dass wir eine Familie sind. Da kann ich ihn unmöglich vom Tisch wegschicken, auch wenn er mich dort respektlos behandelt."

OM:
hin zu „respektvoll"

OM:
weg von „respektvoll"

selbst und andere: in diesem Ziel sind das Interesse von Mutter und Sohn gleichermassen berücksichtigt.

selbst steht über andere und Kontext: die Vorstellung der Mutter einer intakten Familie beim Essen am Tisch steht über ihrem Interesse, den Verhaltensvorschlag des Sohnes zu bedenken und mit ihm ein Experiment zu wagen.

Natürlich existieren andere wirkungsvolle Massnahmen, als den Sohn vom Tisch wegzuschicken. Aber die Mutter verfügt über keine Alternative. Eine Untersuchung ihrer Orientierungsmuster zeigt, worin sie gefangen ist. Diese kurze Vignette ist nur ein typisches Beispiel unter vielen anderen nach dem gleichen Muster. Sie hat zwar ein Erziehungsziel. Aber sie bewegt sich in ihrem Verhalten davon weg, wenn sie nur ihre eigene Position wahrnehmen kann, in diesem konkreten Fall nur noch ihre Vorstellung der intakten Familie am Esstisch. Sie ist in einem solchen Moment unfähig, die Lage aus der Sicht ihres Sohnes (Orientierungsmuster: andere), geschweige denn aus noch mehr Distanz zu untersuchen, nämlich als wäre sie zum Beispiel zu Besuch in der eigenen Familie (Orientierungsmuster: Kontext).

So „muss" sie den Unmut ihres Sohnes immer dann ertragen, wenn sie glaubt, dass eine Massnahme die Familie zersetzen könnte. Anstatt, dass sie die Ordnung schafft, die sie wünscht und wahrscheinlich mit dem Bild der intakten Familie am Esstisch zu schaffen glaubt, schafft sie eine chaotische Situation. Die intakte Familie wird zur Fiktion. Paradoxerweise ist sie im gleiche Mass wie ihr Sohn daran beteiligt, die Familie zu zersetzen. – Die Analyse der Orientierungsmuster gibt Anhaltspunkte für Interventionen. Der Therapeut spielt im szenischen Spiegeln von Verhaltensmustern (siehe Interventionsmethodik) kurze Rollenspiele, in denen er selber wechselweise die Mutter und den Sohn darstellt. So kann sie die Situation sehen, wie wenn sie zu sich selbst zu Besuch käme. Sie kann Einsicht darin gewinnen, wie sie mit ihrem Verhalten den Sohn manchmal darin bestärkt, aggressiv zu handeln (Orientierungsmuster: Kontext), und kann lernen, die Sicht ihres Sohnes einzunehmen (Orientierungsmuster: andere). –Nachfolgend werden eine Anzahl Orientierungsmuster vorgestellt und kurz kommentiert. Das System ist offen. Therapeuten verwenden in der Praxis Systeme, die sich von einander leicht unterscheiden.[29]

---

29 Wer Publikationen zu Orientierungsmustern sucht, findet diese bei
➤ James, Tad & Woodsmall, Wyatt: *Time Line.* Junfermann. Paderborn 1991 (unter dem Begriff Metaprogramme)
➤ Stowasser, Franz & Thumm, Hans-Georg: *body & mind geographing.* A & O des Wissens, Hamburg und Zürich 2001

Orientierungsmuster	Was mit dem Orientierungsmuster erfasst werden kann
Bewegung hin zu – weg von	Beschreibt die Richtung der Bewegung, die wir bei unseren Absichten vollziehen. Was wir auch tun, wir können motiviert sein dadurch, dass wir etwas bestimmtes erreichen wollen: wir bewegen uns auf etwas hin. Oder wir können motiviert sein dadurch, dass wir etwas zu vermeiden versuchen: wir bewegen uns von etwas weg.
Wahrnehmung ähnlich – verschieden	Beschreibt einen Aspekt der Wahrnehmung. Wenn wir vergleichen, können wir nach Ähnlichkeit oder Unterschieden von Ereignissen und Dingen suchen.
Aufmerksamkeit Selbst – Andere – Kontext	Beschreibt einen Aspekt unserer Aufmerksamkeit und unserer Positionierung. Wir können ➤ an unserem eigenen Standpunkt, unserer Sichtweise und unserem Erleben interessiert sein (Position 1: selbst), ➤ versuchen, die Welt aus der Sicht der anderen Menschen wahrzunehmen, und uns für das Erleben anderer interessieren (Position 2: andere), ➤ die Aufmerksamkeit auf eine Sicht der Ereignisse von aussen richten, so dass wir uns selber und den anderen bei Aktionen und Verständigung zuzuschauen versuchen (ähnlich wie man einen Film anschaut – Position 3: Kontext).
Bezugsrahmen internal – external	Beschreibt den Bezugsrahmen unserer Wertmassstäbe. Orientieren wir uns an inneren, eigenen Wertmassstäben oder an äusseren Massstäben, denen anderer, z.B. was andere richtig oder falsch finden?
Modaloperatoren notwendig – möglich	Beschreibt einen Aspekt unserer Beweggründe: tun wir etwas aus Notwendigkeit, weil wir glauben, es tun zu müssen? Oder tun wir es, weil wir eine Möglichkeit darin sehen, weil wir es tun können?
Stimmung positiv – negativ	Beschreibt die gefühlsmässige Färbung unseres Erlebens.
Zeiterleben Verg. – Gegenwart – Zukunft ausserhalb – innerhalb	Beschreibt, auf welchen Zeitraum wir uns beziehen. Beschreibt unser Zeiterleben und wie wir Erinnerungen speichern. ➤ ausserhalb: Mit einer Zeitachse vor unseren Augen haben wir Überblick über eine Folge von inneren Bildern ähnlich einer Diaserie. Wir haben ein gutes Zeitgefühl. Dissoziierter Bezug zur Zeit. ➤ innerhalb: Wenn Verg./ Geg. / Zuk. innerhalb oder hinter der Ebene unserer Augen sind, leben wir mehr im gegenwärtigen, resp. in einem erinnerten Moment. Wir verlieren leicht das Zeitgefühl. Assoziierter Bezug zur Zeit.
Erleben aktiv – reaktiv / passiv	Beschreibt einen Aspekt von Erleben und Handeln. Wir können die Welt aktiv formen und Dinge in Gang setzen, wenn wir Pläne und Vorgehensweisen entwickeln. Wir können den Dingen auch den Lauf lassen, sie eher betrachten und untersuchen, um erst dann zu handeln, wenn wir dazu gezwungen werden.

selbstbestimmt – fremdbest.   Beschreibt einen weiteren Aspekt von Handeln und Erleben: ob wir es so gestalten, das wir es selbst bestimmen, oder so, dass andere über uns bestimmen.

assoziiert – dissoziiert   Beschreibt einen Aspekt unseres Erlebens. Bei allem, was wir tun und erleben, können wir entweder ganz bei der Sache sein, d.h. ganz in unserem Erleben aufgehen. Oder wir können draussen sein, distanziert und nicht ganz bei der Sache. Im zweiten Fall ist unsere Aufmerksamkeit meist geteilt. Wir tun etwas und denken an etwas ganz anderes. Oder wir tun etwas und schauen uns dabei selber zu, als wären wir es nicht selbst, der da handelt.

Interesse   Nach übergeordneten Kategorien geordnet kann unser Interesse folgenden Aspekten gelten: Lebewesen – Orte – Aktivitäten – Dinge – Informationen.

Chunk
allgemein – spezifisch   Beschreibt einen Aspekt davon, wie wir Information verarbeiten: ob wir eher das Gesamtbild und Überblick suchen, oder ob wir eher die Details benötigen.

Selbsteindruck
grösser – kleiner   Beschreibt einen Aspekt unseres Erlebens im Kontakt mit anderen Menschen: ob wir uns als eher grösser oder als eher kleiner als andere erleben.

Sinneswahrnehmung
Sehen – Hören – Spüren   Beschreibt über welche Sinneskanäle wir bevorzugt die Welt wahrnehmen.

4. Inkongruenzen

In diesem Kapitel werden einige typische Klagen und Verhaltensweisen von Eltern, die in der Erziehung verbreitet zu Schwierigkeiten bei Kindern führen, in Form von Inkongruenzen dargestellt und diskutiert. Die Darstellung hat Modellcharakter und keinen Anspruch auf Vollständigkeit. Es geht auch nicht darum, die „richtigen" Inkongruenzen zu erfassen, die in der Erziehungsberatung auftauchen, denn so etwas existiert nicht. Hier soll an Beispielen, die häufig auftreten, aufgezeigt werden, wie der Therapeut eine Inkongruenz ausformulieren kann. Er bekommt im Einzelfall vielleicht eine Vielzahl individueller Inkongruenzen von einem Klienten zu hören. Diejenigen, die häufiger auftreten und deutlich mit Schwierigkeiten verknüpft sind, wird der Therapeut zum Ausgangspunkt für Interventionen nehmen.

Der Autor versucht jeweils nach Konsultationen, in denen ihm eine Arbeit mit „Provocative Therapy" nicht gelingen wollte, Klientenaussagen möglichst im Wortlaut zu erinnern und als Inkongruenzen auszuformulieren. Manchmal findet er nur gerade eine Seite eines Dilemmas, weil die andere vom Klienten nicht ausgesprochen wurde, z.B. bei einer Klage wie: „Auf mich hört er nie. Es hat sowieso keinen Zweck, dass ich etwas sage." Dann konstruiert der Autor aus dem Gehörten einen Gegenpol, der Sinn macht, z.B. „Ich will, dass er auf mich hört." Auch taucht der Gegenpol einer Inkongruenz nicht immer unmittelbar nach der Klage auf, sondern vielleicht zu einem anderen Zeitpunkt im Verlauf der Stunde. Nimmt der Therapeut sich etwas Zeit, die Stunde zu überdenken, erinnert er manchmal Worte des Klienten, welche die Gegenseite treffend umschreiben. Wenn der Therapeut ein negatives Verhalten spiegelt und verstärkt, kann er erwarten, die Gegenseite unmittelbar danach zu hören zu bekommen:

„Auf mich hört er nie. Es hat sowieso keinen Zweck, dass ich etwas sage."

> „Ja genau. So sind die in dem Alter. Es ist verschwendete Zeit und Energie, denen etwas sagen zu wollen. Warum sagen Sie überhaupt noch etwas? Das deprimiert Sie nur und erschöpft Sie darüber hinaus noch."
>
> „Weil das wichtig ist, was ich ihm zu sagen habe. Er muss das hören. Ich will das."

Es ist nützlich, Inkongruenzen möglichst im Wortlaut von Klienten wiederzugeben, weil dies dem Therapeuten die Identifikation erleichtert. Er kommt dem Klienten so näher. Wenn er allerdings nicht eine Aussage wiedergibt, sondern ein Verhalten beschreibt, wird er sinngemäss die distanziertere Form der Beobachtung von aussen wählen. Gibt der Therapeut einen Widerspruch im Wortlaut des Klienten wieder, kann er bei der Bewertung der beiden Seiten manchmal verwirrt werden und sich fragen: Welches ist denn jetzt die negative und welches die positive Seite? Dies passiert, wenn er den Inhalt der Aussage untersucht anstatt Haltungen und Verhaltensweisen, die hinter der Aussage stehen. Bewertungsgrundlage ist immer letzteres. Ein Beispiel, wie eine solche Verwirrung entstehen und aufgelöst werden kann, folgt später zur Klage: „Ich erkläre es ihm immer wieder, aber es nützt nichts."

Beispielinterventionen jeweils am Ende eines Abschnitts illustrieren, wie die diagnostische Arbeit umgesetzt werden kann und mögen als Anregung dienen. Zur Übung und zur Vorbereitung einer nächsten Besprechung kann der Therapeut Interventionen auf dem Papier entwerfen, ausgehend von der Darstellung einer Inkongruenz und mit Hilfe dazu passender Überzeugungen und Gewinne. Weiss er wenig von den Überzeugungen eines Klienten, kann er ihm welche unterstellen, z.B. mit Hilfe der im Kapitel 5 angegebenen Liste. Die Unterstellung wird eine Reaktion provozieren und zeigen, welche Überzeugungen der Klient wirklich hat.

> „Als Toni klein war, haben Sie ihn viel strenger erzogen als seine Brüder. Sie sagen, dass Sie sich seit langem Vorwürfe machen deswegen. Sie lassen ihm manches einfach durchgehen, seit Jahren, was Sie bei den anderen nie tolerieren würden. Es sieht so aus, als würde er jetzt Zinsen kassieren; Zinsen, Zinseszinsen und Zinsen von den Zinseszinsen ... (Klient lacht laut) ... dafür dass Sie einmal ... Glauben Sie, dass Sie diesen Fehler von dazumal je wieder gut machen können? Wohl nicht. Jetzt ist er immerhin schon 18. Und nun wird er sein Leben lang bei Ihnen Privilegien haben wegen dieser alten Schuld von 19 hundert weiss nicht wann?"
>
> (Lacht noch immer) „Nein. Nein. Nein. Ich glaube es reicht jetzt."

4.1 Von Eltern vorgebrachte Klagen

4.1.1 Sie hören nicht zu und sie gehorchen nicht.

Diese Klage bringt eine weit verbreitete Inkongruenz zum Ausdruck. Zwar wenden die Eltern eine Engelsgeduld auf, um ihrem Kind etwas Sinnvolles beizubringen. Aber dadurch, dass die Kinder nicht zuhören, wird die Rede zu einer Rede in den Wind. Was die Eltern tun ist insofern inkongruent, als es sinnvoll und sinnlos zugleich ist. Die Eltern reden und erklären, aber sie sorgen nicht dafür, dass ihre Botschaft wirklich aufgenommen wird. Die Reaktion des Kindes ist ebenso inkongruent, wenn es so tut, als würde es zuhören.

Eltern
„Ich erkläre es ihm immer wieder, ..."      „... aber es nützt nichts."

Die Wiederholung wird nach einiger Zeit sinnlos und entwertet die Botschaft, die den Eltern wichtig ist.

Die Eltern nehmen wahr, wie das Kind ihre Worte aufnimmt, unterlassen es aber, damit etwas anzufangen.

(Die begleitenden Kommentare zeigen, dass die Klage der Eltern genau genommen zwei Inkongruenzen beinhaltet! Eine betrifft ihre Massnahme und die andere ihren Umgang mit ihrer Wahrnehmung.)

Kind signalisiert Zustimmung:    **Kind** signalisiert Ablehnung:

Während der Sohn zur monotonen und in eindringlicher Stimme gehaltenen, länger dauernden Unterweisung gelegentlich nickt, ...

... bekommt er einen geistesabwesenden und glasigen Blick. Vielleicht wendet er sich mit der Zeit ab, gähnt und macht mit der Hand sogar mal eine müde Geste, die soviel bedeutet wie: „Du plapperst. Hör auf! Du langweilst mich!"

Die hier vorgenommene Bewertung von positiv und negativ kann Anlass zu Verwirrung geben. Was ist negativ daran, dass Eltern etwas wiederholt erklären? Und was ist positiv daran, dass es nichts nützt? Ebenso unverständlich dürfte sein, dass Zustimmung zu einer wichtigen Botschaft etwas negatives sein soll und ein geistesabwesend und glasiger Blick etwas positives.

Bewertet wird nicht der Inhalt einer Mitteilung. Dass die Eltern etwas wichtig finden und deshalb wiederholt erklären, kann der Therapeut einfach zur Kenntnis nehmen. Und nichts weiter. Zu beurteilen, was wichtig ist und was nicht, ist deren Aufgabe. Wenn der Therapeut sich verführen lässt, sich am Inhalt einer Aussage zu orientieren – in diesem Fall an der Bewertung, was den Eltern wichtig ist –, dann hat *er* sich bereits verwirren lassen und verstrickt sich bald in endlose Diskussionen mit ihnen über deren Anschauungen, was richtig und was falsch ist, vielleicht genau so, wie die Eltern und ihre Kinder. Er beginnt zu agieren, indem er sich mit irgendeinem Teil des Familiensystems identifiziert, nämlich dem, der gerade dieselbe Meinung vertritt. Damit verliert er den Überblick und seine Fähigkeit, von aussen in das System einzuwirken.

Die Verwirrung bei der Beurteilung, welche Seite eines Dilemmas als positiv und welche als negativ zu bezeichnen ist, entsteht dann, wenn der Therapeut den Inhalt von Botschaften untersucht anstatt Verhaltensweisen und Haltungen. Sobald er sich auf Verhaltensweisen konzentriert, ist die Beurteilung einfach und führt zu diagnostisch relevanten Aussagen, ganz unabhängig vom besprochenen Inhalt. Mit negativ wird in der „Provocative Therapy" die Seite des Verhaltens bezeichnet, welche den Konflikt stabilisiert und eine Entwicklung hemmt – das neurotische, gestörte oder wie auch immer man das Verhalten bezeichnen mag. Im obigen Beispiel ist es die Tatsache, dass Eltern etwas tun, *obwohl* es nichts nützt. Also die sinnlose Wiederholung des Verhaltens. Die Interviews mit Eltern zeigen, dass sie dasselbe Verhalten über Monate und Jahre wiederholen, ohne dass es so wirkt, wie sie es wollen. Kein Mensch wird über denselben Zeitraum ein Fernsehgerät immer wieder an dieselbe Steckdose anschliessen und einschalten, wenn dies einige Male nicht funktioniert hat. Im Umgang mit Menschen verhalten wir uns jedoch so, nicht nur in der Erziehung.

Auf der anderen Seite des Dilemmas beschreiben die Eltern mit den Worten „aber es nützt nichts", dass sie etwas wahrnehmen. Sie unterlassen es offenbar, aus ihrer Wahrnehmung Konsequenzen zu ziehen. Dort ist der Schatz der bisher nicht genutzten Möglichkeiten begraben. Diese Seite wird als Positiv bezeichnet, weil dort das Entwicklungspotential ist. Wenn Eltern ihre Wahrnehmung ernst nehmen, eröffnen sich viele Alternativen. Sie können anfangen zu experimentieren, welche verschiedenen Möglichkeiten es gibt, ihren Worten mehr Nachdruck zu geben. Sie können den Dialog mit ihren Kindern darüber suchen, weshalb diese nicht zuhören und was sie zu dem Thema denken. Sie können das Gespräch darüber anfangen, wie Kinder sich ihren Eltern gegenüber zu benehmen haben. Sie können ihre Fähigkeit verfeinern, Botschaften ihrer Kinder zu entschlüsseln. Dies würde alles zu einer Vertiefung und Belebung der Beziehungen führen. Aber ob die Eltern das wollen, ist eine ganz andere Frage. Manchmal ist es einfacher, alles so zu belassen, wie es ist, und sich mit der Augenwischerei zufriedenzugeben, dass man es dem Kind ja gesagt hat ...

Nun ist auch die Bewertung von negativ und positiv auf der Seite des Kindes einfach zu verstehen. So wenig die Eltern ihre wichtige Botschaft ernsthaft anzubringen bemüht sind, so wenig ist es für das Kind nötig, sich ernsthaft damit zu befassen. Ein abwesendes Nicken reicht, um weiterhin „den Frieden zu haben". Danach kann das Kind tun, was es will. Was die Eltern sagen, hat ja keine weiteren Konsequenzen. Seine Zustimmung mit dem Nicken ist eine Angepasstheit zum Schein. Das Kind „lügt" ein bisschen und stabilisiert seinerseits Verständigungsformen, die Eltern und Kind voneinander distanzieren. Auf der anderen Seite seines Dilemmas ist eine viel ehrlichere Meinung zu beobachten, eine direkte Ablehnung dessen, was die Eltern gerade tun. Aber es wagt nicht, dies offen zu tun, weshalb es ja zum Schein nickt. Hier liegt sein Schatz an Entwicklungspotential begraben, nämlich auch in Konfliktsituationen zu dem zu stehen, was es ist und was es denkt. Natürlich ist das für ein Kind, welches noch in Abhängigkeit von seinen Eltern lebt, nicht immer einfach, besonders dann nicht, wenn Eltern wenig Bereitschaft zu konstruktiver Auseinandersetzung haben. Symptome wie Lern- und Konzentrationsstörungen, aggressive Ausbrüche, Lügen, Stehlen etc. sind da viel praktischer. So nickt das Kind abwesend, entwickelt ein falsches Selbst und an einer ganz anderen Stelle Symptome, die sich dann niemand erklären kann.

Verleugnet wird von Eltern und Kind, dass Konflikte und Meinungsverschiedenheiten im Raum sind. Die Aussage „Ich erkläre es ihm immer wieder, aber es nützt nichts" rangiert als beliebteste Klage und ist in fast allen Erziehungsberatungsgesprächen irgendwann einmal zu hören. Als einziges Erziehungsmittel eingesetzt eignet sich Erklären dazu, die grössten, denkbaren Katastrophen in der Erziehung zu erzeugen, weil Kinder rücksichtslos tun und lassen werden, was sie wollen ohne irgendwelche Grenzen zu respektieren. Warum sollten sie auch? Man hat es ihnen ja (nur) erklärt. Weil sie so verbreitet ist, wird diese Aussage genauer mit den Orientierungsmustern untersucht.

Orientierungsmuster (OM), die diese Verständigungsform ermöglichen und aufrechterhalten:

Dissoziation

Beide Seiten sind sekundenschnell je auf ihre Weise entrückt und inszenieren für einen aussenstehenden Beobachter bühnenreifes, absurdes Theater. Die Eltern halten ihre Rede meist völlig versunken in die Betrachtung ihrer eigenen Meinung. Allein schon dadurch, dass sie sich selber reden hören, scheinen sie sich in ihrer Ansicht bestätigt zu fühlen. So befriedigen sie wenigstens sich selbst. Jemand hat immerhin zugehört: sie selbst! – Das Kind bekommt derweil einen geistesabwesenden Blick, stellt seine Ohren auf Durchzug und wartet einfach auf das Ende der Aufführung. Es hat den Inhalt noch nie interessant gefunden und für sich darin keinerlei persönliche Bedeutung entdecken können. So hat es vor langem schon entschieden, gar nicht erst zuzuhören, wenn seine Eltern eine bestimmte Tonlage in ihrer Stimme bekommen. Statt dessen versucht es ungestört und unauffällig an angenehmere Dinge zu denken. Gelegentliches Nicken sichert ihm die dafür notwendige Ruhe.

Hören
Nichtbeachten von Sehen & Spüren

Der ganze Erziehungsakt konzentriert sich auf die Vermittlung wichtiger Ideen durch Vorträge und Anweisungen, die endlich gehört werden sollten. Weder beachten die Eltern die sichtbaren Reaktionen des Kindes, noch lassen sie es andere Wirkungen spüren als die erzieherisch wenig wirksame Langeweile einer ewig wiederholten Lehrrede, die so zu einer Leerrede entartet.

Internaler Bezugsrahmen Nichtbeachten der externalen Reaktionen	Die Eltern konzentrieren sich auf ihre Ideen und blenden die Bedeutung der Rückmeldungen aus, die von aussen in Form von sichtbaren, nichtverbalen Reaktionen des Kindes kommen. Diese könnten für sich genommen sehr entmutigend sein. Das Kind, das nicht zuhört, nimmt sowieso keinen Bezug auf die äussere Welt. Es findet sich rasch in seiner inneren Welt der Tagträume wieder.
Selbst Nichtbeachten der Position des anderen	Die Eltern sind ganz auf sich und ihre Gedanken bezogen. Sie ringen so sehr darum, ihre Ideen in das Kind hineinzubringen, dass sie auf einen Gedanken gar nicht kommen können: Anstatt das Kind zum Zuhören zu zwingen, könnten sie selbst lernen, auf das Kind zu hören. Aus ihrer Perspektive gibt diese Möglichkeit allerdings kaum Sinn, da nicht die Eltern etwas nicht begriffen haben, sondern das Kind. – Das Kind zeigt natürlich dasselbe Desinteresse an dem, was im anderen vorgeht.

Die Analyse mit den Orientierungsmustern zeigt, wo die Chancen einer Entwicklung für beide Seiten liegen. Sie können präsenter werden in ihren Begegnungen (assoziiert). Dies geschieht, wenn sie sich von der Position ihrer Innenwelt (selbst / internaler Bezugsrahmen) lösen und mehr der anderen Person zuwenden (andere / externaler Bezugsrahmen). Sie erweitern ihre Wahrnehmung, wenn sie sich gegenseitig in die Augen schauen (sehen), die Reaktionen des anderen (externaler Bezugsrahmen) von Moment zu Moment im Gespräch aufnehmen und darauf reagieren, während sie zugleich genauer auf ihre persönlichen, gefühlsmässigen Reaktionen (Spüren) im Verlauf des Dialogs achten. Das alles vermeiden sie im Moment. Der Therapeut wird mit seinen Interventionen darauf abzielen, genau diese Reaktionen zu provozieren. Einige Interventionsbeispiele:

(Zur Lektion im Zähneputzen für Halbwüchsige:) „Schauen Sie jetzt: dieser leere Blick! Innerlich ohne Retourbillett schon längst abgereist. Das ist *der* Königsweg, einen Jugendlichen dazu zu bringen, dass er sich endlich vom Elternhaus löst. Sie fördern entschieden und geschickt Tonis Absicht, unabhängig und selbstständig zu werden. Dieser Ton, diese Erklärungen, wann, warum und wie die Zähne zu putzen, wie bei einem, der gerade erst in den Kindergarten kommt ... Das nervt Jugendliche unglaublich. Damit ermutigen Sie Toni endgültig, das nicht zu tun, was Sie von ihm wollen. So ist der erste Schritt in die Unabhängigkeit garantiert."

„Sie erklären es immer wieder, aber es nützt nichts. Durch ihre Erklärungen fühlt sich Toni jedenfalls in seinem Benehmen nicht zu sehr gestört. Wahrscheinlich fühlt er sich eher wohlwollend unterstützt, so weiterzumachen wie bisher. – Vielleicht nimmt Toni ihre Erklärungen auch als eine kleine Pause, in der er sich etwas ausruhen kann. Schauen Sie mal, wie er jetzt entspannt und verträumt dasitzt."

„Sie haben es vielleicht immer noch nicht deutlich genug gesagt. Sie müssen es halt noch häufiger sagen, vielleicht auch lauter und länger reden. Vielleicht probieren Sie es mal mit einem Megaphon. Oder sie sprechen das Ganze auf eine Audiokassette und geben sie ihm mit auf den Weg."

4.1.2 Er lernt es einfach nie.

In der folgenden Inkongruenz übernimmt eine Mutter Verantwortung für das Verhalten ihres Sohnes mit der unguten Ahnung, dass sie seine Entwicklung zur Unabhängigkeit behindert.

„Er merkt es nicht, wenn er auf die Toilette müsste. Ich sehe das. Er ist dann unruhig. Dann schicke ich ihn halt. Danach ist er ruhig und völlig normal. Und dann habe auch ich endlich Ruhe."

„Manchmal frage ich mich, wann er das lernen wird. Wie wird das sein, wenn er grösser ist? Manchmal mag ich auch nicht mehr und möchte auch einmal ausruhen können und nicht immer für die anderen schauen."

OM: andere / reaktiv / Gegenwart

OM: selbst / aktiv / Zukunft

Auch dieses Verhaltensmuster ist verbreitet. Die Eltern wollen etwas vom Kind. Zum Beispiel soll es eine Aufgabe übernehmen. Aber das Kind hat vielleicht gerade keine Lust. Für das Kind stellt sich die Frage, wie es die Eltern möglichst rasch von ihrem Vorhaben abbringen kann. So äussert es Unmut. Es wird den Eltern lästig. Es wird unruhig, laut, unanständig, lenkt die Aufmerksamkeit auf andere Dinge etc. Wehe wenn es jetzt Erfolg hat. Und dies hat es, wenn die Eltern schnell ihre Ruhe und ihren Frieden wollen und ihr Vorhaben mit dem Kind deshalb wieder aufgeben. Umgehend werden sie vom Kind damit belohnt, dass es Ruhe gibt! Aber nur bis sie das nächste Mal von ihm etwas wollen ...

Auf diese Weise haben schon manche Kinder ihre Eltern von klein auf wirkungsvoll erzogen. So werden Kinder zu Prinzessinnen und Paschas, die nie erwachsen werden, weil sie ihre Eltern dazu bringen, alles für sie zu erledigen. Bereits das Wecken am Morgen wird für die Mutter zu einem Akt der Schwerarbeit, zu einer Schreckensszene ohne Ende. Wiederholt schläft das Kind nach sanften Worten und zärtlichem Schütteln sofort wieder ein. Wenn es endlich so wach geworden ist, dass es aufstehen kann, dann besteht es darauf, dass ihm wenigstens die Kleider ans Bett gebracht werden. Wenn es danach zur Schule muss, dann hat es das Recht, zuvor noch zu spielen. Und im Spiel vergisst es natürlich die Zeit und die lästige Schule. Das ist ja Sorge der Grossen. Natürlich ist dann keine Zeit zum Aufräumen, aber das wird die Mutter ja erledigen ...

Ein Gedanke wenigstens mag die Eltern trösten (und gehört zu Überzeugungen, die dieses Verhaltensmuster aufrechterhalten): diese Kinder gehören nicht zu denen, die schnell dem Elternhaus entwachsen und sich nie wieder blicken lassen!

Ein Blick auf die Orientierungsmuster zeigt einen markanten Unterschied zur ersten beschriebenen Klage. Dort zeigten die Eltern kein Interesse daran, sich in das Kind einzufühlen und seinen Standpunkt wahrzunehmen. Im jetzt beschriebenen Fall erkennen die Eltern rasch und sehr genau die Bedürfnisse und Wünsche eines Kindes und sind allzu schnell bereit, auf diese einzugehen. Dagegen achten sie zuwenig auf ihre eigenen Bedürfnisse. Das Dilemma spielt sich auf der Ebene von Abhängigkeit und Unabhängigkeit ab.

„Er ist nicht selbständig. Ich muss ihn immer antreiben."  „Ich möchte, dass er selbständig wird."

OM: fremdbestimmt   **OM:** selbstbestimmt

Diese Klienten sind dankbar. Sie kommen gern zum Therapeuten, nehmen sogar vernünftige Anregungen einsichtig und widerstandslos auf und sind bereit damit zu experimentieren. Die Massnahmen zeigen zur Freude aller eine gute Wirkung, die leider nur von kurzer Dauer ist, weil die Massnahmen im Alltagstrubel bald vergessen gehen. So fragen diese Klienten nach immer weiteren Anregungen, bis der Therapeut eines Tages merkt, dass die Eltern ihn melken wie eine Kuh. Sie haben sich in eine Abhängigkeit von ihm begeben. Das hört sich dann so an: „Wenn *Sie* solche Lösungen entwickeln, hört das Kind es und es wirkt." Implizit formulieren Eltern eine neue Inkongruenz:

„Ohne Sie kann ich es nicht. Ich brauche Sie."  „Allein bin ich auch fähig. Ich brauche Sie nicht."

OM: andere können, ich selbst nicht / reaktiv   **OM:** ich selbst kann / aktiv

Das therapeutische Ziel ist hier, Selbständigkeit der Klienten zu provozieren, was natürlich in der „Provocative Therapy" dadurch geschieht, dass der Therapeut die Seite der Unselbständigkeit verstärkt. Interventionen zu obigen Beispielen und ähnlichen Kontexten:

> „Grad stell ich mir vor, wie er mit 44 Jahren noch unruhig werden wird, anstatt auf die Toilette zu gehen. Hoffentlich sind Sie dann in der Nähe, sonst gibt es irgendwann eine Überschwemmung."

> „Gut, dass Toni nicht auf Sie, sondern nur auf mich hört. Dann kann ich also mit Ihnen rechnen, bis ich in Pension gehe."

> „Nun hat dieses erwachsene Nesthäkchen sich selber von Ihrem Konto genommen, was es braucht. Macht nichts, Sie haben ja noch ein anderes. Hänschen ist darauf angewiesen, dass Sie ihm die Kleider waschen und kochen, weil er dafür keine Zeit hat. Natürlich. Hänschen muss ja abends dringend in Ausgang. Schliesslich wollen Sie, dass er sich erholen kann. Wenn das so weitergeht, werden Sie ihn bald abwechselnd täglich wieder in dicke Windeln wickeln dürfen. Und wenn Sie dann in Pension gehen, werden Sie ihm zuerst mit dem Löffel »Breichen« einflössen, später dann die Schoppenflasche aus dem Estrich für Hänschen wieder hervorholen. Gut. Sie haben Zeit. Was hätten Sie sonst zu tun? Nichts, nicht wahr? Die andern sind ja schon alle ausgeflogen."

„Sind Sie fähig, mir eine Weile lang zuzuhören? Oder werden Sie sich beim ersten Aufschrei von Susi wieder ihr zuwenden?"

„Toni scheint sich gerade eben mitteilen zu wollen. Ich kann nur ganz schlecht verstehen, was er will. Seine Laute klingen ja mehr wie die Trompete eines verirrten Jägers im Wald oder wie die Sirene einer vorüberrasenden Ambulanz. Verstehen Sie, was er will? Jedenfalls sollten wir uns Toni *sofort* zuwenden, denn es ist bestimmt ein Notfall. Nicht wahr?"

4.1.3 Ich bin fix und fertig. Tag und Nacht brauchen sie irgendetwas von mir

Typisch ist das Bild der starken Mutter, die pausenlos rund um die Uhr von ihren Kindern beansprucht wird. Immer wieder kommt sie an den Rand eines Nervenzusammenbruchs und manchmal bricht sie für Stunden erschöpft zusammen, wird apathisch und vielleicht von Weinkrämpfen geschüttelt. Tagsüber schreit immer eines der Kinder. Sie machen Szenen, gehorchen nicht, wollen abends nicht ins Bett und können nicht einschlafen. Und wenn sie doch endlich schlafen und die Mutter erschöpft ins Bett sinkt, dann dauert ihre Nachtruhe nur kurze Zeit, denn irgend eines der Kinder erwacht bald ... Und schon muss auch die Mutter wieder auf. Es schaut so aus, als stimme mit diesen Kindern etwas nicht. In manchen Fällen konnte der Autor nach etwas Exploration ein ganz bestimmtes Muster in den Inkongruenzen der Mutter entdecken.

„Ich werde gebraucht. Ich bin immer für andere da. Ja, ich »muss« für andere da sein. So fühle ich mich wertvoll. Ohne diese Aufgabe würde ich mich wertlos fühlen."  „Ich kann auch wertvoll sein, wenn ich einfach da bin und vielleicht andere etwas für mich tun."

OM: andere / fremdbestimmt / müssen   **OM:** selbst / selbstbestimmt / können

„Ich stelle mich zurück und zeige stets ein freundliches Gesicht. So überdecke ich meine Sorgen, weil ich niemandem zur Last fallen möchte."  „Ich würde manchmal gerne zeigen, wie mir zumute ist. Vielleicht bekäme ich dann mehr Anteilnahme und auch Hilfe."

OM: andere   **OM:** selbst

Es scheint, als würde die Aufopferung durch das Verhalten der Kinder notwendig, weil sie besonders viel Aufmerksamkeit nötig hätten. Natürlich gibt es Fälle insbesondere behinderter Kinder, bei denen dies stimmt. Aber es gibt auch den Fall, in der eine Mutter aufgrund der dargestellten Inkongruenzen Kinder für ihre Aufopferungsbereitschaft braucht, weil dies ihrem Leben einen Sinn gibt. Dadurch, dass sie selbstverständlich bereit ist auf geringste Zeichen von Unwohlsein ihrer Kinder zu reagieren, verstärkt sie deren Bereitschaft, Unbehagen zu zeigen. Es lohnt sich für die Kinder, denn die Mutter kommt sofort! Im Hintergrund ist die Überzeugung wirksam „Ich bin nichts wert". Das spürt die Mutter, wenn sie allein ist. Schlafen die Kinder endlich und ist der Ehemann vielleicht abwesend – noch immer im Büro, an einer Sitzung, liest Zeitung etc. – dann fühlt sie sich sofort wertlos. Dasselbe Dilemma kommt bei Männern genau so vor wie bei Frauen. Nur äussert es sich nicht bei den Kindern, sondern eher im Beruf. Das Dilemma dieser Menschen ist, dass sie sich wertlos fühlen und vielleicht gerade deshalb zu aussergewöhnlichem Einsatz fähig sind. Das ist der Beweis, dass sie doch wertvoll sind. Die Gewinne sind, dass sie stark, leistungsfähig, unabhängig sind und von anderen gebraucht werden. Darauf können sie stolz sein. Interventionsbeispiel:

> „Sie sind stark. Sie können viel aushalten. So sehen Sie auch, dass Sie gebraucht werden. Was wäre Ihr Leben ohne dies alles? Nichts! Ist es nicht so?"

4.1.4 Sie ist frech, fordernd, faul ...

In der früher beschriebenen Entwicklung von Prinzessinnen und Paschas werden die Eltern aktiv, wenn sie vom Kind etwas verlangen. In einer Variante davon ergreift das Kind die Initiative, natürlich im dümmsten Moment, um die Aufmerksamkeit der Eltern zu bekommen. Wenn das Kind damit Erfolg hat, kann es seine Strategie ausbauen und immer mehr verlangen.

Wenn eine Mutter im Moment eigentlich keine Zeit für das Kind hat und sich dennoch von ihm „rasch" in irgendwelche Aufgaben einbinden lässt, um danach eine andere Aufgabe in Ruhe fortsetzen zu können, ist das bei weitem nicht immer Grund für Dankbarkeit. Es ist vielfach gerade umgekehrt: Da der erste Versuch erfolgreich verlief, weiss das Kind noch mehr zu fordern. Und da die Mutter immer knapper an Zeit ist, kann es jetzt mit gutem Recht protestieren und sich in immer weitere Anklagen wider die Mutter steigern. Der Höhepunkt mündet dann in einen zentralen Vorwurf wie z.B. die Klage, wie viel besser es beim geschiedenen Elternteil, dem Vater sei.

„In dem Augenblick, als ich in Ruhe dieses wichtige Telefongespräch erledigen wollte, ..."  „... wollte sie unbedingt wissen, wann sie endlich ihre selbstgezogene Tulpe mit in die Schule nehmen dürfe. Da wollte ich das nur rasch mit ihr besprechen, damit ich danach meine Ruhe habe."

OM: selbst / aktiv   **OM:** andere / reaktiv

Dieses Dilemma ist in Familien anzutreffen, wo Eltern wenig Zeit und Interesse für ihr Kind haben und wenig Bereitschaft, auf seine Bedürfnisse einzugehen. Dies geht natürlich mit Schuldgefühlen einher. Schuldgefühle kann ein Elternteil auch wegen einer Scheidung haben, weil er dem Kind etwas zerstört hat. Wenn ein Elternteil Schuldgefühle hat, dann kann er Vorwürfen nichts entgegenhalten, wenn er selber (unbewusst) findet, dass das Kind im Recht ist. Schuldgefühle sind für Angriffe so etwas wie ein Magnet für Eisenfeilspäne. Das Kind entdeckt dank der Schuldgefühle der Eltern seine eigenen Möglichkeiten, Zeit und Aufmerksamkeit von ihnen zu holen, indem es sie zu Reaktionen zwingt. Natürlich erhält es die Aufmerksamkeit nicht in der Weise, die es sich wünscht. So holt es sich halt, was möglich ist. Begegnungen werden für alle auf unerfreuliche Weise zermürbend. Interventionsbeispiel:

> „Wie lobenswert, dass Sie Ihre Interessen zugunsten der Anliegen von Susi zurückstellen. Sie wollen immer und zu jeder Zeit für Susi da sein. Nur so bekommt sie wirklich genug Aufmerksamkeit. Mussten nicht Sie selbst als Kind manchmal zurückstehen und wissen, wie schmerzhaft das ist? Telefonieren können Sie immer noch später. *Sie* müssen ja nicht in die Schule gehen. *Sie* haben Zeit. Susi weiss das und erwartet, dass Sie immer für sie da sind. Bestimmt finden Sie das in Ordnung, dass Sie lauthals an Ihre Pflicht erinnert werden, wenn Sie diese einmal vergessen haben sollten!"

4.1.5 Ehrlichkeit ist das Mindeste, was ich verlange. Aber es lügt

Diese Erwartung kann richtiggehend verhexen und eignet sich dazu, das zu erschaffen, was sie verhindern will: einen Lügner! Es ist das Wort „Mindeste", welches Verwirrung stiftet. Wird dieses Wort weggelassen, bekommen die beiden Sätze eine Bedeutung, die einfach zu entschlüsseln ist. Ehrlichkeit ist das, was ich verlange. Aber es lügt.

Ein Kind kann etwas tun und es danach verleugnen oder eben ehrlich gestehen. Es hat nur die beiden Möglichkeiten. Ehrlichkeit lässt sich danach nicht steigern. Dies suggerieren die beiden Sätze allerdings. Was soll das Kind tun, wenn es nach einer Lüge die Wahrheit gestanden hat und diesen Satz danach noch zu hören bekommt? – Wenn schon, kann vom Kind in dem Sinn mehr verlangt werden, als von ihm noch anderes verlangt wird als Ehrlichkeit. Und das tun Eltern bestimmt. Die Sätze suggerieren jedoch, dass die Eltern mit Ehrlichkeit zufrieden wären. Und das ist – überspitzt formuliert – selbst eine Lüge, in der Fachsprache etwas milder als Verleugnung bezeichnet.

Die oben formulierte Erwartung lässt sich in zwei gleichzeitige, widersprüchliche Haltungen oder Inkongruenzen aufschlüsseln:

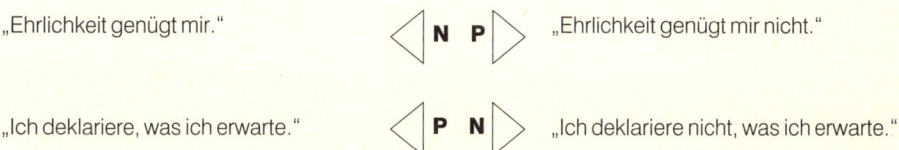

„Ehrlichkeit genügt mir."   N P   „Ehrlichkeit genügt mir nicht."

„Ich deklariere, was ich erwarte."   P N   „Ich deklariere nicht, was ich erwarte."

Das Kind wird in eine Doppelbindung manövriert. Was es auch tut, es kann nicht genügen. Wenn es lügt, genügt es den Erwartungen nicht. Wenn es ehrlich ist, leistet es nicht genug. Es spürt, dass von ihm mehr als nur Ehrlichkeit erwartet wird, aber es erfährt nicht genau was und kann sich nicht orientieren. Vielleicht wissen auch die Eltern nicht genau, was sie wollen. Wenn das Kind sowieso keine Chance hat, zu genügen, braucht es sich gar nicht erst anzustrengen, die Wahrheit zu sagen. Es kann also gerade so gut lügen. Auf diese Weise lernt ein Kind leicht verhängnisvolle Überzeugungen wie: „Ehrlichkeit lohnt sich nicht" oder: „Ich mache sowieso immer alles falsch." Letztere wird ihre Früchte an ganz anderen Orten tragen, beispielsweise in der Schule in Form von schlechten Noten.

Eltern müssen von ihren Kindern viele andere Sachen erwarten als nur Ehrlichkeit: Gehorsam, Lernbereitschaft, Beiträge an die Gemeinschaft etc. Ehrlichkeit allein kann nicht ausreichen, kann nicht das Mindeste sein. Sie kann nur etwas unter vielem sein, was Eltern erwarten. Und darauf sollen sie bestehen können (siehe P bei der ersten Inkongruenz). Damit das Kind sich orientieren kann, muss es wissen, was von ihm erwartet wird (siehe P bei der zweiten Inkongruenz).

Bedenkenswert ist auch die sprachliche Verbindung des Wortes „Ehrlichkeit" mit dem Begriff „Mindeste". Ein wichtiger Wert wird mit der Vorstellung von etwas Minderwertigem zusammengebracht. Eine fatale Verknüpfung, die auf unbewusster Ebene wirksam ist, und natürlich auch nicht zu Ehrlichkeit ermutigt.

Die Forderung der Eltern enthält ein weiteres, leicht übersehbares Dilemma, wenn Eltern wie in Erziehungsberatungsgesprächen meist üblich vor allem über ihr Kind sprechen. Dieses verdeckte Dilemma verstärkt auf eine den Eltern nicht bewusste Weise das unerwünschte Verhalten von Kindern im Sinne einer sich selbst erfüllenden Prophezeiung grundlegender Erwartungen an das Leben. Das Dilemma ist der Grund, warum die Eltern ihre weiteren Erwartungen an das Kind verschweigen. Sie erwarten schon gar nicht, dass mehr als das Mindeste von ihren Erwartungen erfüllt wird. Sonst könnten sie obige Feststellung nicht treffen. Das Kind hat ja gelogen und damit bewiesen, dass die Eltern recht haben mit ihrer Erwartung. Die Inkongruenz lässt sich so darstellen:

„Ich möchte gerne mehr als nur das Mindeste (hier Ehrlichkeit) erwarten können, ..."  „... aber nicht einmal das kann ich erwarten, ohne enttäuscht zu werden. Ich kann also gar nichts erwarten."

Hinter der Forderung „Ehrlichkeit ist das Mindeste, was ich erwarte" verbirgt sich ein Dilemma, das sich in der tief sitzenden Überzeugung zusammenfassen lässt: „Ich habe nichts zu erwarten. Ich werde sowieso enttäuscht." – Häufig ist eine solche Überzeugung Folge vieler Enttäuschungen, die bereits lange vor Geburt von Kindern im Leben der Eltern stattgefunden haben. Ein einziges Wort kann auf tiefsitzende Erwartungen von Eltern an das Leben hinweisen. Die daraus resultierende Haltung gegenüber Kindern führt dazu, dass Schwierigkeiten von einer Generation an die nächste übergehen. Sie erschaffen die Probleme der Kinder.

Ein letzter Hinweis zur Paradoxie dieses Beispiels. Die einzige Möglichkeit des Kindes, die Erwartung seiner Eltern zu erfüllen, ist sie zu enttäuschen und im beschriebenen Fall zu lügen. Denn Enttäuschung ist das, was sie unbewusst erwarten. So merkwürdig dies ist, auf diese Weise genügt das Kind ihnen, auf einer allen nicht bewussten Weise und auf sehr ungesunde Art. Interventionsbeispiel:

> „Was können Sie erwarten? Im Grunde nichts. Nicht einmal Ehrlichkeit, obwohl es wichtig wäre. Ich frage mich gerade, ob Sie nicht zu den Menschen gehören, die tief in ihrer Seele wissen, dass sie immer nur enttäuscht werden."

Weitere Beispiele für Erwartungen oder Aussagen, die ein Kind in die schier unauflösbaren Schwierigkeiten einer Doppelbindung verstricken, sind Feststellungen, wie:

> „Meine Kinder lernen nichts."
> „Man macht sowieso nie, was ich sage." (eine Aussage über das Kind in seiner Gegenwart ausgesprochen!)
> „Es hört ja nie zu."

Solche Sätze sind in der Praxis täglich zu hören. Diese universellen Verallgemeinerungen bringen tiefsitzende Überzeugungen zum Ausdruck, welche die Wahrnehmung des Sprechenden einschränken. Jedes Kind lernt etwas, tut irgendwann, was die Eltern sagen, und hört auch mal zu. Aber diese Momente entgehen der Wahrnehmung der Eltern fatalerweise. Damit haben sie keine Möglichkeit, sie gezielt zu verstärken.

4.2 Bei Eltern zu beobachtende Verhaltensmuster

4.2.1 Das Wunder der eingeschränkten Wahrnehmung

Als Folge ihres persönlich konstruierten Bildes der Wirklichkeit und daraus resultierenden Erwartungen nehmen Eltern Verhaltensweisen oder -änderungen ihrer Kinder in Gegenwart des Therapeuten häufig kaum wahr, obwohl sie diese wünschen. Sie versuchen sie deshalb auch nicht irgendwie einzuordnen. Ausführlich kann sich eine Mutter über eine Reihe Verhaltensweisen ihrer vier Jahre alten Tochter mit den Worten beklagen: „Sie ist nicht normal! Sie spielt nicht richtig. Sie gehorcht nicht. Sie zeigt keine Freude. Sie weint soviel und schreit während Stunden." Verhaltensweisen, die der Therapeut im Verlauf einer ersten Konsultation auch beobachten kann. Da beginnt das Mädchen in der vierten Konsultation endlich laut zu lachen, sehr zur Erleichterung und Freude des Therapeuten. Es hatte in den ersten Stunden autistisch gewirkt. Nach vielen Bemühungen von seiner Seite nimmt es endlich Kontakt mit ihm auf, indem es gegenüber einem kleinen Bären, den er ihr zeigt und der sich vor dem Mädchen immer wieder versteckt, selber das urtümliche „Verstecken" zu spielen beginnt. Ein Blick auf die Mutter lehrt ihn, dass sie sehr viel weniger Begeisterung als er für die Freude des Mädchens aufbringt. Zwar bemüht sich auch die Mutter um einen Anflug von Lächeln, vielleicht um nicht unhöflich zu sein, und bekundet – erst auf Befragen hin! –, dieses Verhalten noch kaum je beobachtet zu haben. Aber sie verhält sich, als wäre nichts besonderes geschehen. Natürlich ist es eine Taktlosigkeit des Therapeuten, dass *er* das Mädchen zum Lachen bringt. Dennoch erstaunt ihn, wie wenig die Reaktion die Mutter nach ihren Klagen zu berühren scheint. Augenblicke später vertieft sie sich im Gespräch mit dem Therapeuten wieder in ihre monotone Aufzählung von Klagen und löscht damit wie mit einem grossen Schwamm alles Geschehene wieder aus. Beobachtbar sind eine ganze Anzahl widersprüchlicher Verhaltensweisen:

Die Mutter beklagt verschiedene Verhaltensweisen des Kindes: Ungehorsam, lautes Schreien, dass es nicht spielt etc.		Wenn es schreit, nicht gehorcht, irgendein Spiel beginnt, wendet sie sich ihm zu, wird laut, herrscht das Kind an und kritisiert es.
Die Mutter wünscht sich ein Kind, das spielen kann und Freude am Leben hat.		Wenn das Kind spielt und Freude zeigt, reagiert die Mutter kaum darauf.
Sie fragt: „Was habe ich falsch gemacht?"		Sie stellt diese Frage mit abwesendem Blick und abwesender Stimme, nicht direkt an den Therapeuten jedenfalls.
OM weg von Verhaltensstörung, hin zu Spiel, Lebendigkeit und Information		**OM** hin zu Verhaltensstörung, weg von Spiel, Lebendigkeit und Information

Im Erleben der Mutter existieren in einem solchen Falle natürlich eine Reihe Bedingungen, die ihr Verhalten in der dargestellten Weise steuern und stabilisieren. Es wirkt, als verfügte sie nicht über die Mittel, das freudige Lachen zu verstärken. Nicht dass es ihr an dieser Fähigkeit grundlegend fehlen würde. Gegenüber den Geschwistern des Mädchens tut sie dies nämlich. Ihre Wahrnehmung scheint bei dem einen Kind aus irgendeinem Grund eingeengt. Nach allen Erlebnissen mit ihm in der letzten Zeit erwartet sie im Moment nichts Positives. Umso mehr hätte sie Grund, überrascht zu sein und sich zu freuen. Anstatt dessen zeigt sie eine gleichgültige Reaktion und entwertet das Lachen mit fatalen Folgen für die Beziehung zum Kind, weil sie weiterhin nur die negativen Momente verstärken wird. Was engt ihre Wahrnehmung so ein, dass sie seit langer Zeit nur negativen Ausdrücken ihrer Tochter Beachtung geschenkt hat? Eine ganze Anzahl innerer Argumente und Überzeugungen können ihre Reaktion stützen:

➤ „Zu mir ist sie nie so. Aber bei anderen schon. Sie hat mich nicht gern. Sie lacht mich nie an. Einmal mehr lacht sie jetzt wieder mit jemand anderem, aber nicht mit mir."
➤ „Das ist nur gerade im Moment so, dass sie mal lacht. Folge einer zufälligen, guten Laune vielleicht. Die geht erfahrungsgemäss rasch vorüber."
➤ „Normalerweise ist sie nicht so. Sie hat einen widerspenstigen und gehässigen Charakter."
➤ „Ganz wie meine Mutter. Die hat auch nie Interesse für mich gehabt. Ich war ihr nicht wichtig. Ich kann tun, was ich will, sie mag mich nicht."

Beispiel für eine Intervention, mit welcher der Therapeut sich wieder mit der Mutter verbünden und darauf hinwirken kann, ihre Wahrnehmung zu verändern:

> „Nein. Susi lacht Sie nie an. Aber genau genommen hat sie auch mich nicht angelacht. Susi hat nämlich die ganze Zeit zu diesem blöden Bären geschaut, als sie gelacht hat. Was ist das für ein Kind?"

Wenn ein Kind eine Verhaltensweise zu zeigen beginnt, welche die Eltern wünschen, überlagern sie ihre Beobachtung in der Regel sofort mit Vorstellungen von Situationen, in denen sich das Kind gerade nicht so verhalten hat, wie sie es wünschen. Das tun sie unabhängig davon, ob der Therapeut oder sie selbst das erwünschte Verhalten beim Kind hervorgerufen haben. Was sie sehen, entspricht nicht ihren Erwartungen. Anstatt sich für die neue Erfahrung zu interessieren, um sie in ihre Vorstellungen der Wirklichkeit integrieren zu können, wenden sie sich der Vergangenheit zu und beginnen meist gleichzeitig, sich auf eine Weise zu verhalten, welche das ursprüngliche, nicht erwünschte Verhalten des Kindes wieder auslöst. Mit Vorteil für seine Psychohygiene und im Hinblick auf einen günstigen Therapieverlauf wird der Therapeut die Eltern stetig auf ihre faszinierende Fähigkeit aufmerksam machen, seine oder eigene Erfolge konsequent immer wieder rückgängig zu machen! Was für ein glückliches Modell von Kooperation: „Ich als Therapeut bin für den Fortschritt zuständig, Sie als Eltern übernehmen den Rückschritt."

Im folgenden Beispiel entwertet eine Mutter einen persönlichen Erfolg auf fatale Weise unmittelbar vor den Augen ihres Kindes!

Vom Therapeuten gebeten, weist eine Mutter im Sprechzimmer ihren Sohn an, zu ihr herzukommen. Er gehorcht sofort.

Kaum ist dies geschehen, fällt die Mutter in sich zusammen und kreischt: „Zuhause gehorcht er nicht. – Ich kann einfach nicht mehr."

OM aktiv / können / andere

OM weg von aktiv zu passiv / nicht können / selbst

Der Therapeut kann sagen:

„Eben hatten Sie so etwas wie einen offenbar seltenen Erfolg. Und jetzt brechen Sie zusammen. Das ist vielleicht eine Form, sich selber Mut zu machen. – Ich weiss auch nicht genau, wie *Toni* das verstehen wird. Sehr gut möglich, dass er sich jetzt sagt, dass er in Zukunft wieder nicht zu gehorchen braucht, wenn Sie jetzt *so* reagieren."

Interventionsbeispiele für Situationen, in denen Eltern sich übermässig selber kritisieren:

„Sie kritisieren sich zum fünften Mal. Haben Sie denn je etwas richtig gemacht? Wohl kaum. Sagen Sie ‚Nein'."

„Sie sagen es selbst. Sie hätten strenger sein können. Aber dann würde ihre halbwüchsige Susi dies hinter ihrem Rücken tun. Sie hätten nachgiebiger sein können, und Susi, die zu einer eignen Meinung vollkommen unfähig ist, würde sich einfach treiben lassen. – Wären Sie strenger gewesen, es wäre falsch gewesen. Wären Sie nachgiebiger gewesen, es wäre falsch gewesen. Und dennoch: Sie haben einfach alles falsch gemacht!"

Ebenso beeindruckend ist, wie Eltern oft sämtliche Verhaltensweisen, die sie an ihrem Kind beanstanden, im Gespräch mit dem Therapeuten gewähren lassen, ohne mit der Wimper zu zucken. Sie bagatellisieren das Verhalten, haben sich an manches längst gewöhnt und schon weit Schlimmeres erlebt als die augenblicklich zu beobachtenden, kleinen Unartigkeiten. Wozu also ausgerechnet jetzt etwas tun. Es lohnt sich ja nicht. Es gibt bedeutendere Anlässe, und dort sollte endlich etwas passieren. „Können Sie uns nicht sagen, was wir dann machen sollen?" – Das lässt sich wohl als kunstvolle Kultivierung problematischer Verhaltensweisen bezeichnen.

Seit einer Weile schon fällt Susi (10) zuhause und in der Schule auf. Sie ist unaufmerksam, trödelt beim Erledigen der Hausaufgaben ganze Nachmittage herum und macht sie z.T. gar nicht. Die Schule interessiert sie nicht. Sie stört, wenn sie mit ihren Einfällen mitten in den Unterricht hineinplatzt. Sie hat halt nicht die Geduld zu warten. Zuhause kommt es für Susi sowieso nicht in Frage, im Haushalt auch nur das Mindeste zu machen. Im Beratungszimmer legt sie sich sofort lässig in den Stuhl, als wäre sie an den Strand zum Sonnenbaden gefahren. Während die Eltern ihre Sorgen um Susi darlegen, scheint sie sich mehr darüber zu sorgen, ob sie hier ausreichend Sonnenbräune bekommen wird. Ob sie wohl noch Sonnencrème auspacken wird? Sie windet sich, gähnt gelangweilt, scheint sich mit Mühe vom Einschlafen abhalten zu können und bekommt dabei glänzend feuchte Augen. Gelegentlich hört der Therapeut in einem solche Fall die Zusammenfassung der Haltung der Eltern in einem Satz wie: „Wenn von der Schule nur keine Reklamationen kommen, dann sind wir schon zufrieden. Wenn dann zuhause der Teufel los ist, da sagen wir lieber nichts. Wir sind ja froh, wenn sie wenigstens zur Schule geht."

Die Eltern beklagen das unangepasste und gleichgültige Verhalten ihres Kindes.

OM aktiv / hin zu

Wenn es sich unangepasst und gleichgültig verhält, lassen sie es gewähren.

OM passiv / weg von

Interventionsbeispiel:

> „Sie haben recht. Warum auch ein Aufsehen darüber machen, dass Susi es sich hier so gemütlich gemacht hat, als wäre sie zum Sonnenbaden hergekommen. Soll sie es sich doch gut gehen lassen. Das ist ihr Recht. Susi interessiert sich sowieso nicht für Ihre Sorgen. Wieso auch? Das sind ausschliesslich Ihre Sorgen. Das ist normal. Daran hat sich Susi gewöhnt. Daran haben Sie sich gewöhnt. Das ist ein Detail. Sie sind bescheiden und mit wenig zufrieden. Auch schön. Da gibt es nur wenig Leute, die noch so denken. – Wie soll es anders sein, wenn es dann wirklich darauf ankommt? Ich weiss auch nicht. Sie üben ja täglich mit ihr, die Dinge nicht zu ernst zu nehmen. Also im Ernstfall wird Susi es halt nicht so ernst nehmen. – Wer weiss. Vielleicht wird das auch von selber eines Tages anders."

In etwas allgemeinerer Form:

> „Sie tun DIES (z.B. Druck ausüben) nicht. Das ist löblich, denn Sie wollen, dass Ihre Kinder in DEM (z.B. Freiheit) aufwachsen. Nur wenig Eltern pflegen dies heute noch und lassen ihren Kindern DAS (z.B. Freiraum). Und nur sehr wenige sind noch bereit, das Opfer auf sich zu nehmen, dass sie dafür von den Kindern DIES (nämlich im Bsp. Druck!) spüren und aushalten müssen."

4.2.2 Die Kunst anders zu handeln als man denkt

Die Mutter vereinbart mit ihrem zehn Jahre alten Sohn, dass er entweder in einer Ecke des Sprechzimmers am Boden für sich spielen kann. Oder er beteiligt sich am Gespräch mit Mutter und Therapeut. Dazu muss er sich zu ihnen setzen und auf einem Stuhl Platz nehmen. Er darf nicht einfach von der Spielecke her dreinreden.

OM: Hören / aktiv

Als der Junge, der sich fürs Spielen entschieden hat, aus der Spielecke freche, provozierende Bemerkungen an die Mutter richtet, beginnt sie prompt zu antworten. Der Junge sieht, hört und erfährt: weder hält die Mutter sich selbst an die vereinbarte Regel, noch besteht sie darauf, dass er sie einhält.

OM: Sehen / Hören / Spüren / reaktiv

Natürlich wird die aktiv und überlegt vorgenommene Regelung der Mutter durch ihre spätere, spontane Ärgerreaktion zur Ungültigkeit abgewertet. Erstens ist die Mutter Vorbild. Zweitens vermittelt sie die Ungültigkeitserklärung auf allen Sinnesebenen, während die Regelbildung nur mit Worten erfolgt. Auch wenn dies in keiner Weise beabsichtigt ist, die Ungültigkeitserklärung erfolgt auf höherer Ebene und ist stärker wirksam! Mit einigen Effekten ist jetzt zu rechnen:

➤ Der Junge reagiert verwirrt ob der widersprüchlichen Botschaften.
➤ Das spontane Verhalten der Mutter ermutigt ihn direkt, Regeln *nicht* einzuhalten!
➤ Beiläufig hat sie auf ‚wundersame' Weise das provozierende Verhalten, also dissoziales Verhalten ihres Sohnes, durch ihre Aufmerksamkeit in diesem Moment verstärkt. Sie gehört zu den Müttern, die darüber klagen, dass sie respektlos behandelt werden. Und so klein er ist, sie war bereits Gewalttätigkeiten von ihm ausgesetzt.

All dies geschieht ohne bewusste Absicht, gedankenlos und aus einer verständlichen Kränkung. – Auch der Junge ist in der Konsultation inkongruent. Bei der Regelbildung war er wenig aufmerksam. Er sass auf dem Stuhl, als wollte er gleich wegrennen. Aus vielen Erfahrungen wusste er, dass Regeln nicht gültig sind. Also war es nicht die Mühe wert zuzuhören. Mögliche verdeckte Überzeugungen der Mutter:

➤ Diese Beleidigungen kann ich nicht auf mir sitzen lassen. Ich muss ihm zeigen, wer hier stärker ist, und zwar gleich.
➤ Ich kann sagen, was ich will: Er nimmt mich nicht ernst. Aber er muss mich ernst nehmen.
➤ Ich habe keinen Einfluss auf ihn. Er macht, was er will. Ich habe versagt. Ich bin nicht ernst zu nehmen.

Verhaltensweisen, welche einer Anweisung in Worten widersprechen, und wirkungsvoll zum Gegenteil derselben führen, dürften eines der wichtigsten Momente sein, die den Erfolg erzieherischer Absichten beeinträchtigen. Interventionsbeispiel:

> „Faszinierend. Jetzt hat er Sie wieder erwischt. Schon haben Sie alle Vereinbarungen vergessen. Macht nichts, denn daran hat *er* seinen Spass. Er ist zufrieden mit Ihnen. Schauen Sie, wie er jetzt gerade aufdreht und immer frecher wird."

Und wenn Eltern nach einiger Einsicht endlich viele gute Vorsätze im Kopf haben:

> „Gut. Sie wollen von jetzt an bestimmter auftreten (oder jede beliebige, geplante Verhaltensänderung des Klienten). Eine plausible Lösung, die nach den besprochenen Umständen sicher eine Wendung zum Besseren erwarten lässt. Nur, wie wollen *Sie* bestimmter auftreten können? Wo Sie doch so rasch unsicher werden, was jetzt richtig ist und was nicht, danach keine klare Entscheidung fällen können, schliesslich zögern, etwas zu fordern, weil Sie nicht zu hart sein möchten, und zu guter letzt ihre Vorsätze und sich selbst vergessen, wenn es dann darauf ankommt ... (alle aus dem Vorgespräch eruierten Einwände auflisten)."

5. Konstruktion der Wirklichkeit – Überzeugungen[30] stabilisieren Verhaltensweisen

Verhaltensweisen von Eltern und Kind bedingen und verstärken einander gegenseitig während der ganzen Zeit ihres Zusammenseins und unabhängig von der Qualität der Verhaltensweisen, natürlich auch dann, wenn es sich um wenig erwünschtes Verhalten handelt. Gerade, dass ein Kind unaufmerksam „wegtritt", „zwingt" manche Eltern dazu, noch weiter auszuholen und noch mehr zu reden in der Hoffnung, dass sie endlich Gehör finden. „Wir müssen es ihm ja beibringen." „Irgendwann muss es doch begreifen." „Man kann ja nicht einfach schweigen. Sonst wird es das eh nie lernen." Tausend gute Gründe sind in der Praxis täglich zu hören, welche die Notwendigkeit untermauern, so und nicht anders zu reagieren. Das Kind andererseits kann wegen der Langeweile nicht anders als bei einer langatmigen, elterlichen Rede sekundenschnell in einen Tiefschlaf am Tag mit intensiven Tagträumen zu verfallen.

Nur von aussen besehen mag eine solche Situation absurd anmuten. Innerlich sind die Lösungen zwingend notwendig. Die Notwendigkeit auf eine bestimmte Weise zu handeln, wird durch ein Gebilde von Argumenten gestützt, welche die Wirklichkeit eines Menschen darstellen. Das sind seine Überzeugungen, für die er immer wieder Bestätigung sucht und auch findet. Sie spiegeln seine individuelle Konstruktion der Realität als Grundlage

---

30 Siehe dazu auch die Literatur von Robert Dilts (bei Junfermann)

persönlicher Verhaltensweisen. Überzeugungen bilden den Horizont unserer Möglichkeiten. Was ausserhalb dieser Grenze liegt, ist für uns unerreichbar, weil wir es buchstäblich nicht glauben können. Dies ist ein Grund dafür, dass manche Empfehlungen nicht befolgt werden, die von Beratern gegeben werden oder auch von Angehörigen aus dem natürlichen Umfeld. Sie passen eben nicht in die Wirklichkeit des Betroffenen. Eine weitere Begrenzung unserer Möglichkeiten liegt dort, wo wir unsere Fähigkeiten nicht entwickelt haben. Gerade dies ist im Bereich der Erziehung nicht unwesentlich. Man denke an die schon früher erwähnte Fähigkeit, sich auch in Konfliktsituationen in andere einfühlen und deren Position einnehmen zu können. Diese Fähigkeit haben lange nicht alle Menschen bei sich entwickelt und gepflegt.

Der Therapeut wird mit Gewinn möglichst viele Überzeugungen eines Klienten kennen lernen. Seine Aufmerksamkeit für jede zu entdeckende Überzeugung von Klienten wird unmittelbar die Beziehung stärken. Endlich ist da jemand, der seine persönliche Meinung hören will, sich für seine Sichtweise interessiert und diese akzeptiert. Das fördert die Bereitschaft, noch mehr Überzeugungen preiszugeben. Die normale Reaktion der Umwelt ist an irgendeiner Stelle Widerspruch, Belehrung etc. Da sagen Angehörige z.B.: „Ach was. Du bist doch stark genug, um denen den Meister zu zeigen" oder: „Du musst halt mal konsequent sein und ihn strafen." Dies geschieht dann, wenn zwei verschiedene Überzeugungen über denselben Sachverhalt aufeinanderstossen. Je weniger solcher – inhaltlich vielleicht durchaus sinnvoller – Empfehlungen vom Therapeuten zu hören sind, desto mehr ermutigt dies den Klienten. Denn das Gefühl zu versagen bleibt aus, das regelmässig solchen Bemerkungen folgt. – Ein weit wichtigerer Aspekt ist, dass der Therapeut umso mehr Möglichkeiten hat, ein System von wenig nützlichen Überzeugungen von innen her zu zersetzen, je genauer er es kennt. Wenn er vollständig mitgeht, selber ohne je Widerspruch zu geben, kann er die Absurditäten innerhalb des Systems entdecken. Eine Methode, gegen die Klienten keinen Widerstand entwickeln können.

Ein junger und ehrgeiziger Versicherungsagent suchte den Therapeuten wegen Stresssymptomen auf. Er war ständig angespannt und litt an Schlafstörungen. Nach den Gesprächen mit ihm fühlte der Therapeut sich auf eine unerklärliche Weise erschöpft. Er entdeckte, dass alles, was er dem Klienten sagte, sofort dessen Widerspruch weckte. Irgendwelche Suggestionen, die ihn hätten entspannen können, sowieso, aber auch schlichte Wiederholungen dessen, was der Klient gerade gesagt hatte. Die Gespräche waren sehr anstrengend, bis dem Klienten der Satz entfuhr: „Wissen Sie, ich muss immer kämpfen." So geht es mir auch, dachte der Therapeut. Was immer ich ihm sage, das bekämpft er. Und deshalb ist das auch für mich ein Kampf. Er überlegte, was er innerhalb dieses Systems überhaupt tun könne und wandte sich wieder an den Klienten: „Das einzige, was ich will, dass Sie jetzt tun, ist, dass Sie fortan alles bekämpfen, was ich Ihnen sage." Das musste der Klient sowieso. Aber was sollte er tun, wenn er jetzt gegen diese Aufforderung ankämpfte? Indem er so gegen die Aufforderung zu kämpfen ankämpfte, verfiel er in einen Zustand grosser Verwirrung, den er noch nie erlebt hatte. Er entspannte sich und sank immer tiefer in seinen Stuhl. Er bemerkte, dass er sich sehr wohl fühlte, ohne dass er begreifen konnte, was ihm geschah.

Eine Sekretärin, zum Berichtschreiben angestellt, mit einem Gesicht, das stets fahl und traurig wirkte, vertraute dem Therapeuten an, dass die Mitarbeiterinnen und Mitarbeiter an ihrem Arbeitsplatz nicht mehr mit ihr sprechen wollten. Sie tuschelten hinter ihrem Rücken, denn sie hätten wohl von dieser alten Geschichte erfahren. Vor mehr als 10 Jahren habe sie in einem Gartenbaubetrieb gearbeitet. Eines Tages habe ein Gärtner draussen eine Herzattacke erlitten. Sie musste vom Büro aus den Notfalldienst avisieren. Sie habe die Nummer nicht im Kopf gehabt und deshalb nachschauen müssen. Das habe einen Moment gedauert. Die Ambulanz sei dann gekommen, aber der Mann habe von der Attacke bleibende Schäden davongetragen. Man habe sie zwar beruhigt und ihr gesagt, sie habe alles richtig gemacht. Aber sie wisse nicht, ob sie nicht doch etwas falsch gemacht habe. Wenn sie schneller reagiert hätte, wäre der Mann vielleicht ganz gesund geworden. Kolleginnen und Kollegen am jetzigen Arbeitsplatz hätten wahrscheinlich von der Geschichte gehört. Deshalb würden die nicht mehr mit ihr sprechen. – Wem immer sie dies im privaten Bekanntenkreis erzählt hatte, hatte versucht, ihr dies als Verrücktheit auszureden. Aber das konnte sie nicht beruhigen. – Der Therapeut lobte, dass sie nach so langer Zeit noch immer bereit sei, eine allfällige Schuld anzuerkennen. Aber, begann er sie freundlich zu „rügen", trotz ihres strengen Sinnes für Gerechtigkeit und Wahrheit sei sie zugleich fürchterlich nachlässig. Sie unterlasse den letzten Schritt, der jetzt konsequenterweise zu tun wäre. Auf feige Weise drücke sie sich vor der ganzen Wahrheit, sonst würde sie von sich aus hingehen, Kolleginnen und Kollegen über den Vorfall orientieren und fragen, was die denn über sie erfahren hätten. Er wisse nicht, ob er sie noch weiter ernst nehmen könne, wenn sie diesen Schritt nicht mache. Diese Argumentation blieb innerhalb ihrer Logik und zwang sie, die Lage neu zu überdenken. Sie suchte in der Folge tatsächlich am Arbeitsplatz vorsichtig das Gespräch über den Vorfall, mehr in Andeutungen als in klaren Aussagen. Die Reaktionen beruhigten sie rasch. Vor allem brachte es die natürlich sehr isolierte Frau wieder in Kontakt mit Menschen. Und sie war erstaunt, wie viele Kolleginnen ihr mit Sympathie begegneten und gerne mit ihr einen Schwatz halten oder eine Tasse Tee trinken wollten.

Ein junges Paar suchte den Therapeuten auf, weil der Mann nicht mehr zur Arbeit ging, apathisch, „depressiv" sei, wie die Frau sagte, und zu Hause nur herumlag. Im Interview erfuhr der Therapeut vom Mann von der alarmierenden Tatsache, dass er aus den Wänden Stimmen reden hörte. Sollte er der Frau helfen, den Mann in eine psychiatrische Klinik einzuweisen, überlegte der Therapeut. Statt dessen fragte er ihn, worüber die Stimmen denn reden würden, und erfuhr einige Zitate: „Liege nicht wieder so faul herum!", „Hilf wenigstens im Haushalt mit!", „Geh wieder an die Arbeit." „Nun", meinte der Therapeut, „das sind immerhin gute Ratschläge!" Der Mann schaute den Therapeuten perplex und wütend an. Auch die Frau reagierte wütend. Wo der Mann zuvor als „depressiver" Patient geschont im abgedunkelten Zimmer gelegen hatte, die Stille einzig durch Stimmen gestört worden war, die nur er hören konnte, regierte jetzt lauter, rund herum hörbarer Ehestreit.

Unterhält der Therapeut sich mit Klienten, indem er auf diese Weise andauernd innerhalb ihrer Wirklichkeit verweilt, wird das Gespräch immer lebhaft. Er befindet sich auf ihrem Terrain. Wenn er sich ihre Überzeugungen für seine Interventionen zu eigen macht, kann er sie in ihre persönliche Logik verstricken und diese strapazieren bis an deren Grenzen. Das System ihrer Überzeugungen fängt an, sich von selbst und von innen her zu zersetzen und verwandelt sich in ein konstruktiveres. Der Therapeut manövriert sie in eine überraschende und paradoxe Lage. Sie können nicht widersprechen. Es bleibt nur der Weg, dass sie gegen ihr eigenes System Widerstand entwickeln, wo es ungesund oder zu sehr einschränkend ist. So werden Klienten von innen her für Veränderungen motiviert. Sie wissen häufig nicht einmal, weshalb sie beginnen, sich anders zu verhalten.

Es hört sich einfach an, mit einem anderen Menschen aus dessen Logik heraus ein Gespräch zu führen. Wenn es uns gelingt, ist das vermutlich die mächtigste Möglichkeit, mit anderen Menschen in Kontakt zu kommen. Aber Achtung! Dies konsequent zu tun, ist alles andere als leicht. Wir haben einen starken Widerstand dagegen, die eigene Wirklichkeit so vollständig auch nur für kurze Zeit zu verlassen und uns offen ganz vom Denken anderer Menschen treiben zu lassen. Da ist eine Reise ans Ende der Welt manchmal einfacher. Wir brauchen eine enorme Toleranz für Chaos, d.h. dafür, Dinge so zu belassen, wie sie sind, so widersprüchlich sie *uns* erscheinen mögen. Nichts am Gehörten ändern wollen, nicht nach einem Sinn darin suchen, nichts bezweifeln, nichts ablehnen, nichts kritisieren, nicht nach Erklärungen suchen, nicht raten, nichts besser wissen, keine Lösung kennen ... Das geht wider unsere Vernunft, gegen die Erwartungen, die Klienten an uns haben, und vielfach gegen unser eigenes Therapieverständnis. Dies ist wahrscheinlich der grösste Widerstand, den wir beim Erlernen der „Provocative Therapy" selbst erleben. Und zugleich ist dessen Überwindung ein spannendes Abenteuer, weil wir erstens unsere eigenen Grenzen erweitern und zweitens viel von und über andere Menschen lernen werden.

Übung

Weil die Kunst, sich Überzeugungen von anderen anzueignen, eine verzwickte Aufgabe ist, sei an dieser Stelle eine Übung empfohlen, die einzige in diesem Buch. Eine Übung, die der Autor für sich selbst entwickelt hat, und die er regelmässig anwendet. Sie hat zur weiter unten publizierten Liste von Überzeugungen von Eltern in der Erziehung geführt. Sie kann unsere Fähigkeit verfeinern, Überzeugungen zu erkennen und unsere Reaktionsmöglichkeiten so ausweiten, dass wir eines Tages ganz automatisch und unbewusst mit grossem Gewinn für alle unsere Beziehungen flexibler auf Überzeugungen anderer Menschen reagieren:

▶ Notieren Sie am Ende des Arbeitstages jeweils ein bis zwei Überzeugungen anderer Menschen, eine oder zwei kurze Aussagen also, denen Sie im Verlauf des Tages innerlich oder auch explizit widersprochen haben. Sie wollten diese aus irgendeinem Grund nicht akzeptieren. Der Grund ist hier irrelevant. Bedeutsamer ist, dass Widerspruch Ausdruck unseres Widerstandes ist, die Wirklichkeit und Logik eines anderen Menschen zu betreten.

▶ Stellen Sie sich vor, wie Sie in einer nächsten Begegnung reagieren würden, wenn Sie die Aussage der anderen Person selbstverständlich für absolut wahr und richtig hielten. Was würden Sie dann zur anderen Person sagen? Und wie könnte diese wiederum auf Sie reagieren?

▶ Stellen Sie sich vor, Sie wären die andere Person und hätten konsequent jeden Tag mit der Überzeugung zu leben, die Sie niedergeschrieben haben. Was würden Sie weiter denken? Wie würden Sie das Leben sehen? Wie würden Sie sich fühlen? Achten Sie vor allem darauf, worin die Überzeugung Stärke vermittelt.

Beispiel: Bei einem Berater oder Therapeuten vermag die Aussage „Mein Kind ist einfach faul. Ich weiss das. Ich kenne ihn (sie)" Widerspruch auslösen, und zwar umso mehr, je eher er andere Motive des Kindes kennen lernen konnte. Sein Widerstand gegen die Überzeugung der Eltern ist verständlich, ermöglicht ihm aber keinen Zugang zu ihrer Realität. Akzeptiert er ihre Überzeugung, kann er mit Inbrunst etwas sagen wie: „Natürlich. Als Eltern kennen Sie Toni seit der Geburt. Wer sonst noch auf der Erde hat soviel Zeit mit ihm verbracht ausser Ihnen? Niemand! Da *müssen* Sie es ja wissen. Sie sind die einzigen, die wissen können, welche Beweggründe Toni hat. Niemand sonst auf der Welt könnte diesen Einblick haben. Ist es nicht so? Sie haben es erkannt. Jetzt müssen Sie leider damit leben, dass Toni halt faul ist." Das Gespräch wird garantiert eine vollkommen andere Wendung nehmen, wenn der Therapeut so anfängt, anstatt den Eltern seinen Standpunkt entgegenzuhalten.

Und sollten wir uns eines Tages dabei ertappen, dass wir solche Überzeugungen aussprechen, bevor Klienten es gemacht haben, und dabei ihre Wirklichkeit präzise treffen, dann werden es die Klienten sein, die überrascht sind und natürlich unsere Kompetenz auf diese Weise bewiesen bekommen haben. An dem Punkt sind wir fähig mit einem Instrument zu arbeiten, welches Farrelly in der „Provocative Therapy" täglich in den Mittelpunkt seiner Arbeitsweise stellt.

Nachfolgend eine Auswahl von Argumenten, Meinungen, Ansichten oder Überzeugungen, mit denen Eltern in Erziehungsberatungen ihr Verhalten begründen. Manche dieser Überzeugungen brauchen gar nicht zu Schwierigkeiten zu führen und sind in gut funktionierenden Erziehungen ebenso anzutreffen wie in gestörten Verhältnissen. Es ist die Ausschliesslichkeit einer Überzeugung, die Häufigkeit oder auch die Kombination mit anderen Überzeugungen, die am Ende dazu führt, dass Schwierigkeiten entstehen. Die Liste hat keinen Anspruch auf Vollständigkeit. Vielmehr ist sie beim Autor täglich im Wachsen begriffen.

Die Wirklichkeit jedes Menschen gestaltet sich aus einer Vielzahl verschiedener Überzeugungen, die zusammenwirken und seine Wahrnehmung und sein Verhalten prägen. Sie hängen zusammen ähnlich dem Fadengebilde eines Netzes. Berührt man einen Faden, bewegt sich das ganze Netz. – Die Argumente wurden nach Orientierungsmustern geordnet, weil Orientierungsmuster von Überzeugungen wichtige diagnostische Hinweise für weite Lebensbereiche liefern. Die Überzeugung „Ich brauche die Kinder mehr als sie mich brauchen" verweist auf das Orientierungsmuster der vergleichenden Wahrnehmung: „ähnlich – verschieden". Diese Mutter nimmt vor allem Unterschiede wahr. Das passt zu vielen weiteren ihrer Schilderungen. Sie ist diejenige, die allein für Einhaltung von Regeln sorgt und häufig deshalb als Rabenmutter gegenüber allen anderen dasteht, inklusive Ehepartner. Ihr gehört die Arbeit, den anderen das Vergnügen.

Orientierungs-muster	**Argumente**
Weg von	Sie auf diese Weise Konsequenzen spüren lassen: wäre das nicht Erpressung, wenn ich das tue?
	Ich kann von ihm keinen Gehorsam fordern. Er ist zu zerbrechlich, zu zart. Ich könnte ihn verlieren. Er könnte an einem Herzinfarkt sterben.
	Ich will nicht seinen Willen brechen.
	Wir müssen froh sein, wenn sie wenigstens die Hausaufgaben macht und in der Schule einigermassen Ruhe gibt. Da nehme ich dann in Kauf, dass zu Hause der Teufel los ist.
	Ihn vom Tisch schicken, wenn er mich anschreit ... Nein, das mache ich nicht! Was ist das noch für eine Familie? Wo ist da noch eine Familie, wenn wir nicht gemeinsam essen?
	Wir haben die Hoffnung noch nicht aufgegeben.
	Wenn ich von ihr verlange, dass sie Verantwortung übernimmt und damit bestimmte Aufgaben in der Familiengemeinschaft, bin ich faul. Haushalt ist doch meine Aufgabe. Dafür werde ich bezahlt. Sie hat schon ein grosses Programm, da kann ich nicht noch mehr verlangen.
	Das kann ich nicht machen. Wissen Sie, ich habe noch andere Kinder, mit denen ich mich beschäftigen muss.

Konstruktion der Wirklichkeit • 97

Hin zu	Ich versuche die Familie zusammenzuhalten.
Ähnlich	Normalerweise ist sie nicht so. (Kehrt zu Schilderungen „gestörter" Verhaltensweisen zurück, welche das Kind normalerweise zeigt.)
	Wenn ich dies für ihn tue, dann erwarte ich, dass etwas zurückkommt.
Verschieden	Das macht sie jetzt nur bei Ihnen. Das ist typisch. Bei anderen Menschen ist sie anders. Bei mir macht sie das nie!
	Wenn ich es nicht mache, macht es niemand sonst. Natürlich heisst es dann immer „Die Mutter wieder ..." Und beim Mann stehe ich dann auch im Regen.
	Ich brauche die Kinder mehr als sie mich brauchen.
	Es passt meinem Mann nicht, wenn ich der Kleinen erlaube, den ganzen Nachmittag zu fernsehen. Aber was soll ich machen? So lässt sie mich wenigstens in Ruhe, wenn ich mit meiner Besucherin sprechen will. Er hilft mir überhaupt nicht.
Selbst	Auf mich hört sowieso niemand.
	Um mich herum entwickelt er sich nicht gut. Ich mache da etwas falsch.
	Er will halt nicht (oder: es ist Faulheit etc.). Ich weiss das (als Mutter oder Vater). Ich kenne ihn.
	Ich weiss ganz genau, was sie braucht (was für sie am besten ist).
Andere	Sie sollen es besser haben als ich (es gehabt habe).
	Er hat ja recht. Die Schulaufgaben kann er auch später noch machen.
	Ich möchte es allen recht machen.
	Ich bin immer für andere da. Ich bin fix und fertig. Tag und Nacht brauchen sie irgendetwas von mir.
	Für ihn ist das nur Geschwätz. Interessiert ihn schon lange nicht mehr, was ich sage. Zum einen Ohr hinein, zum anderen wieder hinaus.
External	Was denken andere, wenn ich das tue? Das kann ich doch nicht. Dann bin ich eine Rabenmutter.

Notwendig	Ich muss es ihm doch immer wieder sagen, sonst kapiert er es nie. – Ich kann doch nicht einfach nichts tun!
	Immer muss ich da sein. Wenn ich einmal nicht da bin, passiert bestimmt wieder etwas.
Möglich	Ehrlichkeit ist das mindeste, was ich verlange. Aber sie enttäuscht mich. Sie lügt. Nicht einmal das kann ich verlangen. Ich kann nicht das Mindeste erwarten.
Negativ	Ich kann nicht mehr. Ich habe keine Kraft mehr, etwas zu unternehmen.
	Er (sie) ist nicht normal!
	Bin ich denn nichts wert?
Positiv	Ich möchte, dass er Liebe bekommt in der Erziehung. Da will ich nicht strafen müssen und hart sein. Er sollte dies doch merken. Ich tue doch mein Bestes. Wieso hört er nicht? Wieso gehorcht er nicht?
Vergangenheit	Er ist schon unzufrieden zur Welt gekommen. (Generalisierung beachten)
	Wir haben uns auch geprügelt als Kinder. Ich war die Älteste und die Stärkste (lachend). Das ist vollkommen normal.
Zukunft	Ich mache dies nur, weil ich mir nie vorwerfen möchte, dass ich nicht alles versucht hätte und es ihm deshalb immer wieder gesagt habe. Vielleicht wird es sich später daran erinnern und einsehen.
	Mein Mann ist da schon strenger. Auf den hören die Kinder. Aber ich möchte nicht, dass sie dann nicht mehr zu mir kommen, wenn sie einmal erwachsen sind.
	Ich möchte, dass er mal gut rauskommt. Ob es gut gekommen ist mit ihm, darüber werde ich erst Sicherheit haben, wenn er 35 Jahre alt ist.
Passiv	Mit mir ist er immer nett. Aber wenn wir zu Besuch sind, da benimmt er sich unmöglich. Meine Freunde sagen dann: „Er ist halt noch ein Kind." Die könnten doch auch mal etwas sagen, wenn er sich unanständig benimmt.
	Ich möchte nichts mehr von ihr wissen. Auf mich hört sie ja doch nicht. Ich meine, dass jetzt jemand anderes mal schauen soll, der Ex-Mann und Vater. Das Beste wäre doch ein Internat. – Das einzige, worauf ich noch hoffen kann ist, dass jemand anderes mein Kind in Ordnung bringen kann.

	Wir schauen mal mit der Kinesiologin weiter und hoffen, dass es besser wird.
	Wir haben gedacht, wir warten einmal ab. Irgendwann klinkt es sich von selbst wieder ein.
	Zum Glück ist nichts passiert! (Ohne weitere Massnahme nachdem ein Kind etwas Gefährliches getan hat.)
Dissoziiert	Ich habe keinen Einfluss auf das Kind.
	Man redet an eine Wand. Man macht dann doch nie, was ich sage. (In Gegenwart des Kindes geäussert)
Allgemein	Dann mache ich ja alles falsch.
	Meine Kinder lernen nichts. Sie gehorchen nie. Sie stellen immer nur Forderungen.
	Ich kann doch nicht die ganze Zeit reden mit ihm. Ich habe noch anderes zu tun.
	Ich kann tun, was ich will, sie hat mich nicht gern.
grösser – kleiner	Klar ist der Grössere eifersüchtig. Der Kleine hat es ja viel besser. Der darf noch immer ...
	Ich bin doch auch jemand.
Sehen – Hören – Spüren	Ich probiere es mit Reden. Ich bin nicht der Typ zum Handeln.

Eine Zen-Geschichte[31] illustriert wunderbar, was geschieht, wenn zwei Überzeugungen, resp. ganze Welten von Überzeugungen zweier Menschen aufeinandertreffen: Ein pilgernder Mönch gelangt an einen Zen-Tempel und bittet um Unterkunft. Aufenthalt wird ihm gewährt, wenn er eine Diskussion über den Buddhismus gewinnt. Unterliegt er, so muss er weitergehen. Im Tempel leben zwei Mönchsbrüder, der ältere ein gelehrter Mann, der jüngere dagegen dumm und einäugig. Der ältere Bruder bittet den jüngeren das Gespräch zu führen und rät ihm: „Bitte den Pilger, dass das Gespräch schweigend geführt wird." Nach kurzer Zeit kehrt der Pilger mit Worten des Lobes über den jüngeren Mönch zum Älteren

---

[31] Publiziert ist diese Geschichte unter dem Namen „Der Handel um Unterkunft" in Reps, Paul (Hrsg.): *Ohne Worte – ohne Schweigen.* Otto Wilhelm Barth 1998

zurück und berichtet: „Er hat mich besiegt. Ich muss weiterziehen." Der Pilger erzählt dem Älteren auf dessen Bitte hin das schweigsame Gespräch. Er habe zuerst einen Finger hochgehalten, der für Buddha, den Erleuchteten stand. Daraufhin habe der Jüngere zwei Finger gezeigt als Hinweis auf Buddha und seine Lehre. Der Pilger antwortete mit drei Fingern für Buddha, seine Lehre und deren Anhänger. Da stiess der Jüngere ihm die Faust ins Gesicht, um ihm zu sagen, dass alle drei einer Verwirklichung entspringen. – Der Pilger verlässt nach seinem Bericht den Tempel. Wutentbrannt kommt der Jüngere zum Älteren und fragt nach dem Pilger, den er verprügeln möchte. „Ich glaubte, du hättest gewonnen", meint der Ältere und fragt auch ihn nach dem Inhalt der Debatte. Der Jüngere berichtet, dass der Gast einen Finger hob, um ihn mit der Tatsache zu beleidigen, dass er nur ein Auge habe. Er wollte höflich bleiben und habe zwei Finger hochgehalten in Anspielung auf die zwei gesunden Augen des Gastes. Der aber sei so unhöflich gewesen, ihm mit drei Fingern zu bedeuten, dass sie zusammen nur drei Augen hätten. Er sei so wütend geworden, dass er ihm einen Schlag versetzt habe, worauf der Gast hinausgerannt sei, bevor er ihn habe verprügeln können.

6. Gewinne oder Vorteile von problematischen Verhaltensweisen

Innerhalb der mit Überzeugungen geschaffenen und immer wieder von neuem zu verfestigenden Wirklichkeit haben wir Vorteile aus unseren Verhaltensweisen, auch wenn wir über ein Symptom klagen und an ihm leiden. Diese sind oft nicht auf den ersten Blick erkennbar. Im Gegenteil sind sie wegen der offensichtlich vorgebrachten Klagen versteckt. Will der Therapeut sie aufdecken, wird er sorgfältig auf kleine Zeichen achten. Gewinne manifestieren sich gerne leise oder zeigen sich auf indirekte Weise. Er wird weniger auf das achten, was Klienten sagen, denn dies beinhaltet ihre Klagen, sondern mehr auf nonverbale Reaktionen.

Wenn ein Elternteil sich über das Kind beklagt hat, das nicht gehorcht, und dem Therapeuten vorgeführt hat, wie und was er seinem Kind dann gesagt und mit ihm getan hat, lehnt er vielleicht nach seinen Ausführungen zurück und hält für einen kurzen Moment inne mit einem vielsagenden Blick zum Therapeuten. Eine solch Geste kann Ausdruck seines Gewinnes sein, auch wenn noch nicht klar ist, wie der genau beschaffen ist. Die Geste kann bedeuten: „Schauen Sie, was ich alles aushalten muss und aushalten kann." Oder: „Dem habe ich es dann gesagt." Oder: „Ich werde mich nie kleinkriegen lassen. So nicht!" etc. Solche Dinge, die im Beispiel auf kleine Triumphe hinweisen, kann der Therapeut seiner Intuition folgend zur Sprache bringen.

Gewinne stabilisieren Verhaltensweisen. Sie sind ein wichtiger Faktor in der „Provocative Therapy", weil sie die Rolle des Therapeuten als Teufels Advokat ermöglichen. Farrelly formuliert es so: „Der einfachste und einprägsamste Name für die Rolle des provokativen

Therapeuten ist: des Teufels Advokat. Der Therapeut ergreift die Partei für die negative Seite der Ambivalenz des Patienten und wird, wenn er darin erfolgreich ist, selbst die negative Seite der Ambivalenz, die der Patient gegenüber sich selbst, gegenüber wichtigen anderen Leuten und gegenüber seinen eigenen Lebenszielen und Werten spürt. Der Therapeut spielt die Rolle des Satans dadurch, dass er den Patienten dazu verführt und drängt, seine ‚Sünden', seine abweichenden und pathologischen Verhaltensweisen mit ‚guten' und einleuchtenden Gründen fortzusetzen. Er übernimmt den ‚krummen' Teil des therapeutischen Gesprächs, um den Patienten dadurch zu provozieren, den vernünftigen, den geraden und psychologisch angepassten Teil des Gesprächs zu übernehmen." [32]

Verführung gelingt dort am besten, wo wir einen Profit haben. Wenn mit dem Profit etwas nicht in Ordnung ist, dann ist er ein heimlicher. Dann reden wir von „Sünden". Die eigentliche Pforte zum Klienten ist die Hintertür der „heimlichen" Profite seiner problematischen Verhaltensweisen. Wenn der Therapeut Partei für diese Gewinne nimmt, fühlt sich der Klient sofort verstanden, und der Kontakt zwischen Therapeut und Klient gewinnt unmittelbar an Tiefe. Der Therapeut beginnt ihn dort zu verführen, wo der Klient sich selbst verführt.

Da in der Erziehung immer mindestens zwei Personen – ein Kind und ein Erwachsener – von den Wirkungen einer erzieherischen Massnahme betroffen sind, sind Vorteile für alle Beteiligten in einem System möglich. In zahlreichen Situationen hat eine Person Gewinne auf Kosten einer anderen. Besonders interessant sind Situationen, in denen mehrere Beteiligte gleichzeitig Gewinne haben, jeder natürlich einen anderen. Eine Mutter, die nur nachlässig dafür sorgt, dass das Kind Ordnung in seinem Zimmer hat, wartet vielleicht passiv darauf, dass jemand anderer das tut. Warum soll nicht der Therapeut es dem Kind beibringen? Sollte er es nicht von sich aus merken, dann kann sie ja ein Anspielung machen … Ihr Gewinn ist, dass sie nichts zu tun braucht, weil andere das an ihrer Stelle übernehmen können. Der Gewinn des Sohnes ist, dass er, während die Mutter wartet, faul bleiben kann und das Zimmer nicht aufzuräumen braucht. Auf diese Weise „vererbt" sich Passivität von Generation zu Generation.

Die Gewinne der Kinder sind naturgemäss auf einer anderen Ebene angesiedelt als die der Erziehenden. Ein zentraler Gewinn von Kindern ist, im Zentrum der Aufmerksamkeit von anderen zu sein. Aufmerksamkeit auf sich ziehen ist vielleicht ein ursprünglicher Reflex, der dem Überleben dient: So geht das Kind nie verloren. Jede Diskussion mit einem Elternteil kann dazu dienen, auch wenn sie aus der Sicht des Elternteils nun wirklich nichts bringt. Aber für das Kind kann es sich lohnen, aus dem geringfügigsten Anlass, Eltern in eine endlose Diskussion zu verwickeln. Das versichert ihm, dass es in den Augen seiner Eltern wichtig ist. Auch viele Streite dienen demselben Zweck. Ausser Aufmerksamkeit zu

---

[32] Farrelly, F. & Brandsma, J.M.: *Provokative Therapie*. Springer Verlag, Berlin, Heidelberg 1986, S. 76

bekommen sind weitere wichtige Gewinne bei Kindern, sich Vorteile zu verschaffen, Spass zu haben und spielen zu können. Kinder wirken spontan darauf hin, ihre Ziele so rasch wie möglich zu erreichen. Dieselben Gewinne bestehen im Leben des Erwachsenen genau so wie beim Kind, nur dass Erwachsene möglicherweise gelernt haben, die Erfüllung dieser Wünsche aufzuschieben, darauf zu verzichten oder sie zu sublimieren.

Während das Kind sein Verhalten noch nach dem unmittelbaren Gewinn ausrichtet, beurteilen wir Erwachsene unser Verhalten manchmal gar nicht an der Wirkung, sondern an unseren Wertvorstellungen. Unmittelbaren Gewinn dürfen wir von der Erziehungsarbeit sowieso kaum erwarten, während Wertvorstellungen bestimmt einen zentralen Aspekt darstellen. So bemessen viele Eltern ihr Verhalten in der Erziehung vor allem danach, ob es mit ihren Wertvorstellungen übereinstimmt.

Alle Eltern möchten gute Eltern sein und haben Vorstellungen davon, was gute Eltern sind. Eine mögliche Vorstellung ist die, dass sich ein Elternteil sagt: „Ich will immer für das Kind da sein." Dieser Gedanke beinhaltet eine Wertvorstellung, hat Leitfunktion für das Verhalten und kann zu unbedachten Konsequenzen führen, wenn die Auswirkungen beim Kind nicht beobachtet werden. Das ist der Boden dafür, sich von einem Kind in unsinnige und zeitraubende Diskussionen verstricken lassen und auf die kleinsten Bedürfnisse und Unbehagen von ihm einzugehen. Eines Tages werden wir beklagen, dass wir für das Kind soviel tun und nichts von ihm zurückkommt. Eine Folge davon, wenn wir Erwachsene den Gewinn unserer Handlungen einseitig an Werten und zuwenig an den realen Folgen messen. So funktionieren Verleugnungen. Wir blenden die Wirkung der Handlung aus und übersehen, was das Kind daraus macht. Während wir uns wertvoll fühlen, weil wir immer für das Kind da sind, beginnt das Kind die Überzeugung zu entwickeln, dass es ein Recht hat, sofort Aufmerksamkeit zu bekommen. Wir kultivieren unbewusst eine egoistische Forderungshaltung, die paradoxerweise im Gegensatz zu unseren Wertvorstellung steht.

Hinter vielen Notständen in der Erziehung stehen Situationen, in denen auf diese Weise mehrere Familienangehörige je ihren Vorteil herausholen. Verhältnisse können sich so über lange Zeit stabilisieren, bis eines Tages das Gleichgewicht nicht mehr stimmt, z.B. weil die Anpassungsstörungen des Kindes ausserhalb der Familie ein unerträgliches Ausmass angenommen haben oder weil der 16-jährige zu gross geworden ist, um weiter wie ein Säugling umsorgt zu werden, für den man jeden Tag Brei zubereiten und das Bett machen muss. Je schneller der Therapeut die Gewinne jedes einzelnen erkennt, desto leichter kann er auf die beträchtlichen Vorteile der bisherigen Lösung für jeden einzelnen hinweisen. Und was soll denn falsch sein an einer Lösung, bei der jeder auf seine Art etwas hat ...?

Auf der Suche nach wichtigen Gewinnen wird der Therapeut beim Kind eher nach unmittelbaren Konsequenzen seines Handelns forschen und bei den Eltern nach ihren Wertvorstellungen. Nachfolgend eine Liste häufiger Vorteile sogenannter wirkungsloser Erziehungsmassnahmen.

6.1 Vorteile für das Kind

▶ Wenn das Leben mit den Eltern todlangweilig ist, weil sie kaum Zeit haben. Oder, weil es nichts gibt, was mit denen wirklich Spass bereiten kann. Oder weil sie nur immer am Kontrollieren und Belehren sind. Oder wenn sie selbst mit Streiten so beschäftigt sind, dass deren Ehe auseinanderzubrechen droht. Dann ist es eine garantiert wirksame Möglichkeit, entweder einen Streit vom Zaun zu reissen und oder Probleme an irgendeiner Ecke der Welt zu schaffen, z.B. in der Schule. So kann ein Kind die Eltern zwingen, sich mit ihm zu befassen, und sich ihre Aufmerksamkeit sichern. Und für Eltern, die übertrieben viel von Kontrolle und Belehrungen halten: das Kinder führt ihnen vor, dass es das nicht mag und dass es sich nicht einfach unter Kontrolle bringen lässt.

▶ Es geniesst viele Freiheiten und Bequemlichkeiten, wenn die Eltern nachlässig sind und es gewährenlassen, wo Grenzen und Kontrolle angemessen wären.

▶ Wenn ein Kind sehr hartnäckig ist, dann lohnt sich dies bestimmt aus irgendeinem Grund. Da trotzt es, benimmt sich nicht so, wie es soll ... Die Eltern beschäftigen sich dauernd mit ihm, während es sich weiterhin nicht angepasst verhält. Es bekommt also Aufmerksamkeit. Und plötzlich – denn müde ist das Kind gerade auch noch – schmiegt es sich zärtlich und ganz entspannt an die Mutter, die es dann auch sanft streichelt ... Das Kind bekommt eine wichtige Form von Zärtlichkeit mitten während einer zerknirschten Auseinandersetzung. Aber nicht nur das Kind. Auch die Mutter, die das Kind etwas geistesabwesend streichelt, bekommt etwas.

▶ Manchmal hat ein Kind viele Vorteile auf Kosten der Eltern. Das Erziehungsverhältnis hat sich umgekehrt. Die Eltern wissen nicht, wie sie Einfluss auf das Kind haben können. Umso genauer weiss das Kind, wie es seine Eltern dazu bringen kann, das zu tun, was es will! Einige Verhaltensmuster von Kindern in solchen Situationen: Nicht zuviel lächeln und nicht zu nett sein. Unordnung produzieren und herumtrödeln, bis es den Eltern zu blöd wird und sie die Dinge selber erledigen. Fordern, fordern, fordern, unablässig, laut, in der Öffentlichkeit, bis wenigstens ein Kaugummi herausschaut, wenn nicht eine neue Angelrute oder Puppe. Im richtigen Moment eine Szene machen. Brüllen, bis die Nachbarn reklamieren. Denn davor haben Eltern Respekt. Das gibt den Wünschen Nachdruck! – Solche Kinder verstehen etwas von Führung. Sie haben sie in ihrer Familie bereits übernommen.

▶ Wenn es einfach nicht versteht, was die Eltern jetzt von ihm wollen, mitten in Überlegungen dazu eine Fliege fängt und jetzt dringend wissen will ... „Mami, warum schillern eigentlich die Flügel einer Fliege so? Sag, weisst du dies? He, sag?" ... dann hat es die Eltern schon längst abgelenkt. Und diese wissen schon gar nicht mehr, was sie ursprünglich wollten. So braucht ein Kind nie wirklich zu gehorchen und schafft sich den Freiraum, immer das tun zu können, was es will.

➤ Wenn es seinen Pflichten nicht nachkommt, dann machen das irgendwann andere. Vielleicht wird die Mutter das Zimmer aufräumen oder der Vater sich um eine Lehrstelle kümmern.

➤ Beispiel für einen Doppelgewinn: erst amüsiert sich der Kleine damit, dass er mit seinem schamlos kindischen Benehmen die Geschwister ärgert und die Mutter (alleinstehend) an den Rand des Wahnsinns bringt. Als sie dann in Tränen ausbricht und einen Anfall von Kopfschmerzen erleidet, der in der Regel in Migräne übergeht, wird er lammfromm und spielt den fürsorglichen, um das Wohlbefinden der Mutter besorgten (Ehe-) Mann. Letzteres wird auch für die Seele der einsamen Mutter Balsam sein.

6.2 Vorteile für die Eltern

➤ So sehr Eltern unter Kindern leiden mögen, die es fertig gebracht haben, das Sagen in der Familie zu haben, auch die Eltern haben einen Gewinn aus einer solchen Situation. Während die Eltern mit harter Arbeit das Geld für den Haushalt verdienen und mit Mühe und Not einigermassen Ordnung darin halten, schlafen sich die Kinder aus, faulenzen und trödeln herum, kosten viel ... Kurz die Kinder haben es wenigstens gut. Und dies alles wird nur möglich durch Eltern, die bereit sind, sich aufzuopfern. Die Freizügigkeit, welche die Kinder geniessen, ist dem Einsatz der Eltern zu verdanken. – Wollten sie nicht schon immer, dass die Kinder es einmal besser haben als sie es gehabt haben? Nun, es ist schon soweit.

➤ Sie brauchen sich nicht mit eigenen Problemen zu befassen. Sie haben gar keines. Das Problem ist das Kind. Wenn sie das Kind zur Behandlung bringen, haben sie selbst bereits alles in ihrer Macht stehende unternommen. Und dies ist bestimmt viel. Und wenn die Behandlung nichts bringt, dann haben sie wirklich alles getan, was man versuchen kann. Mehr kann man von ihnen nicht verlangen.

➤ Wenn sie passiv sind, nicht eingreifen und warten, sich möglichst hilflos geben, dann übernehmen andere diese Aufgabe vielleicht: Lehrer, Verwandte, andere Hausbewohner etc.

➤ Sie brauchen nicht wirklich hart oder gar böse zu sein, und sie brauchen keinen Druck auszuüben.

➤ Andere Methoden wären anstrengender, bräuchten mehr Zeit und Einsatz.

➤ Die Situation ist genau besehen doch nicht so schlimm. Wenn man z.B. an den Einsatz denkt, der von ihnen für eine Veränderung offenbar notwendig wäre. Es gibt schlimmeres im Alltag. Und am Ende wird das Kind mit den Schwierigkeiten leben müssen. Sie wollten nur das Beste für das Kind. Aber wenn es halt nicht will, können sie auch nicht mehr tun. Sie selbst kommen im Grunde mit den Konsequenzen ganz gut zurecht.

➤ Sie gestehen dem Kind ein Recht auf Selbstbestimmung zu. Sie haben es wenigstens gesagt. Wenn das Kind nicht hören will, ist das seine Sache.

➤ Sie sichern sich die Liebe des Kindes oder hoffen dies zumindest. Eine Hoffnung, die gerne auch auf die Zukunft projiziert wird. „Wenn ich nicht so hart bin und keine Forderungen stelle, dann wird mein Kind später wenigstens gerne zu mir kommen." – Das Motiv der Liebe kann besonders in Scheidungsfällen wichtig sein. Eltern fühlen sich dem Kind gegenüber schuldig, weil sie ihm etwas weggenommen haben. Dies möchten sie wieder gut machen, indem sie weniger fordern. Hier spielt auch die Angst eine Rolle, im Vergleich zum Ehepartner schlecht abzuschneiden.

➤ Die Erfahrung, gebraucht zu werden und zu wissen, dass ein Kind (noch) von einem abhängig ist.

➤ Der Genuss, vieles einfach besser zu wissen, Lebenserfahrung zu haben, grösser und stärker zu sein.

➤ Das Wissen, der (die) einzige zu sein, der (die) etwas unternimmt. Im Unterschied zum Ehepartner oder zu Lehrern etc. Von ihm (ihr) hängt alles ab. Ohne ihn (ihr) würde die Katastrophe losbrechen.

➤ Sie vermeiden, dem Kind mit Härte einen „Schaden" zuzufügen.

7. Interventionsmethodik

7.1 Umgang mit Übertragungen und Gegenübertragungen

Die Fähigkeiten, Übertragungen und Gegenübertragungen[33] rasch zu erkennen und gewandt darauf zu reagieren, stehen im Mittelpunkt der Arbeit mit „Provocative Therapy". Das Erfassen von Inkongruenzen bildet die Grundlage dafür. Damit kann der Therapeut besser erkennen, welche Rolle der Klient ihm zuspielt (Übertragung) und welche Reaktionen ihm vielleicht einfach „passieren" als spontane Antworten auf einen Klienten (Gegenübertragung). Meist versucht ein Klient den Therapeuten dazu zu bewegen, entweder die positive Seite seines Dilemmas zu unterstützen oder sie sogar an dessen Stelle zu übernehmen. In vielen Erziehungsberatungen nehmen Eltern eine passive Rolle ein und versuchen, den Therapeuten zum Handeln zu veranlassen. Sie stellen sich hilflos und unfähig dar, was wiederum den Therapeuten herausfordert, funktionierende Modelle erzieherischen Handelns zu zeigen. Die grundlegende Inkongruenz kann so dargestellt werden:

Klient verhält sich passiv und stellt sich als unfähig dar, womit er Therapeut und andere Menschen zu aktivieren versucht, ...  ... während er *seine* eigenen Fähigkeiten, aktiv und kompetent zu handeln, noch entdecken und nützen lernen könnte.

---

33 Siehe dazu Literatur der Psychoanalyse, z.B. die Bücher von Greenson, Ralph R. und Racker, Heinrich (siehe Literaturliste)

Die Kraft, die den Therapeuten zum Handeln herausfordert, kann zwingenden Charakter annehmen. Er kann dem vielleicht nicht mehr zuschauen, was er vorgeführt bekommt, und meint eingreifen zu müssen. Oder es passiert ihm einfach. Ehe er sich umsieht, hat er eine bestimmte Position eingenommen. Persönliche Neigungen können seine Tendenz verstärken, eine Übertragung anzunehmen, etwa wenn er selbst jemand ist, der Schwierigkeiten gerne aktiv löst und Gefühle von Inkompetenz schlecht erträgt.

Wenn er dieses Angebot eines Klienten unreflektiert annimmt, identifiziert er sich mit der positiven Seite seines Dilemmas und übernimmt sie an dessen Stelle. Das passt weiter zur für Erziehungsberatung typischen Abwehr der Projektion, in der wichtige Teile der Person des Klienten in die Aussenwelt verlegt werden. In dem Fall bekommt der Therapeut die dem Klienten fehlenden Kompetenzen zugeschrieben. Nur dient dies nicht der Entwicklung des Klienten, sondern verhindert diese, denn er wird sich dabei weiterhin mit der negativen Seite seines Dilemmas identifizieren. Das Dilemma des Therapeuten und der Ausweg, der ihm ermöglicht, den Klienten echt in dessen Entwicklung zu fördern, lässt sich so darstellen[34]:

Übernimmt Therapeut Aktivität und kompetentes Handeln an Stelle von Klient, verstärkt er dessen Passivität und Gefühl von Unfähigkeit.

Reagiert Therapeut mit noch mehr Passivität und indem er es weder besser weiss noch kann, aktiviert er die aktive und kompetente Seite von Klient.

Der Therapeut hat es im Alltag der Erziehungsberatung nicht einfach, wenn er die durch das Verhalten eines Klienten bei ihm rasch geweckte, hohe Kompetenz für neue Lösungen zurückstellen will, um eine noch höhere Kompetenz zu beweisen: scheinbar passiv bleiben, sich etwas unverständig, langsam von Begriff und nach aussen wenig kompetent geben, um auf diese Weise die Seite des Klienten anerkennen zu können, die inadäquaten Lösungen Vorzug gibt, und dann begriffsstutzig immer wieder zu fragen, was denn nicht in Ordnung sein soll mit diesen Lösungen ...

Da bringen Eltern ihre Susi zu einer ersten Besprechung mit, setzen sich auf zwei Stühle, „deponieren" Susi auf einen dazwischen, wenden sich an den Therapeuten und beginnen über die Schwierigkeiten mit Susi zu reden. Noch keine Minute ist vergangen und schon steht Susi auf und entfernt sich still. Sie hat die Spielsachen im Therapiezimmer entdeckt und geht einfach spielen. Die Eltern scheinen dies nicht zu bemerken und reden auf den Therapeuten konzentriert weiter ein über die Schwierigkeiten von Susi, die sie angeblich

---

34 Beachte, dass Verhaltensweisen aus dem negativen Pol des Dilemmas des Therapeuten den Klienten darin bestärken, in seinen negativen Verhaltensweisen zu verharren. Will der Therapeut den Klienten aus dessen negativen Pol seines Konfliktes hinausdrängen, wird er sich nach den Verhaltensweisen im positiven Pol seines eigenen Dilemmas orientieren.

nicht führen können. Der Therapeut hat eben beobachten können, dass sie sich gar nicht um Führung bemüht haben.

Diese Eröffnungsszene konnte der Autor in vielen Erziehungsberatungen beobachten. Sie ist eines der typischen Verhaltensmuster. Nun kann auch er seinerseits passiv den Ereignissen ihren Lauf lassen. Aus Erfahrung weiss er, dass manche Kinder ruhig und ordentlich spielen. Andere verwandeln das Therapiezimmer rasch in eine mittlere Unordnung, ohne dass die Eltern dies bemerken. Vielleicht sind sie das gewohnt. Jedenfalls sind sie ganz mit ihren Sorgen beschäftigt, die sie dem Therapeuten gerade anvertrauen. Nachdem sie lang und breit erzählt haben, werden sie gegen Ende des Gesprächs vielleicht noch ganz dringend die eine oder andere Frage stellen. Plötzlich ist die Zeit um, das Zimmer ein Chaos und die Eltern immer noch mit ihren Fragen beschäftigt. Und wer räumt jetzt auf? Das Kind? Die Eltern? Der Therapeut? Vorbeugend schaut der Therapeut also immer mal wieder, was Susi da tut. Damit hat er die passive Position verlassen und bereits eine Kontrolle übernommen, die eigentlich in die Hände der Eltern gehört und nichts mit einer therapeutischen Aufgabe zu tun hat. Das heisst, dass er anstelle der Eltern aktiv geworden ist. Ihre passive Haltung trägt Früchte, ohne dass ein Wort über dieses Thema verloren worden wäre.

Natürlich kann der Therapeut sein Unbehagen lösen, indem er das Gespräch mit den Eltern kurz unterbricht und mit ihnen Regeln für Susi vereinbart. Danach können sie ihr Gespräch mit ihm umso ruhiger wieder aufnehmen. So hilft er ihnen, eine mögliche Störung so klein wie möglich zu halten. Mit diesem Vorgehen ist er freundlich, zuvorkommend, klärt den Rahmen, handelt aber wiederum nicht therapeutisch. Er übernimmt eine aktive Position, die im Alltag als einfühlsame Geste gilt, im therapeutischen Kontext aber einige Überlegungen wert ist. Der Therapeut unterstützt mit der Geste den Wunsch der Eltern zu reden. Er verstärkt das „Reden über …" und gibt ihm in der Therapie Vorrang. Die sich im Moment entfaltende Szene als direkter Ausdruck der Probleme dieser Familie beachtet er kaum. Er handelt selbst, wo es zu handeln gilt. Er schont die Eltern in mehrfacher Hinsicht und verstärkt passive Erwartungen, noch bevor Erwartungen zur Sprache gekommen sind.

Der Therapeut kann sich auch direkt an Susi wenden, um ihr Verhaltensregeln in diesem Raum bekannt zu geben. Als „Chef" oder Regelgeber für das Therapiezimmer hat er die Legitimation dazu. Erfahrungsgemäss lassen die Eltern ihn gewähren. Es ist sein Raum, und sein Verhalten kann von ihnen als Beweis ausgelegt werden, dass er mit dem Kind zu arbeiten beginnt. Dies kommt ihren Erwartungen und ihrer passiven Haltung entgegen. So sind sie im Stillen vermutlich dankbar für seine Initiative. Es ist sogar eine erste Gelegenheit, etwas vorzuführen, z.B. wie man Führung übernimmt, indem man Regeln auf bestimmte Art einführt. Damit hat der Therapeut an Stelle der Eltern Führung übernommen *und* angefangen seine Kompetenz zu zeigen. Der Gewinn ist erfahrungsgemäss zu diesem Zeitpunkt für die Eltern allerdings gleich Null. Sie erwarten ja nicht Modelle für sich, sondern dass das Kind geändert wird. Und es scheint, dass der Therapeut etwas in diese Richtung begonnen hat. Es ist sehr fraglich, ob die Eltern zu dem Zeitpunkt überhaupt wahrnehmen, was der Therapeut tut. Davon kann er sich am Ende der Stunde Gewissheit verschaffen, wenn er die Eltern nach ihren Beobachtungen während der Stunde fragt. Eine solche Szene am Anfang der ersten Stunde wurde meist gar nicht wahrgenommen!

Beim letzten Vorgehen wird ausser Acht gelassen, dass die Autorität der Eltern über das Kind einen höheren Rang hat als eine mögliche Autorität des Therapeuten über das Kind. Und diese haben für die Situation im Therapiezimmer nicht den geringsten Versuch gemacht, Führung zu übernehmen. Weder haben sie Susi Anweisungen gegeben, noch haben sie mit dem Therapeuten versucht, ein sinnvolles Arrangement für die Situation zu treffen. Noch haben sie reagiert, als er Weisungen an Susi gab. Mit dieser Inszenierung führen sie ihm ihre Schwierigkeiten vor, ohne es selber zu bemerken. Wenn er an ihrer Stelle handelnd eingreift, erfüllt er vielleicht ihre Wünsche nach Passivität und unterstützt ihre Verleugnung. Aber er weiss letztlich auch nicht, wie die Eltern seine Initiative auslegen werden, wenn sie alles einfach passiv und ohne Kommentar geschehen lassen. Er tut zwar etwas, verliert aber selber Orientierung. Das wiederum mag ein wichtiger diagnostischer Hinweis sein. Wie kann sich Susi an diesen Eltern orientieren, wenn er es nicht kann? Kann sie einfach tun und lassen, was ihr einfällt, wie auch der Therapeut es gerade macht? Zumindest gilt das für den Anfang der Stunde. Sie hat gemacht, wozu sie Lust hatte.

Eine provokative Intervention wird etwas von diesem problematischen Geschehen, das der Therapeut eben beobachtet, in Worte kleiden und dabei Kind und Eltern explizit in ihren Haltungen bestärken. Er kann sich komplizenhaft zu den Eltern hinüberbeugen, ihre Rede unterbrechen und in verschwörerischem Ton sagen:

> „Sehen Sie, wie selbständig Susi sich zum Spielen entschieden hat und wie schön und zufrieden sie gerade spielt. Sonst will sie Ihnen nicht gehorchen und bereitet Ihnen solche Schwierigkeiten. Aber jetzt dürfen auch Sie mal Ruhe von ihren Szenen haben. Nett von ihr, nicht wahr? Dass sie sich jetzt zufrieden hier mit Spielen vergnügen kann, dafür haben Sie Susi hergebracht, während Sie und ich über all die Schwierigkeiten reden, welche sie ihnen bereitet. Wie schön für Susi."

Die Eltern sind über eine solche Aussage natürlich verblüfft, beginnen zu protestieren und werden aktiv, so dass der Therapeut sich jetzt passiv zurücklehnen kann, um zu beobachten, wie die Dinge sich weiterentwickeln werden. Da die Eltern mit der Intervention gezwungen wurden, etwas zu sehen, was sie verleugnet haben, „zwingt" sie dies in der Regel zu handeln. Sie wollen natürlich die Kontrolle über das Verhalten von Susi wieder gewinnen, was ihnen ja so schwer gelingt. Sie beginnen damit, Susis Aufmerksamkeit auf sich zu ziehen. Und schon bekommt der Therapeut etwas zu sehen, was für die Eltern alles andere als einfach ist und was ihre vorhergehende Passivität erklären mag. Nämlich, dass sie die Aufmerksamkeit und den Gehorsam von Susi nur schwerlich bekommen können. Sie locken sie erst mit sanfter Stimme. Dann werden sie lauter. Dann drohen sie. Am Ende zählen sie auf drei. Kleinlaut behaupten sie, dass dieses Mittel zuhause aber funktioniere. Susi hört einfach nicht hin. Endlich muss der Vater sie holen. Natürlich will sie nicht auf seinem Schoss sitzen. So kommt sie auf den Schoss der Mutter. Diese erklärt ihr, wie sie sich hier zu benehmen hat. Aber sie hört gar nicht zu. Kaum schweigt die Mutter, beugt sich Susi so weit vor, dass die Mutter Susi fast nicht halten kann. Schliesslich befreit sie sich und eilt bereits wieder zu den Spielzeugen ...

Wenn ein Kind sich so gut durchsetzen kann, braucht es eine taktvolle Begleitung der Eltern, weil sie sich blossgestellt fühlen. Es ist deshalb auch für den Therapeuten einfacher, die Augen zu verschliessen und die Aktivität von vornherein selber zu übernehmen! Der therapeutische Gewinn der oben dargestellten Intervention ist allerdings hoch. Projektion, Verleugnung und passive Haltung werden bereits im ersten Moment der Therapie durchbrochen und die Eltern in eine aktive Position gedrängt. Dies bringt Bewegung in die Situation. Ihre Aufmerksamkeit wird automatisch vom Kind auf ihr eigenes Verhalten verlagert. Zugleich thematisiert der Therapeut mögliche Erwartungen der Eltern, gibt deutlich zu verstehen, dass er nicht bereit ist, an ihrer Stelle aktiv zu werden, und dass er weniger an Erzählungen interessiert ist als an den beobachtbaren Ereignissen im Raum. Er trägt selber dazu bei, dass die Eltern rasch mehr von sich zeigen müssen, und schafft damit eine Gelegenheit, sie direkt im Umgang mit ihrem Kind beobachten und stärken zu können. Eine Intervention, die nach Erfahrungen des Autors den Rahmen für eine intensive Therapie von kurzer Dauer schafft.

Ein anderes Beispiel. Eine depressiv veranlagte Mutter spricht über die Unordnung in Tonis Zimmer. Sie hat ihm 14 Tage (!) Zeit gegeben, um aufzuräumen. Nach 12 Tagen ist noch nichts geschehen. Kein Wunder, Toni weiss gerade einmal, wie viel Tage eine Woche hat. Die Mutter scheint nicht zu glauben, dass Toni in zwei Tagen aufgeräumt haben wird. Sie versucht ihn mit leiser Stimme und wenig überzeugend ein wenig zu motivieren. Sie erinnert ihn daran, dass er sich selber schon über die Unordnung beschwert habe. Toni grinst und erzählt, dass er dann einfach die Türe zumacht. So braucht die Mutter die Unordnung nicht zu sehen. An dieser Stelle fordert sie ihn auf, das Problem mit dem Therapeuten etwas zu „diskutieren". Sie schaut hoffnungsvoll lächelnd abwechselnd mal zum Therapeuten und dann zu Toni. Er schaut auf den Boden, grinst weiter vor sich hin und verfällt auch in Schweigen. Weder Mutter noch Toni haben Lust, sich mit dieser Ordnung zu beschäftigen. Den Therapeuten befällt plötzlich ein bleiernes Bedürfnis nach Schlaf. Was geht diese blöde Ordnung *ihn* an? Wieso soll ausgerechnet er sich damit beschäftigen? Was glaubt die Mutter eigentlich, wofür er da ist, dass sie ihm einfach ihre Arbeit zuschiebt? Jetzt erwartet sie von ihm ein Engagement und Toni hofft vermutlich, dass wir bald von etwas anderem sprechen.

Was für eine wunderbare Einladung, ein Kind „in Ordnung zu bringen" oder zu beweisen, dass auch der Therapeut nichts erreichen kann. Dies wäre immerhin ein Trost für die Mutter. Wozu soll er sich mit einem Kind befassen, wenn die Mutter weiterhin Probleme erschaffen wird mit ihrer passiven Haltung und ihrer Bereitschaft, ihre Aufgabe an andere zu delegieren, anstatt Forderungen durchzusetzen?

Der Therapeut nimmt also seinerseits eine passive Position ein und weist darauf hin, dass Toni keinen Grund hat, mit ihm zu diskutieren, weil er gar kein Problem hat. Im Gegenteil. Toni hat eine vorzügliche Lösung für das Problem. Er braucht nur die Türe zu schliessen und sich woanders als in seinem Zimmer aufzuhalten, wenn er sich in seiner Unordnung einmal nicht mehr so wohl fühlt. Toni braucht keine Therapie. Er ist zufrieden, so wie die Dinge stehen. Mit solchen Worten nimmt der Therapeut Partei für die negative Seite der Inkongruenz des Kindes, das zu faul zum Aufräumen ist. Toni fühlt sich bestens verstanden, hat seinen Spass an diesen Worten, was sein breiter werdendes Grinsen bezeugt. Nun wendet der Therapeut sich an die Mutter und verstärkt auch dort die negative Seite der Inkongruenz. Er bemerkt in sehr liebevollem Ton, dass einzig sie nicht zufrieden sei mit dieser Unordnung. Andererseits scheine sie nicht selber etwas unternehmen zu wollen, sondern sich einen freien Nachmittag gönnen zu wollen, wenn sie diese Aufgabe dem Therapeuten zuschiebe. Er möge ihr den freien Nachmittag durchaus gönnen, befürworte auch grundsätzlich Ordnung, andererseits sei ihm eigentlich egal, ob ihr Toni Ordnung habe oder nicht. *Toni* habe keine Lust, sich um seine Ordnung zu kümmern, *sie* habe keine Lust dazu, offen gestanden er auch nicht. Wenn es sein Kind wäre, dann wäre das etwas anderes, aber er müsse ja nicht mit Toni zusammenleben. Vielleicht könne Sie jemanden finden, der geeigneter sei als der Therapeut und auch mehr Lust habe als er, um Toni zum Aufräumen zu bringen. Ob ihr die Ordnung wirklich so wichtig sei? Ob sie nicht auch einfach damit zufrieden sein wolle, dass Toni die Türe schliesse? Das sei doch immerhin rücksichtsvoll. Vielleicht stärke diese Haltung seinen Willen, nur dann zu handeln, wenn er etwas wirklich von innen her wolle. Das wäre doch auch etwas, weil es dann ehrlich wäre. Niemand brauche sich also anzustrengen. Was sie denn mehr wolle.

Nun kann der Therapeut seinerseits hoffnungsvoll lächelnd und voller Erwartung in die Runde schauen. Genau so wie es eine Weile zuvor die Mutter getan hat. In Bruchteilen von Sekunden geht die Aufforderung, jemand anderes solle etwas tun, zwischen den Beteiligten hin und her. Während Tonis Grinsen noch breiter wird, bekommt die Mutter einen roten Kopf, einen zornigen Blick und wird unruhig. Der Therapeut hat ihre Einladung, Initiative zu übernehmen zurückgewiesen und ihre Wünsche auf herausfordernde Weise frustriert. Sie scheint wütend, versucht aber den heftigen Affekt zu unterdrücken. Schliesslich springt sie, wie eine eben abgefeuerte Kanonenkugel, aus ihrem Stuhl mit einem Satz in die Mitte des Zimmers und klagt über Schmerzen, die ihr in die Beine fahren – sie somatisiert. Der Rest der Konsultation findet im Stehen und gehend statt. Diese Wut ist die Kraft, welche die Mutter dazu bringen wird, aktiver zu werden und sich wirkungsvoll durchzusetzen, so dass auch ihre Depression sich auflösen kann.

In beiden Beispielen hat der Therapeut die klassische Regel der „Provocative Therapy" befolgt und die negative Seite einer Entwicklung einfach verstärkt. Wenn mehrere Klienten im Raum sind, ist das vielleicht etwas komplizierter, als wenn nur ein Klient zur Konsultation kommt. Aber wie das zweite Beispiel zeigt, lässt sich das Prinzip weiterhin gut anwenden, indem die Gewinne der Mutter und des Sohnes gleichzeitig je für sich verstärkt werden.

Der Therapeut wird von Anfang einer Behandlung an in ein Spiel subtiler Erwartungen und in ein emotionales Geschehen hineingezogen. Zwischen Eltern, Kind und Therapeut manifestieren sich manchmal auf sehr stille Art starke, dynamische Kräfte. Die Betrachtung dieses Geschehens wirft noch ein anderes Licht auf die Bedeutung des Provozierens. Es zeigt, dass Klienten ihrerseits eine „unmittelbare, affektive Erfahrung"[35] beim Therapeuten provozieren! Sie tun es unbewusst und manchmal noch bevor der Therapeut mit Provozieren angefangen hat. Durch ihre Inszenierung und ihren Versuch, den Therapeuten in eine bestimmte Rolle hineinzumanövrieren, provozieren sie gelegentlich heftige Reaktionen bei ihm. Dass Klienten auf diese Weise provozieren, ist ein wesentlicher Teil ihrer (unbewussten) Art, Schwierigkeiten mitzuteilen, für die sie noch keine Worte haben[36]. Die therapeutische Provokation will nichts anderes, als den Teil oder die Energie, den oder die ein Klient mit seinem Manöver hinausverlegt, wieder zu ihm zurückbringen. Er will dies aus zwei Motiven so rasch wie möglich tun: erstens sich selbst zuliebe aus Gründen der Psychohygiene und zweitens dem Klienten zuliebe aus Gründen der Ökonomie.

Wenn ein intensives emotionales Geschehen den Therapeuten richtiggehend in einen Strudel hineinzieht, braucht er Interventionsinstrumente, die ihm erlauben, die eigenen heftigen Reaktionen auf angemessene Weise irgendwie wieder loszuwerden. Gerade Erziehungsberatungen von Eltern, die ihre Schwierigkeiten vollständig in ein Kind hinausverlegen, wo das Kind zum einzigen Symptomträger wird, fordern den Therapeuten heraus, wenn er eine angemessene Antwort auf die Ereignisse finden und die Eltern zu Einsicht und therapeutischem Erfolg führen möchte. Projektion, Verleugnung und passive Haltung rufen nach Instrumenten, die das ganze Interaktionsgeschehen einbeziehen und spiegeln, weil der Therapeut für eine effektvolle Therapie Teile zum Klienten zurückbringen will, die jener von sich abspaltet und zeitenweise auch in den Therapeuten hinaus platziert. Hier empfiehlt Farrelly Ehrlichkeit und zeigt seine eigenen Reaktionen auf das Verhalten von Klienten direkt.

Projektion, Verleugnung und Passivität werden nachfolgend in vereinfachter und generalisierter Form als Inkongruenzen dargestellt. Den Inkongruenzen von Klienten werden typische, inkongruente Antwortreaktionen beim Therapeuten gegenüber gestellt. Im konkreten Fall des therapeutischen Alltags werden die Reaktionen vielfach spezifischer und vielleicht auch anders ausfallen. Dieses Schema soll ein dynamisches Geschehen in seinen typischen Zügen darstellen:

---

[35] siehe nochmals Farrelly, F. & Brandsma, J.M.: *Provokative Therapie*. Springer Verlag, Berlin, Heidelberg 1986, S. 73/74
[36] siehe dazu Holderegger, Hans: *Der Umgang mit dem Trauma*. Klett-Cotta, Stuttgart 1993

Projektion

<u>Klient</u>
„Ich versuche einen anderen Menschen wahrzunehmen ..."

OM: andere

„... und statte ihn mit Eigenschaften meiner Phantasie aus."

OM: selbst

<u>Innere Reaktion von Therapeut</u>
Dieser Ton! Dieser endlose Monolog! Alles negativ! Es reicht! Zum Weglaufen ist das. Unglaublich, wie falsch Klient das Verhalten des Kindes sieht. Der macht mich rasend. Unfair, gemein! Der macht alles kaputt. Ist Klient blind?

Aber ich sehe auch, dass Klient im Moment nicht anders kann, irgendwie gefangen ist in einer bestimmten Sichtweise und Gefühlen von Enttäuschung, Wut, Verbitterung. Klient braucht auch selbst Hilfe.

Verleugnung

<u>Klient</u>
„Ich übe Einfluss auf andere ..."

OM: können

„... und verleugne die Wirkungen meines Handelns."

OM: nicht können

<u>Innere Reaktion von Therapeut</u>
Dem Klient entgeht offenbar völlig, was er tut und wie er auf andere wirkt. Wie kann man nur so dumm sein. Das muss man doch ganz anders anpacken.

Klient gibt sein Bestes. Irgendetwas muss mit ihm los sein, dass er das nicht anders sehen kann. Welchen Gewinn mag er davon haben?

Passivität

<u>Klient</u>
„Ich erkenne, dass etwas zu tun ist ..."

OM: aktiv

„... aber ich verhalte mich passiv."

OM: passiv

<u>Innere Reaktion von Therapeut</u>
Wieso habe ich das jetzt getan? Gehört das noch zu meiner Aufgabe? – Und jetzt soll ich auch das noch tun? Da habe ich nicht die mindeste Lust darauf. Ärgerlich. Was meint Klient, wozu ich da bin?

Ich will Klient helfen, aber der muss auch seinen Teil beitragen. Es ist eine Illusion, wenn Klient meint, ich könne dies alles für ihn tun. Wie kann ich ihn zu Einsicht bringen und ihn aktivieren?

Beachtenswert ist, dass jedes Verhaltensmuster sich jeweils mit einem Orientierungsmuster charakterisieren lässt. Projektion mit einer Überbetonung der subjektiv gefärbten, eigenen Wahrnehmung, die wenig Bezug auf die Sichtweise des anderen nimmt. Verleugnung mit dem Gefühl, etwas nicht zu können. Die passive Haltung ist die Beschreibung eines Orientierungsmusters in sich. Zumindest so wie der Autor es in der Praxis erfährt, haben diese Bewegungen auf der Seite der Klienten ihre Entsprechung in Gegenübertragungsreaktionen. Sie aktivieren den jeweils anderen Pol eines Orientierungsmusters bei ihm. So hat er das Bedürfnis, den in der Projektion Angegriffenen zu verteidigen, damit dessen Sichtweise Raum bekommt. Er fühlt sich herausgefordert, zu zeigen, was möglich ist und aktiv an Stelle der Eltern zu handeln.

In seinen Beschreibungen über den Anfang der „Provocative Therapy"[37] beschreibt Farrelly anhand mehrerer Beispiele, wie die Überzeugung in ihm herangereift ist, dass das Einbringen seiner Gegenübertragungsreaktionen in Form ehrlicher und direkter Rückmeldungen seiner Reaktionen, Gedanken und Gefühle auf einen Klienten ein bedeutendes Element in der Therapie ist. Dabei nimmt er auf eigene widersprüchliche Gefühle Bezug und legt so *seine* Inkongruenzen offen dar. Der Inkongruenz eines Klienten stellt er seine inkongruente Reaktion entgegen – diese allerdings lebt er nicht einfach aus, wie es Klienten tun, sondern er setzt sie mit gut gewählten Worten auf differenzierte Weise in Beziehung zum Verhalten des Klienten.

Farrelly empfiehlt, alles was ein Klient vermeiden, unterdrücken und verdrängen möchte, ans Tageslicht zu zerren und zur Sprache zu bringen. Ebenso verfährt er mit eigenen unliebsamen Reaktionen auf Klienten. Was ihn verärgert, verängstigt, ihm in irgendeiner Art Unlust bereitet, auch ein Zuviel an Sympathie vielleicht, bringt er so schnell wie möglich direkt und ehrlich zur Sprache. Es ist faszinierend zu beobachten, auf welch persönliche und kunstvolle Art er dies tut. Er steht auf eine ruhige, akzeptierende Art ganz selbstverständlich zu seinen Gefühlen und Widersprüchen, redet meist mit etwas Distanz davon, übertreibt bald mögliche Konsequenzen und verzerrt das Ganze auf humorvolle Weise, so dass Klient und Therapeut gemeinsam über sich, über „die beiden da" lachen können. Farrelly betont selbst bei unangenehmsten Reaktionen auf einen Klienten natürlich alle Gewinne auf dessen Seite, denn gerade diese sind für den Klienten wichtig. Und er findet für das inadäquate Verhalten mit Sicherheit einen Kontext, in dem das Verhalten passender wäre. Dieser liebevolle Humor für den Klienten und die Tatsache, dass der Therapeut hier modellhaft zeigt, wie auch er über sich selbst lachen kann, erleichtern dem Klienten das Einnehmen der bitteren Pille der Einsicht.

Das ist bestimmt nicht einfach zu realisieren, aber dennoch lernbar. Beobachtungen von Farrelly bei seiner Arbeit und seine Empfehlungen in Supervisionsgesprächen lassen ein

---

[37] Farrelly, F. & Brandsma, J.M.: *Provokative Therapie.* Springer Verlag, Berlin, Heidelberg 1986, S 1ff., speziell S. 23–25

grundlegendes Muster erkennen, wie er persönliche, speziell negative Reaktionen für Interventionen nutzt. Diesem Muster folgend kann der Therapeut eigene Interventionen für seine Klienten entwickeln. Es wird auf Seite 120 dargestellt. Drei Beispiele illustrieren die Anwendung für Projektion, Verleugnung und passive Haltung in der Praxis.

7.1.1 Beispiel 1 – Projektion und aggressives Verhalten

Vater und Sohn hatten sich kaum im Konsultationszimmer zum ersten Gespräch hingesetzt, als der Vater schon über Toni zu schimpfen begann und ihn bitter anklagte. Seine Aufzählung immer weiterer Charakterstörungen wurde von steigender Wut orchestriert, bis der Vater Toni bald laut anschrie. Nichts, aber gar rein nichts war in Ordnung mit dem Sohn. Eine reine Ansammlung von Defekten. Es war, als hätte er dem Therapeuten einen Vollidioten herangeschleppt, dem in letzter Zeit das letzte bisschen Gehirn aus dem Kopf geblasen worden war und der jetzt reagierte wie ein abgestürzter Computer. Eine leere, schwarze Scheibe, durch nichts mehr zum Aufstarten zu bewegen. Tatsächlich blickte Toni mit leeren Augen vor sich hin, vermied tunlichst jeden Blickkontakt mit seinem Vater und schwieg höflich die ganze Zeit über. – Den Therapeuten durchzog ein Mischung verschiedener Gefühle. Ein Bedürfnis, sofort nach Hause zu gehen und in Ruhe gelassen zu werden, Faszination über diese Szene, Wut und Neugierde, was in Toni wohl gerade vorging. Er hat eine Menge Möglichkeiten, aus den Ereignissen und seinen Reaktionen Interventionen zu gestalten. Einige Anregungen:

> Sie sind in grosser Sorge um die Zukunft von Toni. Begreiflich. Nach Monaten vollkommener Enthaltsamkeit in Sachen Schulaufgaben und nach zwei repetierten Schuljahren, müssen Sie verzweifelt sein und sich fragen: „Wenn Toni weiterhin seine Aufgaben nicht macht und schlechte Noten nach Hause bringt, wird er je im Leben für sich selber sorgen können?" – Zugleich hat mich ... wie soll ich sagen? ... hat die Art und Weise, wie Sie Ihrer Sorge Ausdruck verleihen, etwas mitgenommen: so laut, eindringlich, anklagend ... Nach einem ruhigen Nachmittag kommen Sie hier rein. Und dann geht die Hölle los. ... Sie haben vielleicht eine Wirkung! ... stark! Sie verstehen es, in mir eine intensive Sehnsucht nach einem ruhigen Feierabend zu wecken ... Wer weiss, wie Toni darauf reagiert hat. Ob es ihm ähnlich ergeht? (zu Toni) Na, was meinst du? Hat dein Papa nicht schön gesprochen?

> Es fasziniert mich, was Sie mir da für einen Jungen mitgebracht haben. Mit dem stimmt ja gar nichts mehr. Unbrauchbar wie ein hoffnungslos defekter Computer. Das ist beunruhigend. Ihre Unruhe hat mich angesteckt. ... Ich musste plötzlich auf dem Stuhl herumrutschen ... Unter was für einem Vorwand könntest du denn jetzt hinaus? Nur für ein paar Minuten? Musst du nicht der Sekretärin noch ganz dringend einen Auftrag geben? Ist nicht die Blase übervoll? ... Vielleicht möchte Toni auch abhauen. Wenn ich Toni wäre, und Sie würden öfter in meiner Gegenwart so unruhig, sagen wir jeden Tag einmal ... Ach ich weiss nicht. Damit ich meine Ruhe habe. Vielleicht wäre es gerade das Richtige, um mich zum Lernen zu entmuti ... (absichtliche Fehlleistung) ... ich wollte sagen ‚ermutigen' ...

... Kann aber auch sein, dass es bei mir ein an sich gar nicht vorhandenes Interesse für Sport fördern würden. Ja das wäre es. Es würde mich ermutigen, so schnell wie möglich, so häufig wie möglich hinaus vor die Tür zu gehen. „Raus hier! An die frische Luft", das wäre mein Motto. Dann rennen, oder besser noch Kampfsport wie Boxen oder Karate. Sie könnten wahrscheinlich auf diese Weise ganz leicht einen Hochleistungssportler aus mir machen ...

... Ermutigen gewiss ... Also wenn ich Toni jetzt so anschaue. Der hat noch nicht ein einziges Mal den Mund aufgemacht ...

(Zu Toni) Na, du weißt wahrscheinlich warum. Das hat noch nie etwas gebracht. Da bleibst du lieber still. ...

(wie im Selbstgespräch) ... ermutigen ja. Es würde mich ermutigen. Wozu genau? Ach ja, die Klappe zu halten: Mund zu. Schweig still. Denk nicht! Das ist die richtige Haltung. Auch für die Schule.

(etwas fröhlicher, wieder zu Vater und Sohn und zuversichtlicher werdend) Ja, ich könnte ein ganz schweigsamer Mensch werden um Sie herum. Es brauchen nicht alle Menschen so viel zu reden auf dieser Welt. Und es gibt sehr nützliche Berufe für stille Menschen. Warum nicht Friedhofsgärtner. Ein stiller und friedlicher Beruf. Da jätest du dein Unkraut auf den Grabhügeln. Hab ich selber mal gemacht, während der Mittelschulzeit, um mir mein Taschengeld zu verdienen. Da kann man leben davon. Da gibt es auch Festangestellte ohne viel Schulbildung. Da braucht man keine guten Schulnoten dafür. Und die Gesellschaft der anderen ist auch vertraut. Meist etwas ältere Kollegen, jeden Tag am Schimpfen, über alles, was man halt so schimpfen kann. ...

Toni fing an, mir leid zu tun. Dem gelingt sowenig in letzter Zeit. Wer konnte noch nett sein zu Toni? Wer hat Toni zugehört? Und wie mag *Toni* es, wenn Sie so über ihn reden? Wie fühlt Toni sich mit seiner Situation in der Schule? Wahrscheinlich nicht gut. Ob Toni nach so einer Standpauke dankbar und beruhigt auf sein Zimmer geht und durch ihre Einsichten erleichtert zu lernen beginnt? Oder bewundert er sie vielleicht heimlich? (schwärmend) „Mein Vater! Der kann alles, der schafft alles!" Wer weiss, wenn Sie so auftreten, erstarrt Toni möglicherweise aus lauter Bewunderung und ist deshalb nicht mehr fähig, vernünftig zu handeln. Das kommt alles vor.

... Manche Jungen reagieren einfach beleidigt und wollen nichts von dem tun, was man von ihnen verlangt, wenn sie so einen Ton hören. Eine vollkommen inadäquate Reaktion. (Verärgert) Es kommt doch nicht auf den Ton an. Die Sache ist doch wichtig. Aber die denken so etwas wie: *„Hör endlich auf! Nicht mit mir auf diese Art!"* Und dann verweigern sie sich. Andere wiederum tun, was man von ihnen verlangt, weil sie darin eine Gelegenheit sehen können, so schnell wie möglich von dem Getöse wegzukommen, welches ihre Eltern jedes Mal anstimmen, wenn sie den Jungen sehen. Sie waren vielleicht so einer, der aus Wut und Trotz den Eltern etwas beweisen konnte. ...

... Aber vielleicht können wir es auch als etwas ganz anderes sehen: eine liebevolle Art, Toni zu entmutigen. Wirksam und manchmal sehr wichtig, z.B. wenn es Zeit wird, dass einer endlich das Elternhaus verlässt. Und Toni ist ja nun in dem Alter, in dem er ganz allmählich beginnen sollte, sich von zu Hause zu lösen. Und wenn Toni nichts lernt, macht er nicht die geringsten Anstalten dazu. Toni könnte noch ein Nesthäkchen werden. So wie Sie mit ihm umgehen, das wird es ihm vielleicht endlich verleiden, ein Stubenhocker zu werden.

7.1.2 Persönliche Reaktionen von Therapeut für Intervention nutzen

1. <u>Gefühle</u> wahrnehmen: alle (!) augenblicklichen Gefühle von Therapeut

   Speziell die unangenehmen Gefühle im Zusammenhang mit der Therapie beachten. Solche, die Therapeut im Moment am liebsten nicht hätte, z.B. Angst, Verunsicherung, Gefühl zu versagen, einem Klienten nicht gewachsen zu sein, Wut, aber auch ein Übermass an Zuneigung etc.

2. <u>Inkongruenz</u> formulieren (von Therapeut)

   Z.B.: *Ich möchte ihm helfen und bei meiner Arbeit Erfolg haben ...*  *... aber dies sieht nach einem hoffnungslosen Misserfolg aus.*

   Die Inkongruenz und die negativen Gefühle von Therapeut werden als Reaktion auf bestimmte Verhaltensweisen von Klient betrachtet.

3. <u>Verhalten</u> von Klient beschreiben

   Verbal und nonverbal ein konkretes Verhalten exakt spiegeln oder Bezug nehmen auf das, was Klient getan und gesagt hat. Dies ermöglicht klare Orientierung.

   Z.B. hat Klient schon mehrere Therapien erfolglos abgebrochen, wird bereits von Therapeut zu Therapeut „herumgereicht" und hängt im Alltag tatenlos herum.

4. <u>Rückmeldung</u>

   der Inkongruenz und der verschiedenen damit einhergehenden Gefühle von Therapeut an Klient. Ehrlich und offen sein. Zugleich Verzerrungen, Übertreibungen und Humor verwenden. Auch mögliche Wirkungen aus Identifikation mit anderen Betroffenen (Kind, Partner etc.) darstellen. Der Regel der „Provocative Therapy" folgend, wird der negative Teil hervorgehoben!

   Beispiel: *Schon vor unserem Gespräch haben Sie mich ins Schwitzen gebracht. Manchmal habe ich gehofft, Sie würden gar nicht zur ersten Konsultation kommen. Dann wieder war ich auch neugierig, was dieser „Therapeutenkiller" für einer ist. – Einige Kollegen haben über irgendwelche Kanäle gehört, dass Sie jetzt bei mir gelandet sind und bewundern meinen Mut, dass ich überhaupt mit Ihnen zu arbeiten bereit bin. Bei anderen ist mein Ruf jetzt dahin und die erklären mich für verrückt. Die sagen: „Der ist von Sinnen, sich mit so einem einzulassen. Das kann ja nur ein Misserfolg werden."*

5. <u>Reframing</u>

   <u>Hervorheben aller Ressourcen</u> im Verhaltensmuster von Klient. Erwähnenswert sind
   ➤ <u>Gewinne</u>, die Klient direkt selbst hat, aber ebenso Gewinne von Personen, auf die das Verhalten eine Wirkung hat.

> Andere Kontexte, in denen das Verhalten sehr nützlich wäre. Auch Kontexte, in denen durch das Verhalten bei anderen ausgelöste Reaktionen nützlich wären. Klient hat diese Reaktionen durch sein Verhalten hervorgerufen!
> Humor: weiterhin auch absurde Umdeutungen und Verzerrungen verwenden.

Beispiel: *„Sehen Sie, was Sie für eine Wirkung haben, ohne dass Sie einen Finger gerührt hätten. Andere müssen hart arbeiten, um nur annähernd einen solchen Effekt zu haben. Mich bringen Sie ins Schwitzen, bevor ich Sie gesehen haben. Durch Ihr Herumhängen haben Sie Ihre ganze Verwandtschaft in Bewegung gebracht. Auch ihren Hausarzt, der schon zu allen möglichen Zeiten mit mir telefoniert hat. Nicht auszudenken, was Sie bewirken würden, wenn Sie sich auf die Hinterbeine stellen und zu arbeiten beginnen würden. Sie hätten mit dem Einfluss ja innerhalb von drei Monaten eine Million. Ihr Vater wäre beschämt. ... Weil er es nie so weit gebracht hat."*

7.1.3 Beispiel 2 – Verleugnung

Eine Mutter hat mit ihrer Klage „Jetzt sagen doch *Sie* einmal, was ich da machen soll!" den Therapeuten erfolgreich dazu verführt, ihr Anregungen zu geben, wie sie mehr Kontrolle über ihren Jungen bekommen kann. Kaum hat er angefangen, spielerisch einen möglichen Dialog zwischen Mutter und Sohn vorzuführen, unterbricht sie mit eisiger Stimme: „Ja glauben Sie denn, ich hätte immer Zeit, auf diese Weise mit meinem Sohn zu sprechen?" Die Lust des Therapeuten an einer Arbeit mit ihr sinkt sekundenschnell auf den Nullpunkt. Erst hatte er sich herausgefordert gefühlt, aktiv zu werden, bekam Spass am Rollenspiel und keine halbe Minute später war seine Initiative wieder zerstört. Ein wunderbares Beispiel für eine Inkongruenz der Klientin, welche den Therapeuten seinerseits in eine Inkongruenz manövriert: er soll helfen, hat aber keine Lust mehr dazu. Das sind vielleicht kraftvolle und mächtige dynamische Ereignisse in der Begegnung mit einem Klienten! Er kann sagen:

„Nun, Ihre Stimme hat Wirkung! (Mit derselben, eisigen Stimme) ‚Ja, glaubst du, ich hätte immer ...' Ich könnt schwören, ich werde nach diesem einen Satz nie mehr mit der Geschichte anfangen. Der wirkt wie ein scharfes Messer. Sie können damit meine Gedanken zerschneiden, wie ein Metzger das Fleisch in Stücke schneidet. (Spielt die Gedanken des Metzgers) ‚Diese Stücke können wir brauchen, und das da ist Abfall. Fort damit.' – Sehen Sie, das wirkt so stark, dass ich nicht einmal mehr weiss, was Sie von mir wollten. Was war es, wozu Sie eine Anregung wollten?"

Die Klientin wiederholt, dass ihr Sohn nach draussen spielen geht und dann mit Verspätungen von bis zu 1,5 Stunden nach Hause kommt.

„Aha. Sehen Sie. Jetzt begreife ich, dass Sie keine Geduld hatten, mir zuzuhören. Ihre Methode ist weit effektvoller. (Spiegelt szenisch)

,Mami. Darf ich nach draussen spielen gehen?'

(mit eisiger Stimme) ,Ja, glaubst du, ich hätte immer Lust, eine Stunde auf dich warten zu müssen für das Nachtessen?'

(spielt die Gedanken des Jungen) ,Oh Scheisse. Das kann ich mir nicht mehr leisten. Was tun jetzt? Für heut muss ich das Spielen wohl vergessen. Ich muss wohl besser aufpassen in Zukunft.'

Ja, Ja. Sie sind zwar eine kleine Person, aber Ihre Stimme, Gott, ist die machtvoll. Sie können einen zwingen, über etwas nachzudenken damit. Gut! Sie brauchen wirklich nicht ihre Zeit mit langen Erklärungen zu verlieren."

7.1.4 Beispiel 3 –
Passives Verhalten und direkter Versuch, den Therapeuten zu aktivieren

Der Therapeut ärgert sich, weil er von einem Jugendlichen erneut versetzt wird. Jener erscheint nicht zum vereinbarten Gespräch. Dafür findet der Therapeut auf dem Telefonbeantworter später mehrere Meldungen des Jugendlichen, in denen er um Rückruf gebeten wird. Der Therapeut unterlässt es, weil er nun wirklich keine Lust mehr hat, sich mit ihm auseinanderzusetzen. Dagegen eröffnet er die wenige Tage später stattfindende Familienbesprechung mit einer Entschuldigung:

„Oh es tut mir so leid, dass ich Sie nicht mehr angerufen habe. Sehen Sie, zuerst war ich enttäuscht und habe mich auch geärgert, als Sie wieder nicht zu unserem Gespräch gekommen sind. Spät in der Nacht, nach vielen Besprechungen, habe ich dann alle Ihre Meldungen auf dem Anrufbeantworter gefunden. Ich wollte anrufen, aber dann schien es mir doch zu spät dafür. Ich konnte doch Ihre Familie nicht mitten in der Nacht stören. Und ich war selbst ganz einfach müde und hatte keine Lust mehr anzurufen. Dennoch: Ich wollte, dass unsere Gespräche eine Fortsetzung finden. Und ich wusste nicht, wie Sie reagieren, wenn ich Sie einfach hocken lasse. Was sollte ich tun? Dann am Wochenende mochte ich wieder nicht den Familienfrieden stören. Und am Montagmorgen ... hm, da fiel mir ein (verlegen stockend und nach Worten suchend) ... äh, wie soll ich das jetzt sagen? ... also ich weiss ja, dass ... hm ... ich weiss dass Sie ja bis Mittag zu schlafen pflegen. Ich hatte doch schon einmal versucht, an einem Morgen mit Ihnen zu telefonieren. Dies war gar kein günstiger Zeitpunkt gewesen. Und danach hatte ich wieder Termine. – Wie unangenehm. Ich wusste nicht mehr ein und aus. Es fiel mir ein, dass ich das irgendwann schon mal erlebt hatte. Aber wann und wo? Ah ja. Ich hatte mehrere solcher Chefs gehabt. Da hast du eine Besprechung, und sie kommen nicht. Irgend jemand übermittelt dir eine Notiz. Du sollst zurückrufen. Aber nie ist der richtige Moment dafür. (Plötzlich begeistert) Das ist es. Da haben wir Ihr Problem ja schon gelöst. Chef sollten Sie sein. Bewerben Sie sich doch einfach als Chef irgendwo."

Alle hören amüsiert zu. Kaum schweigt der Therapeut, raunt es empört aus den Reihen der vier weiteren Geschwister. „Chef, das ist er ja schon ... So benimmt er sich zu Hause die ganze Zeit ..." Bisher war er mehr als rekonvaleszenter Patient dargestellt worden. In der Intervention hatte der Therapeut seinen Ärger über das Verhalten des Jugendlichen ausgedrückt, einen Ärger, den alle Familienangehörigen auch empfanden. Zugleich hatte er ein passiv vermeidendes Verhalten gespiegelt, welches der Jugendliche und alle anderen Familienangehörigen im Umgang miteinander pflegten. Unmittelbar danach folgten heftige Auseinandersetzungen mit direkten Angriffen auf den Jugendlichen, der für seine Faulheit kritisiert wurde, und die Eltern begannen, Forderungen an ihn zu stellen. Seine Rolle als Patient hatte für den Moment ausgedient. Dafür wurde der Chef zitiert.

Weil es für Therapeuten nicht immer einfach ist, negative Gegenübertragungsgefühle adäquat und produktiv in eine Therapie einzubringen, wurden drei Beispiele dafür so ausführlich dargestellt. Positive Rückmeldungen sind ebenso wichtig und ergiebig. – Eine Mutter erzählt von ihren endlosen Diskussionen mit ihrem zehn Jahre alten Sohn wegen aller möglichen Kleinigkeiten. Zähneputzen und ins Bett gehen sind typische Beispiele dafür. Sie zermürbt sich an diesen Streitereien um Ordnung, weil sie mit ihrem Sohn sonst kaum etwas teilen könne. Sie ist deprimiert wegen ihrer Rolle einer Rabenmutter wider Willen, die sie in der Familie generell habe. Am Ende der Erstkonsultation bemerkt der Therapeut:

> „Ich fand das Gespräch mit Ihnen interessant. Vielleicht, weil Sie mich herausfordern. Wenn ich mit Ihnen rede, dann muss ich mir wirklich etwas überlegen dabei. (Klientin wirkt berührt und beginnt zu weinen) Mit Ihnen kann man sich reiben. Streit kann sich lohnen mit Ihnen wegen der Herausforderung, weil halt etwas herausschaut dabei. Wenn ich jetzt an Ihren Toni denke, ... das passt. Er ist zwar viel jünger ..."

Die Klientin unterbricht und fährt die neue Bedeutung akzeptierend fort: „Ja, er ist halt erst zehn Jahre alt. Er tut es auf seine Weise, seinem Alter entsprechend."

Dieses Vorgehen belebt die eigene Phantasie, ist reich an Ausdrucksmöglichkeiten auf verschiedenen Ebenen und eben auch komplex. Gerade bei der Rückmeldung negativer Gefühle ist es wichtig, den guten Kontakt stets im Auge zu behalten. Der Klient soll die Botschaft verdauen können. Manchmal wird der Therapeut eine distanziertere Form von Rückmeldung wählen und sie als Zitat verpacken: „Es gibt Therapeuten, die sagen würden ...", oder: „Manche Kinder reagieren darauf mit ..." Oder der Therapeut wird sich darauf beschränken, sein momentanes Erleben zu formulieren, und fragen, ob der Klient sich gerade so fühlt.

Interventionen nach diesem Muster fordern Klienten zum Nachdenken heraus, entspannen die Beziehung und fördern die gesunde Psychohygiene des Therapeuten. Er kann seine eigenen „störenden" Gefühle offen und auf sinnvolle Weise zum Ausdruck bringen. Umdeuten und Verzerren erlauben ihm auf jeden Vorwurf zu verzichten. Er braucht so nirgends anzuklagen und erspart sich ein späteres schlechtes Gewissen, vorausgesetzt er hat das

Ganze nicht in einem zynisch-bösartigen Ton vorgebracht, sondern einerseits „von Herzen ehrlich" und andererseits auf humorvoll verständige Weise. Vermutlich wird er selbst Spass an absurden Interpretationen finden.

Eltern werden darin gefördert, eine mögliche Kritik gegenüber ihrem Verhalten selbst zu entwickeln. Dies ist weit besser als jede Kritik von aussen. Der Therapeut vermeidet es, sich die kritische Stimme des Klienten zuschieben zu lassen. Anstatt dessen fördert er den Ausdruck von dessen Konflikt. Wenn Kritik im Klienten wirksam wird, beginnt jener aufzubegehren. Z.B. können Eltern, die so mit den Konsequenzen einer passiven Haltung konfrontiert wurden, zu protestieren beginnen und sagen, dass sie doch eben dies unanständige Benehmen ihres Kindes gar nicht ermutigen wollten. Manche machen dies lieber im Stillen, um ihr Gesicht nicht zu verlieren, und erzählen später, dass sie einfach ihr Verhalten geändert hätten. Damit kann der Therapeut sich ja zufrieden geben!

Eine Wirkung solcher Interventionen, die im Text nicht wiedergegeben werden kann, ist deren hypnotischer Effekt. Vielleicht konnte die Leserin oder der Leser beim Lesen etwas davon in Form von Irritation oder Verwirrung spüren. Wenn ein Klient über sein Verhalten eine direkt ablehnende Rückmeldung bekommt und diese vermischt wird mit Überlegungen, wann dieses Verhalten erwünscht sein könnte, lässt der Therapeut zwei widersprüchliche Extreme aufeinanderprallen. Kurz gesagt: Das, was nicht erwünscht ist, ist erwünscht! Und dies in einer emotional geladenen Situation. So etwas verwirrt den Betroffenen und löst einen inneren Suchprozess aus. Einen Prozess, in dem der Klient die Sichtweise über sich und seine Überzeugungen neu zu ordnen beginnt. Ein Prozess der Veränderung auf unbewusster Ebene, der weit über das Ende einer Konsultation hinaus wirksam sein wird. Die Wirkweise solcher Prozesse hat M.H. Erickson in seiner Arbeit mit Hypnose untersucht und beschrieben.

7.2 Interventionen in Eltern- und Familiengesprächen

Ob ein Therapeut sich in einem Gespräch gerade am Vorgehen der „Provocative Therapy" orientiert oder nicht, er kann jederzeit und von jeder Aussage aus immer wieder den Einstieg in die Methode finden. Gerade wenn er feststellt, dass ein Prozess ins Stocken geraten ist, empfiehlt sich das Beobachten von Inkongruenzen, um von da aus deren negative Seite zu verstärken, bis der Therapeut affektive Reaktionen in Form von Protest, Widerspruch, Widerstand gegen eigene problematische Verhaltensweisen, Lachen oder andere Gefühle bekommt.

Jedem der drei Verhaltensmuster Projektion, Verleugnung und passives Verhalten lassen sich speziell geeignete Behandlungsinstrumente der „Provocative Therapy" zuordnen. Eine Tabelle am Ende dieses Kapitels mit dem Titel „Zusammenfassung: Wirkung von Projektion, Verleugnung und Passivität – Interventionen" fasst die Effekte dieser drei Verhaltensmuster auf den Therapeuten und die wichtigsten Interventionsmöglichkeiten zusammen. Ausser der Möglichkeit, persönliche Reaktionen des Therapeuten für Interventionen zu nutzen, bieten sich für den Umgang mit Projektionen szenisches Spiegeln, Umdeutungen und das Umwandeln von Unterschieden in Ähnlichkeiten an. Für die Behandlung von Verleugnungen das Verstärken bestehender oder Vorschlagen neuer, inadäquater Lösungen und szenisches Spiegeln. Was die Passivität angeht, sei der Therapeut einfach auf der Hut und beobachte genau, wann und wie Klienten ihn zu aktivieren versuchen. Und dann bleibe er passiv und spiegle das Beobachtete.

7.2.1 Der Beginn der Therapie

Auch wenn Eltern ihr Kind zur Behandlung anbieten und erwarten, dass sie selbst draussen bleiben können, sind sie die ersten Adressaten von Interventionen. Wenn ein Kind Einzelstunden bekommt, versuchen Eltern meist sowieso nach jeder Stunde das Kind über die Stunde auszufragen und damit Kontrolle zu haben! Sie wollen also – indirekt – Ansprechpartner sein. Meist können sie weit mehr einen günstigen Einfluss auf das Kind haben, als sie glauben.

Mit der Gestaltung des Settings setzt jeder Therapeut wichtige Akzente in der ihm entsprechenden Art. Der Autor stellt sich darauf ein, beide Eltern oder einen Elternteil mit dem „schwierigen" Kind gemeinsam zu den Gesprächen zu empfangen, weil er auf diese Weise ihren Umgang miteinander direkt beobachten und darauf Einfluss nehmen kann. Gespräche mit der ganzen Familie ermöglichen, auch die Einflüsse der Geschwister miteinzubeziehen. Gerade wenn Eltern eine schwache Position haben, trifft der Autor die Eltern als Paar auch gern allein. Die Kinder brauchen nicht überall dabei zu sein. Sie brauchen nicht alles zu sehen und zu hören. Es gibt Dinge, die gehen nur die Eltern etwas an.

Z.B. ist es alleinige Sache der Eltern, Regeln für die Kinder zu erlassen. Es kann sinnvoll sein, die Kinder dazu anzuhören und ebenso sinnvoll, die Regeln in einem Gespräch mit der ganzen Familie bekanntzugeben. Der Therapeut kann mit den Eltern gemeinsam dann die Widerstände der Kinder bearbeiten. Die Konsultationen von Eltern und Kindern gemeinsam dienen einem offeneren Umgang miteinander. Kinder und Eltern werden ermutigt, zu sagen, was sie sonst nicht auszusprechen wagen, und sich anzuhören, was ihnen sonst entgeht. Das Setting hat selbst Modellcharakter für die Eltern in ihrer Aufgabe als Erziehende.

Der Therapeut kann in einem solchen Setting darauf hinwirken, dass
- Interaktionen zwischen Eltern und Kind sich ändern,
- Überzeugungen von Eltern und Kinder sich ändern,
- alle Beteiligten bewusster miteinander umgehen lernen.

Während Eltern zu Beginn vor allem über das Kind sprechen, kann der Therapeut seine Aufmerksamkeit von Anfang an auf *jeden* Ausdruck von Gefühlen gegenüber dem Kind und sein Verhalten, auf *jede* präsentierte Überzeugung und *jeden* inneren Wert richten, an denen Eltern ihre erzieherische Arbeit orientieren. Wenn er diese Aspekte konsequent herausarbeitet, betont und verstärkt, schafft er eine gute Beziehung zu den Eltern und die Basis für provokative Interventionen. Mit dieser Taktik weicht der Therapeut allen Schwierigkeiten aus, die der Umgang mit Projektionen zu Beginn einer Behandlung stellt. Er geht auf die Projektion gar nicht ein. Wohl nimmt er alle Informationen über das Kind auf. Aber in seinen Interventionen geht er systematisch auf einen zentralen Aspekt der elterlichen Haltung bei ihrer Erziehung ein. Deshalb fühlen sie sich verstanden. Das weckt ihre Kooperationsbereitschaft. Es gibt Fälle, in denen Eltern aufgrund ihrer Projektion auf einer regelmässigen Präsenz des Kindes bestehen, obwohl ihnen dessen Gegenwart in der Therapie dann unwichtig ist, wenn sie die ganze Zeit den Therapeuten für sich allein beanspruchen. Wenn der Therapeut mit diesem Vorgehen einverstanden ist, dann findet er eine Beschäftigung für das Kind, die ein Gespräch mit den Eltern in Ruhe erlaubt!

Auch wenn das Kind im Erstgespräch dabei ist, versuchen Eltern in seiner Gegenwart vielfach über das Kind zu sprechen. Indem der Therapeut diesen Monolog immer wieder nach wenigen Sätzen durchbricht, sich an das Kind wendet und sich für seine Sichtweise interessiert, verwandelt er distanzierte Umgangsformen in Dialog.

Ein Fallbeispiel für den Einstieg in eine Therapie: Ein Elternpaar präsentiert die eifersüchtige Susi und weiss viele Details darüber zu berichten, wie sie ihr jüngeres Geschwister seit dessen Geburt plagt. Eine normale Situation. Sie sind tolerant und gewähren Susi ihren Wunsch, sich auch wieder etwas wie ein Säugling benehmen zu dürfen, in der Hoffnung, dass sie davon bald genug bekommt. Aber sie haben sich getäuscht. Das Mädchen will von seiner Rückentwicklung nicht mehr absehen. Was ist nur mit ihr los? Ganz selbstverständlich bekunden die Eltern, dass sie klar eifersüchtig sein müsse, weil das Kleinere es besser habe. Diese Überzeugung prägt natürlich ihre Erwartung gegenüber dem Mädchen und beeinflusst seine Reaktion. Die Inkongruenz kann so dargestellt werden.

Wer klein ist hat Vorteile.   ◁ **N P** ▷   Wer gross ist hat Vorteile

OM: kleiner   **OM:** grösser

Etwas einseitig sehen die Eltern nur Vorteile darin, dass man klein ist. Dann stellt sich zur Verwunderung des Therapeuten heraus, dass beide Eltern selbständig erwerbstätig sind. Er kann dazu Stellung nehmen:

> „Mag sein, dass Sie etwas argwöhnisch sind und denken, dass die kleine Susi in gieriger Absicht bereits heimlich eine Übernahme Ihrer Firmen in frühen Jahren plant? Sie haben einfach vergessen, dass Kinder noch eine andere natürliche Neigung haben. Viele wollen gross werden. Oder was noch besser ist: Sie wollen schon gross sein. Nur eben: Das könnte ein erhebliches Risiko für Ihre Firmen bedeuten. So beugen Sie also vor!"

Nach einer einzigen Konsultation ändern die Eltern ihre Überzeugung und berichten in einer zweiten Besprechung, dass *das Kind* sich geändert habe. Sie erzählen begeistert von beeindruckenden Schritten der Reifung. Manchmal erkennen Eltern nicht, dass zuerst sie sich geändert haben, wenn ein Kind sein Verhalten ändert. – Eine umfassendere therapeutische Arbeit wird darauf hinwirken, dass Eltern mehr von dieser wechselseitigen Beeinflussung von ihnen und ihrem Kind wahrnehmen. Im Fallbeispiel ist der zweite Schritt gar nicht nötig, in anderen Fällen wiederum eine notwendige Voraussetzung für eine Verhaltensänderung.

Einige Formulierungen eignen sich besonders für den Einstieg in die „Provocative Therapy". Farrelly fragt immer wieder, wenn von einer unangemessenen Verhaltensweise die Rede ist: „Was ist denn falsch daran, dass …?" Der Satz könnte in einer Erziehungsberatung weitergehen mit „… Sie einfach davonlaufen, wenn Toni sich unanständig benimmt?" oder: „… Sie Toni schlagen?" oder: „… Sie Susi erlauben bis in alle Nacht aufzubleiben?" etc. Der Klang, in welchem die Frage gestellt wird ist wichtig: In der Art wie Farrelly die Frage stellt, gibt er dem Klienten zu verstehen, sein Verhalten sei doch absolut in Ordnung und verständlich. Im Klang drückt der Therapeut seine Akzeptanz aus. Der Inhalt der Frage fordert gleichzeitig heraus, über den Fehler nachzudenken! – Wenn ein Kind Schwierigkeiten entwickelt, machen Eltern manchmal sich selbst und ihre Erziehung allein dafür verantwortlich. Womöglich generalisieren sie ihre Aussage in der Überzeugung: „Dann habe ich alles falsch gemacht." Verhaltensweisen, die den Therapeuten zum Beschwichtigen reizen können. Typischerweise sind diese Selbstvorwürfe unspezifisch, so dass Therapeut und Eltern nicht wissen, worin der Fehler überhaupt bestehen soll.

> „Sie haben alles falsch gemacht. Gut. Zählen Sie bitte einmal auf, was Sie alles falsch gemacht haben."

Diese Aufforderung erstaunt sie häufig. Sie bleibt innerhalb des Bezugssystems der Eltern und verlangt, dass sie den angefangenen Gedankengang präzisieren.

Eine Frau hat die Therapiestunde bei Farrelly mit der Schilderung begonnen, dass ihr Ehemann seine Berufstätigkeit aufgab und sich zum Alkoholiker entwickelte, während sie zur gleichen Zeit erneut in das Berufsleben einstieg. Das ganze Auditorium und die Klientin waren überrascht über seine erste Bemerkung und brachen in schallendes Gelächter aus: „Nun, er kann sich das ja jetzt leisten." Eine ähnliche Bemerkung macht bei manchen Klagen von Eltern viel Sinn. Der Therapeut kann im geeigneten Moment sagen: „Oh, Susi kann es sich bei Ihnen halt leisten ..." zum Beispiel „ ... erst um Mitternacht nach Hause zu kommen" oder „... Sie anzubrüllen". Die Bemerkung regt ohne weiteren Kommentar zum Nachdenken an. Eltern erkennen spontan einen Sinn. – Die stärkste Möglichkeit, ein starres System zu erschüttern und verlorene Lebendigkeit in eine Beziehung von Eltern und Kind zurückzubringen, ist die frühzeitige, ehrliche Rückmeldung von Gegenübertragungsreaktionen, wenn der Therapeut seine negativen – und auch positiven – Reaktionen für Interventionen nutzt.

Wenn die Arbeit mit den Angehörigen sich einspielt, besonders in den ersten Sitzungen nach dem Erstgespräch, ist es interessant zu beobachten, wer die Initiative übernimmt und wer wen und wie zu aktivieren versucht. Eltern mögen es, wenn der Therapeut das Zepter übernimmt und mit dem Kind etwas unternimmt. Dies beweist ihnen, dass er jetzt die Behandlung durchführt und zwar am richtigen Ort. Das passt zur Projektion und zur passiven Haltung. Auch der Therapeut kann dabei eine merkliche Entspannung der Situation erleben. Alle sind im Moment zufrieden. Auch das Kind, weil es Zuwendung bekommt. – Die Eltern werden zunächst keine Initiative entwickeln. Das kann soweit gehen, dass ein Elternteil, der zu Stundenbeginn angesprochen wird, den Ball direkt zurückgibt mit einer Geste zum Kind und zum Therapeuten mit den Worten: „Redet doch ihr miteinander!"

Der Therapeut kann seinerseits die Eltern auf subtile Weise aktivieren. Beispiel: Manchmal beobachtet er schon im Wartezimmer eine Schwierigkeit, z.B. dass das Kind sein Spiel dort nicht beenden will, auch nach wiederholten Bitten der Eltern nicht. Indem er die Eltern fragt, ob sie den Vorfall allein mit dem Therapeuten oder lieber in Gegenwart des Kindes besprechen möchten, manövriert er sie sanft und meist unbemerkt in die Lage, eine Entscheidung über das Kind zu fällen, und unterstellt, dass sie jetzt sein Gesprächspartner sein werden und nicht etwa das Kind.

Wenn der Therapeut die Erwartung der Eltern erfüllt und die Stunde mit dem Kind beginnt, wird er bald Gelegenheit haben, die Eltern wieder einzubeziehen. Vielleicht zeigt das Kind in kurzer Zeit Reaktionen, welche die Eltern angeblich nicht beobachten konnten, z.B. Anpassung, Interesse, Freude etc. Dann ist die Zeit gegeben, auf ihre Reaktion zu achten. Ob sie das Geschehene wahrnehmen und wie sie es verarbeiten. Leicht werden solche Ereignisse von ihnen entwertet. Bemerkungen zum Umgang damit folgen später. Und wenn das Kind problematische Verhaltensweisen zeigt, kann der Therapeut sich mit den Eltern verbünden, die das zur Genüge kennen.

Wenn Eltern eine passive Erwartungshaltung haben und den Therapeuten als alleinigen Leistungserbringer sehen, kann er zur Entlastung aller seine Zweifel äussern:

> „Ich weiss nicht, ob Toni sich ändern wird hier, auch wenn es nötig wäre und Sie es sich sehr wünschen. Viele Kinder kommen gerne hierher und finden es nett, dass ich soviel Zeit für sie habe. Aber für viele ist es praktischer, sich zu Hause weiterhin so zu verhalten, wie sie es immer gemacht haben. Wieso soll Toni sich zu Hause anders benehmen? Es ist doch bequem für ihn, wenn er nichts tut. Sie stören ihn nicht zu sehr dabei. Also? – Ich weiss auch nicht, ob Sie ihr Verhalten ändern können, so wie es wahrscheinlich nötig wäre, damit Toni zu Hause mehr mitmacht. Manchen Eltern ist dies zu schwierig oder die trauen sich so etwas nicht zu. Manchmal bleibt dann nur eines übrig: die Dinge akzeptieren, wie sie sind. Das ist auch etwas. Ich kann Ihnen auch dabei helfen. Ich kann nicht abschätzen, was bei Ihnen möglich ist. Vielleicht werden Sie das Ganze auch abbrechen wollen, weil Sie es zu anstrengend finden, die Situation zu verändern."

Einen Elektrozaun um die Weide der Kuh bauen – Wenn Projektion dominiert

Manchmal ist es taktisch geschickt, dem Wunsch der Eltern entsprechend eine Einzeltherapie mit dem Kind zu beginnen, auch wenn keine Indikation dafür gegeben ist. Zum Beispiel wenn sie zunächst nur gerade diese Lösung zu akzeptieren bereit sind, weil sie auf ihre eigene, vielleicht nicht eben als fachmännisch zu bezeichnende Weise die „richtige" Indikation schon vor der Erstkonsultation im Alleingang gestellt haben und für die Indikation des Therapeuten kein Gehör haben. Diese Vorleistung ist es zumindest wert, gewürdigt zu werden. Warum soll der Therapeut sich das Vergnügen vorenthalten, ihnen einen weiteren, prächtigen Misserfolg unter die Nase reiben zu können, wenn sie wider seine gut gemeinte Warnung hartnäckig darauf bestehen, es besser zu wissen als der Fachmann, und wenn sie sogar dafür ihr Geld zu zahlen bereit sind? So hilfreich kann er sich immerhin zeigen. Er verschafft sich dabei weitere Informationen über das Familiensystem, die er in einer späteren Intervention bei den Eltern verwenden wird, und beobachtet, wie das Kind in vier bis fünf Sitzungen auf die „Provocative Therapy" reagiert.

In einem Fall konnte der Therapeut sich so ein fundiertes Bild davon machen, wie ein Junge, 13 Jahre alt, sich ausgibig und mit Genuss in der Kunst übte, als phlegmatischer Schmarotzer in der Familie nur auf sein Wohl zu schauen und präzise darauf zu achten, dass er nirgends etwas für das Wohlergehen irgendeines anderen Familienmitglieds tat. Natürlich hatte er den Eindruck, schon viel zu viel für die Schule gearbeitet zu haben, wenn er knapp das Minimum an Hausaufgaben erledigt hatte. Dieser Junge war wirklich ein Lebenskünstler. Ab und zu leistete er sich einen gewaltigen Streich. So hatte er zur heiteren Erbauung der gesamten Schülerschaft auf dem Schulhof einmal einen Hydranten entfesselt. In der Pause verfolgten alle im Halbkreis versammelt – eine einmalige Gelegenheit –

mit grosser Spannung die verzweifelten Versuche des Schulhauswarts, diesen mehrere Meter hoch spritzenden Geysir zu bändigen. Sein Aussehen, in einer Regenmontur aufgeplustert wie ein Astronaut und dennoch klatschnass, sorgte für weitere Heiterkeit. Zum Glück für die Eltern war der Junge selbst für solche Taten zu faul, so dass sie nur selten vorkamen. Die Eltern waren aufgebracht und erschöpft zugleich, am Ende ihres Lateins, und mussten doch weiterhin täglich den bequemen Jungen für jede kleinste Tätigkeit anschieben. Sie waren etwa so erfolgreich damit wie mit dem Versuch, einen verrotteten, rostigen Oldtimer ohne Benzin im tiefsten Winter von Hand mit der Kurbel zum Anspringen zu bringen. Man kommt dabei immer ins Schwitzen und friert wenigstens nicht. Fahren wird man allerdings nie. – In den Einzelgesprächen war der Junge was das Reden anbelangt so faul wie zu Hause für alles andere. Mehr als die für seine Verhältnisse als ausführlich zu bezeichnenden drei Antworten „Ja", „Vielleicht" und „Ich weiss nicht" war aus ihm nicht herauszuholen, so freundlich und zugleich bemüht er sich zu geben versuchte. Es war schon eine grosse Leistung, dass er die drei Antworten innerhalb einer Stunde in verschiedenen Abfolgen geben konnte. Er unterhielt sich glänzend mit dem Therapeuten, wenn man das überhaupt so sagen kann. Er lachte jedenfalls viel. Aber es war auch klar, dass ihm die Konsultationen vor allem dazu dienten, der Schule fernzubleiben. Er hatte absolut keinen Grund, sein Verhalten zu ändern, weil seine Faulheit für ihn schon fast existenzerhaltend war.

So lud der Therapeut die Eltern ein und erklärte ihnen auf den Kopf zu, dass sie trotz seiner ernsthaften, intensiven Bemühungen unmöglich eine Veränderung an Toni festgestellt haben konnten. Er auch nicht. Zwar hätten sie sicherlich nach den Stunden Toni ausgefragt, in der Hoffnung, dass er hier endlich die wesentliche „Erleuchtung" haben werde und sich zu ändern gedenke. Aber welche Enttäuschung. Sie hätten kaum eine andere Auskunft erhalten als: „Ich weiss nicht." Sie lachten überrascht und bestätigten die Weissagungen des Therapeuten. Er führte ihnen mit szenischem Spiegeln vor, was zu Hause passierte:

> Die Mutter schöpft das Essen der Schwester. Toni hält wortlos seinen Teller dazwischen.
> (Innerlich kochend vor Wut, aber um Anstand bemüht) „Du kannst noch einen Moment warten, bitte. Du siehst doch, dass ich deiner Schwester gerade schöpfe. Ja?"
> „Na und? Das macht doch für dich keinen Unterschied aus, welchen Teller du zuerst füllst."
> (Den Gewinn von Toni spielend, wozu der Therapeut sich demonstrativ nach hinten lehnt, ein breites Lächeln bekommt, wie der feine Herr mit Anzug und Zigarre, der es gewohnt ist, bedient zu werden) „Wieso soll ich mich ändern? Für mich stimmt das Leben so. Ich bekomme ja, was ich will. Was wollt ihr denn mehr?"
> Schlussfolgerung: „Toni hat keinen Grund sich zu ändern. Er hat keine Probleme. Toni schafft *Ihnen* zwar Probleme. Das stört ihn aber nicht, weil für ihn alles bestens gelöst ist."

Von da an arbeitete der Therapeut mit Eltern und Sohn. Er führte ihnen vor, wie viel es brauchte, damit Toni bereit war, sich einer Anweisung von ihnen zu unterwerfen. Sein Bett sah wochenlang aus, wie ein aufgewühltes Rattennest, das von seinen Bewohnern fluchtartig verlassen worden war. Er hatte wahrscheinlich noch nie im Leben sein Bett selbst gemacht.

„Ich weiss gar nicht, ob du überhaupt weißt, wie man ein Bett macht. Wahrscheinlich hat dein Mami vergessen, dir zu zeigen, wie man das macht. Wie gemein."
(Lachend) „Nein, ich kann es schon."
„Nun gut, aber es gibt keinen Grund für dich, das Bett selber zu machen. Wozu auch? Es stört nur dein Mami und dein Papi, dass es nie gemacht ist. Und das kann dir doch egal sein, nicht wahr?"
(Toni nickt grinsend.)
„Es gibt natürlich Mamis und Papis, die sind sehr gemein. Die lassen ihre Kinder hart arbeiten, wenn die ihr Bett um 7 Uhr nicht sauber gemacht haben. Deine sind nicht so. Sei froh. Die sind viel zu nett für so etwas."
(Toni grinst weiterhin und schaut den Therapeuten erwartungsvoll an.)
„Die lassen ihr Kind einen ganzen Nachmittag hart arbeiten dafür. Es gibt Kinder, die müssen das Auto von Papi blitzblank waschen, oder das ganze Haus staubsaugen, bis jedes Stäubchen weg ist, für ihr Mami Berge von Wäsche waschen und danach noch alles bügeln. Furchtbar! (Therapeut hält eine imaginäre dreckige Unterhose zwischen den Fingerspitzen in die Höhe, verzieht das Gesicht) Huh. Wessen Unterhose ist das wohl? Das Zeug stinkt. Und von wem stammt diese wohl? (Lacht) Ist das nicht eine schöne Arbeit, mit der du dir die Langweile eines freien Nachmittags vertreiben könntest …?"
„Mir ist gar nicht langweilig."
„Nein, denn du kannst fernsehen. Gibt es Dinge, die du weniger gerne tust?"
„Schon."
„Was denn?"
(Mit überraschendem Eifer) „Den Keller aufräumen und putzen."
„Wäre das nicht eine wundervolle Idee, wenn du an deinem freien Nachmittag, wenn es so richtig schönes Wetter ist, anstatt baden zu gehen …
    Gehst du gerne baden?"
    (Begeistert) „Ja."
„Siehst du? Wenn du, anstatt mit deinen Kollegen ins Bad zu gehen, den Keller aufräumen und putzen dürftest, ganz allein, vier Stunden in diesem dunklen Loch? Wäre das nicht eine nette Abwechslung?"
„Nicht so."
„Nun, es könnte sein, dass dein Mami und dein Papi auf diese Idee kommen."
(Der Vater mischt sich ein) „Das würde der nicht tun. Er würde abhauen."
„Schlau bist du. Da können die rein gar nichts machen. Du haust ab und gehst einfach baden. Herrlich. Eine prima Idee. Ich muss sagen, du bist ein selten frecher Kerl, aber du setzt dich gegen Mami und Papi gut durch. Du bist stärker als sie … (denkt etwas nach) … Aber wenn sie sagen würden, dass es dich etwas kosten wird, wenn du abhaust. Sagen wir mal …
    Du verdienst doch schon ein nettes Taschengeld mit dem Austragen von Zeitungen. Zweimal pro Woche kannst du auf diese Weise für jeweils drei Stunden Arbeit etwas verdienen. So faul bist du doch nicht immer. Was willst du dir denn kaufen?"
    „Ein Töffli." (Mofa)
    „Gut, gut. Du sparst dafür. Ja, das ist eine tolle Sache so ein Töffli. Das *musst* du einfach haben."
„Nun, wenn sie dir das Geld für einmal Zeitungen austragen wieder abknöpfen würden. Dann könntest du etwas länger sparen. Würdest du dann im Keller bleiben und ihn aufräumen und putzen?"

Der Therapeut setzt den Dialog auf diese Weise fort, bis er ein klares Kriterium hat, welches Toni davon abhalten würde, von der Arbeit im Keller wegzulaufen. Es stellt sich heraus, dass er das erst tun würde, wenn die Eltern ihm das Geld von sechs Einsätzen für das Austragen von Zeitungen wieder wegnehmen würden! Also eine Summe, die er im Zeitraum von drei Wochen, resp. etwa 18 Arbeitsstunden verdient. Der Therapeut beendet die Konsultation etwa mit folgenden Worten:

> „Dein Mami und dein Papi haben das alles gehört jetzt. Aber ich glaube nicht, dass sie dich so hart plagen werden. Das wäre gemein, nicht wahr?"
> (Toni nickt.)
> „Sei froh. Du kommst wahrscheinlich noch einmal davon. Für dich wäre das alles gar nicht praktisch, hm?"
> (Toni nickt wieder.)
> „Aber schau sie an. Ist das nicht beruhigend? Die sehen so erschöpft aus von den vielen Kämpfen mit dir. Gar nicht so, als hätten sie Lust, dich hart dranzunehmen. (Zu den Eltern) Ich glaube nicht, dass Sie so etwas tun werden. (Seufzt, müde) Natürlich, Toni würde sich bestimmt beugen. Es würde gewiss helfen. (Wieder zuversichtlicher) Aber können Sie so gemein sein? Sagen Sie ‚Nein'!"
> (Die Eltern wirken verunsichert, zögern) „Vielleicht ist es nötig. Ich weiss nicht..."
> „Sehen Sie. Sie wissen nicht. Nein. Niemand kann so etwas von Ihnen verlangen. Ich erwarte es auch nicht. Was haben Sie gesagt? Sie müssten Toni immer schieben, schieben, schieben... Davon haben Sie genug. Das wäre an jenem freien Nachmittag doch auch so. Sie müssten ständig schauen. Also noch mehr Arbeit für Sie. Ausserdem ist das nicht ihr Stil. Sie sind nicht für die harte Tour. Dazu sind Sie einfach zu nett."

Nach diesem Gespräch verfassten die Eltern eine schriftliche Verfügung, ohne die sie Toni wiederum nicht dazu gebracht hätten, das zu tun, was sie von ihm verlangten. Danach machten sie erstmals die Erfahrung, dass sie ihn zur Kooperation bringen konnten. Natürlich hatte er das Bett um 7 Uhr nicht gemacht und hatte dann den Keller aufzuräumen und zu putzen. Nach diesem Nachmittag war er überraschend zufrieden und interessierte sich von da an von sich aus für Ordnung im Keller. Sie war ja sein Werk. Häufig zeigen Kinder diese Art Interesse schon das erste Mal, nachdem sie zur Kooperation gezwungen waren. Dies verblüfft Eltern meist, nachdem sie ihr Kind über Jahre ganz anders erlebt haben. – Der Name des Therapeuten bekam fortan innerhalb der Familie für Toni etwa die Funktion, welche ein Elektrozaun für Kühe hat. Wenn er sich nicht an Weisungen halten wollte, warnten ihn die Eltern, dass sie mit ihm wieder zum Therapeuten gehen würden. Sie hatten einen Elektrozaun um das freie Weideland der Kuh gebaut und konnten ihren netten Jungen immer mal mit einem kleinen Elektroschlag disziplinieren, wenn es ihn zu sehr auszubrechen gelüstete.

Ich erkläre es ihm doch immer wieder ... – Wenn Verleugnung dominiert

Eltern drängen manchmal rasch nach neuen Lösungen, ohne dass sie dem Therapeuten allzu viel erzählen wollen von ihren bisherigen Erziehungsmassnahmen. Oder er erfährt, dass das Einzige, was sie einsetzen, ominös nutzlose Erklärungen sind:

> „Ich weiss nicht, warum Hans es nicht kapiert. Ich erkläre es ihm doch immer wieder. Einmal ist er einfach erst um sieben nach Hause gekommen. Dabei hatte ich ihm doch gesagt, er soll um fünf wieder hier sein. Wir hatten Besuch an jenem Tag. Und ich wollte Hans dabeihaben. Und dann hat er auch noch ..."
>
> (Der Therapeut unterbricht, weil er ahnt, dass sonst eine dieser Lawinen losgehen wird: immer noch eine weitere Variante derselben Geschichte. Schnee, Schnee, Schnee ...)
>
> „Wahrscheinlich hatte Hans überhaupt keine Lust auf diesen langweiligen Besuch."
> „Aber das geht doch nicht. Er kann doch nicht einfach tun, was er will."
> „Oh doch. Es funktioniert."
> „Also da bin ich nicht einverstanden."
> „Natürlich nicht. Es ist nicht in Ordnung."
> „Also, was soll ich dann tun?"
> „Sie tun ja etwas. Sie erklären es ihm ja. Das ist doch in Ordnung."
> „Aber es wirkt nicht. Sagen *Sie* mir doch, was ich tun soll."
> „Ich weiss nicht, ob *Sie* etwas anderes tun können. Ich weiss nicht, ob Sie schon dazu bereit sind."
> „Natürlich bin ich das. Deshalb bin ich hergekommen."
> „Nun ja. Das sagen alle. Dann gebe ich ihnen einen Tipp. Und dann gehen die nach Hause und vergessen alles. Und es nützt nichts. Gerade wie mit dem Erklären."
> „Es kann einfach nicht weitergehen so. Es muss etwas passieren. Ich will mich ändern. Ich muss."
> „Gut. Ich kann Ihnen sagen, was andere Eltern tun, bei denen es besser geht. Aber ich weiss nicht, ob *Sie* das auch können. Vielleicht werden Sie danach sagen: ‚Also so gemein kann ich nicht sein.' Wissen Sie, Sie sind vielleicht der Typ des lieben Mami. Das ist doch gut so. Sie können einfach nicht bös sein. Sie haben ein viel zu gutes Herz."
> „Ach was. Nein ... (zögernd) oder vielleicht doch. Sie haben schon recht. Aber ich muss halt einfach bös sein."

Der Therapeut fängt an, von einem passenden anderen Fall zu erzählen. Zum Beispiel kann er vom vorangehend dargestellten Fall – selbstverständlich wegen der Schweigepflicht mit so abgeänderten Details, dass eine Identifikation unmöglich ist – mit dem Elektrozaun sprechen, der 13 Jahre alt war, also 4 Jahre älter als der Sohn der Klientin, die jetzt bei ihm sitzt. Er erzählt von den Nöten seiner Eltern und davon, wie praktisch der Junge es sich bei denen auf ihre Kosten eingerichtet hatte. Und er spielt ihr vor, wie er dem Jungen entlockt hatte, welche Konsequenzen ihn beeindrucken würden und welche nicht:

> (Entsetzt) „Ich will nicht, dass Hans sich mit 13 so verhält."
> „Nein. Gott behüte. Das wäre schrecklich."
> „Aber es könnte soweit kommen."
> „Da haben Sie recht. Beunruhigend, aber wahr. Das ist schon möglich."

„Also, ich muss etwas tun. Wissen Sie, ich habe kürzlich etwas gemacht. Hans sollte ins Fussballtraining gehen. Wir waren in der Badanstalt. Ich sage zu ihm: ‚Komm. Es ist Zeit zum gehen.' Da springt er ins Wasser. Da habe ich gedacht: ‚So, es reicht.' Ich hab meine Sachen genommen und bin nach Hause. ‚Soll er doch selber schauen, wie er dorthin kommt.' Zehn Minuten später stand er mit seinen Sachen tropfnass im Garten. Aber ich habe zu ihm nur gesagt: ‚Du kannst selber schauen, wie du auf den Fussballplatz kommst.' Es ist weit, wissen Sie. Normalerweise fahre ich ihn mit dem Auto hin. Er war wütend."
(Echt erfreut) „Prima. Das hat gewirkt. Und wie rasch." (Bekommt plötzlich Bedenken, leiser) „Haben Sie nicht ein schlechtes Gewissen bekommen? (Übertreibend) Hoffentlich haben Sie ein schlechtes Gewissen gehabt. Das wäre doch normal."
„Nein."
(Gespielt und betont übertreibend) „Ach was. Können Sie so gemein sein? Sie waren doch eine richtige, böse Hexe an jenem Nachmittag."
„Sie haben recht. Ich habe noch eine Stunde lang unruhig gedacht, ob ich nicht doch das Auto hervorholen und Hans hinbringen soll."
(Triumphierend) „Sehen Sie. Ich habe es doch gedacht. Das passt einfach nicht zu Ihnen. So eine böse und gemeine Mami können Sie nicht sein. Hören Sie auf. Erklären ist doch besser."
„N E I N! Es nützt ja nichts. Es ist schon recht. Ich muss halt einfach strenger sein zu ihm."
„Gut also. Aber Sie können nicht *so* brutal sein, dass Sie Hans einen ganzen Nachmittag lang auf den Knien herumrutschen und Unkraut jäten lassen."
„Arbeiten ist schon recht."
(Erneut gespielt übertreibend) „Das ist doch perfid. Hans jätet an der brütenden Sonne Unkraut und leidet, während Sie daneben vergnüglich den Rasen mähen. Etwas, was *er* sehr gerne machen würde."
„Er macht es mir ja auch schwer im Leben."
„Gut, aber er ist ein Kind."
„Natürlich. Aber manchmal haut er mich einfach übers Ohr. Und das geht nicht. Ich will nicht, dass er mit 13 so ist wie der andere. Er macht schon jetzt sehr viele Schwierigkeiten."

In kurzer Zeit spielt der Therapeut der Klientin Probleme anderer Eltern vor, ein Lösungsmuster und verschiedene Positionen, z.T. in verzerrter Weise, welche sie einnehmen kann oder auch nicht. Der spielerische Ton, die Übertreibungen in kritischen Momenten signalisieren, dass der Therapeut sie nicht rügt, sondern herausfordert, die zu ihr passenden Überzeugungen zu finden. Sie hat ja bereits vor diesem Erstgespräch neue, strengere Lösungen erprobt. Ob diese zu ihr passen, ist jetzt die Frage. Ihre Antworten signalisieren, dass sie daran ist, die Frage zu klären. Therapeut und Klientin haben manches Mal gelacht, während die Klientin zugleich seriöse Arbeit leistete.

7.2.2 Inadäquate Lösungen vorschlagen

Wo Berater normalerweise vernünftige Lösungen vorschlagen, wie es den Erwartungen des Klienten entspricht, frustriert der Therapeut ihn, wenn er mit den Methoden der „Provocative Therapy" arbeitet. Anstatt vernünftiger Lösungen bietet er inadäquate oder verrückte Lösungen an. Worin aber liegt der Sinn dieser Intervention? Und woher nimmt der Therapeut das Material für unvernünftige Lösungen?

Häufig fragen Klienten zu einem Zeitpunkt nach besseren Lösungen, an dem sie noch nicht fähig sind, solche auch zu übernehmen. Sie wollen andere Lösungen, sind aber in einem Gefüge von Überzeugungen gefangen, welches ihnen nur gerade diese Möglichkeiten erlaubt, die sie tatsächlich benutzen. Wenn der Therapeut bessere Lösungen vorschlägt und vorführt, dann weckt er Widerstand beim Klienten, denn sie können ihn nicht verstehen. Und das bekommt er manchmal auf schmerzhafte Weise in Form von Angriffen zu spüren. Der Therapeut unterstützt und übernimmt mit vernünftigen und sinnvollen Lösungen den positiven Teil eines Konfliktes und verstärkt so beim Klienten gerade die negative Seite seines Dilemmas.

Dies bestärkt ihn in der Rolle des Schwachen, Passiven, Versagers und Unfähigen. Wenn nun der Therapeut anfängt anstatt vernünftiger Lösungen unvernünftige anzubieten, sabotiert er systematisch das Spiel des wissenden, grossen Helfers und des hilflosen, kleinen Klienten. Auf diese Weise ist bei ihm also nichts zu holen. Eher schon muss der Klient jetzt etwas tun, um dem Gespräch eine Wendung zum Vernünftigen zu geben. Wenn der Therapeut unvernünftigere Lösungen vorschlägt als die, welche der Klient verwendet, dann wertet dies den Klienten auf verdeckte Weise auf, weil er für den Moment weniger verrückt ist. In seiner Arbeit in psychiatrischen Kliniken hat Farrelly direkt darauf hingearbeitet, dass Patienten ihm sagten, er sei noch verrückter als sie.

Peter Hain zitiert Farrelly dazu aus einem Gespräch: *„Ich werde Ihnen einen guten Rat geben*, sage er dann und biete ‚verrückte Lösungen' an, *die sie herausfordern und dazu provozieren, selbst passendere und ihrer eigenen Überzeugung entsprechende zu entwickeln."*[38]

Verrückte Lösungen zu empfehlen ist auch im Kontext der Übertragung gut zu verstehen. Der Klient verhält sich inadäquat und schiebt die Rolle, adäquate Lösungen zu entwickeln, dem Therapeuten zu. So hat der Klient selbst nichts dazu zu tun, um adäquatere Lösungen zu entwickeln. Wenn der Therapeut inadäquate Lösungen entwickelt, dann verweigert er die ihm übertragene Rolle und schiebt sie dem Klienten wieder zu.

Am Anfang der Arbeit mit „Provocative Therapy" spürt der Therapeut vielleicht Widerstand, einem Klienten verrückte Lösungen vorzuschlagen. Das kann mit seinen Vorstellungen zusammenhängen, die er sich von seinem Klienten macht. Sieht er den Klienten als hilflosen und unfähigen Menschen an, ist es tatsächlich gemein, ihm absurde Lösungen vorzuschlagen. Sieht er ihn als jemanden, der seine Fähigkeiten aus welchen Gründen auch immer brach liegen lässt und inadäquaten Verhaltensweisen deshalb den Vorzug gibt, dann

---

38 Hain, Peter: *Das Geheimnis therapeutischer Wirkung.* Carl Auer, Heidelberg 2001, S. 66

ist es immerhin eine Antwort auf der gleichen Ebene. Und eine Grundannahme in der „Provocative Therapy" ist gerade, dass die wenig brauchbaren Lösungen eines Klienten nicht Ausdruck mangelnder Kompetenz sind, sondern bedeuten, dass er inadäquaten Lösungen den Vorzug gibt. Und dafür wird er seine guten Gründe haben! Anstatt den Klienten als unfähig zu sehen, nimmt ihn der Therapeut in der „Provocative Therapy" auch mit seinen unvernünftigen Lösungen so ernst es halt geht. – Das am häufigsten vorgebrachte Dilemma in der Erziehungsberatung lautet wie schon weiter oben dargestellt:

„Ich erkläre es ihm immer wieder, ..."  „... aber es nützt nichts."

Die Nummer eins der inadäquaten Lösungen in der Erziehungsberatung ist so verbreitet, dass der Therapeut in kurzer Zeit eine Anzahl Argumente zu hören bekommen kann, welche die „Richtigkeit" dieser Massnahme untermauern:

➤ „Ich kann doch nicht nichts sagen."
➤ „Ich will das Kind nicht schlagen."
➤ „Ich bin der Typ zum Reden, nicht der Typ zum Handeln."
➤ „Ich weiss, dass ich ihm etwas Wichtiges sage, auch wenn es nicht zuhört."
➤ „Jemand muss es ihm erklären."
➤ „Vielleicht wird es sich später erinnern und besser verstehen. Auch wenn es jetzt nicht hinhört."
➤ „Ich will mir nie vorwerfen müssen, ich hätte nicht alles versucht."

Wenn Eltern nun über ein beliebiges Verhalten ihres Kindes klagen, kann der Therapeut das Erklären als Lösung von sich aus vorschlagen. Es handelt sich immerhin um eine Lösung, welche *alle* Eltern gebrauchen. Wenn *er* als erster mit dieser Lösung kommt, gewinnt er Vorsprung und rennt offene Türen ein.

> „Wenn Toni Ihnen nicht gehorcht und den Tisch nicht decken will, dann müssen Sie ihm dies halt einmal erklären."
> „Das tun wir ja schon, aber Toni hört eben nicht zu."
> „Gut. Aber Sie können nicht einfach schweigen."
> „Nein natürlich nicht. Er muss doch lernen, dass er auch mithelfen muss. Aber er will nicht."
> „Genau deshalb sagen Sie es ihm immer wieder. Das ist nötig."

Indem der Therapeut diese nutzlose Lösung vorschlägt, erwischt er mehrere Fliegen auf einen Schlag:

1. Da fast alle Eltern sagen müssen, dass sie dies bereits tun, bekommen sie durch den Rat des Therapeuten eine implizite Bestätigung, etwas zu tun, was zumindest verständlich wenn nicht sogar das Richtige ist. Das ist gut für die Beziehung von Therapeut und Klient.

2. Wenn die Eltern den fehlenden Nutzen erwähnen, kann der Therapeut anfangen alle Argumente anzuführen, welche Eltern normalerweise gebrauchen, um das Erklären zu begründen.

3. Damit werden die Eltern in die Lage manövriert, mehr und mehr den fehlenden Nutzen zu betonen. Das motiviert sie weit mehr zu einer Verhaltensänderung, als wenn der Therapeut ihnen dies unter die Nase reibt.

Der Therapeut kehrt das Spiel von Anfang an so, dass er die unvernünftige Argumentation übernimmt, so dass der Klient die Seite der Vernunft übernehmen kann.

Der Autor hat manches Mal im Ärger über diese immer gleiche und sinnlose Erklärungsmanie betont nach dem Nutzen von Erklärungen gefragt. Das ist *keine* Intervention der „Provocative Therapy"! Sondern ein Widerstand des Therapeuten, sich auf die Realität des Klienten einzulassen. Selbst wenn eine solche Feststellung provozierend wirken mag, ist sie keine Provokation im Sinne der „Provocative Therapy", weil sie den vernünftigen und positiven Aspekt des Konfliktes des Klienten unterstützt. Sie meint nämlich so etwas wie: „Schau doch mal genauer auf die Wirkung deines Tuns, du Blödmann!" So etwas löst Unmut aus, weil der Therapeut kritisiert. Überdies spürt der Klient dessen verdeckten Ärger und fühlt sich mit Grund abgelehnt. Interventionen im Sinne der „Provocative Therapy" entstehen nie daraus, dass der Therapeut seinen Ärger und Ablehnung einer Äusserung, die er als hoffnungslos unvernünftig und krankhaft taxiert, einfach abreagiert. Der Nährboden für Interventionen der „Provocative Therapy" ist ein ganz anderer. Er enthält Anteilnahme für das Individuum und so etwas wie faszinierte Begeisterung für dessen verrückte Lösungen – je verrückter desto besser – und für die Motive, welche notwendig sind, um solch inadäquate Verhaltensweisen überhaupt entwickeln und beibehalten zu können.

Ein Beispiel dafür, wie der Therapeut nutzloses Erklären verzerren kann, indem er schwärmend eine zunehmende Begeisterung dafür entwickelt:

> „Dieses Vorgehen ist sooo beliebt. Sie müssen selbst die besten Erinnerungen haben an diese Momente, als Ihre Eltern Sie zur Seite nahmen, Ihnen eindringlich, ausführlich und lange erklärten, wie Sie sich zu benehmen hatten. Ja, ich sehe das bezaubernd dankbare Lächeln auf dem rosigen Gesicht, welches Sie als Kind hatten, während Sie andächtig den Worten der Eltern lauschten. Die waren so geduldig und liebevoll und nahmen sich all die Zeit, Ihnen dies zu erklären. Das hat vielleicht gewirkt. Das war *die* Methode, Sie zu erziehen. Sie waren einsichtig und gehorchten verständig nach solchen Reden. – (geringschätzig) Nicht wie Ihr Toni. – Wahrscheinlich halten Sie diese Momente noch heute dankbar in Ihrem Gedächtnis."

Verrückte Lösungen braucht der Therapeut gar nicht zu erfinden. Der Alltag des Erziehungsberaters ist voll davon. Es reicht, wenn der Therapeut diesen genau beobachtet. Meist, wenn er sich gedrängt fühlt, einen vernünftigen Vorschlag vorzubringen, ist er gerade daran, eine Vorgehensweise der Eltern korrigieren zu wollen, die *ihm* unvernünftig erscheint. Häufig erscheint diese nämlich *nur* ihm unvernünftig. Den Eltern ist sie selbstverständlich, denn es ist im Moment das Beste, was sie tun können. Verrückte Lösungen sind nichts anderes als die Sammlung von inadäquaten Lösungen, welche der Therapeut über die Jahre bei seinen Klienten beobachten kann. Je mehr er davon kennt, desto virtuoser kann er sie zur Sprache bringen, am besten noch bevor der Klient sie ausgesprochen hat. Nachfolgend die gebräuchlichsten und beliebtesten inadäquaten Lösungen neben nutzlosem Erklären und Reden:

- Nichts tun und auf bessere Zeiten warten, welche sich durch natürliches Wachstum und Reifung hoffentlich irgendwann in ferner, ferner Zukunft einstellen werden.
- Die erzieherische Arbeit einfach anderen überlassen, denn die könnten ja auch einmal etwas tun.
- Belohnungen, viele Belohungen, plan- und masslos, womöglich im Voraus (Warum nicht dem Toni jetzt noch schnell ein Auto schenken, damit er doch noch etwas auf die Lehrabschlussprüfung lernt?). Belohnungen für nichts, z.B. für leere Versprechungen, so in der Art, wie Trostpreise verliehen werden: „Er hat doch wenigstens eine gute Absicht gezeigt."
- Nachgeben, wenn das Kind die Regeln in Frage stellt. Sich verführen lassen, für Regeln tausend Ausnahmen zu machen. Die Hausaufgaben kann es bei dem schönen Wetter z.B. ruhig zu einem späteren Zeitpunkt erledigen. Einem, an dem es sie sowieso nicht mehr machen wird! – Jedenfalls immer Bereitschaft zu einer Diskussion über Regeln zeigen. Das kann sich zu einer netten Freizeitbeschäftigung auswachsen und dient dem Kind als Übung im Argumentieren.
- Kindern immer sofort Aufmerksamkeit schenken. Das ist ihr unbedingtes Recht.
- Alle Wünsche erfüllen: Fernsehen, Computerspiele, Gameboy, Playstation ... so viel wie möglich und zu jeder Zeit.
- Kindern alle Schwierigkeiten aus dem Weg räumen und keine Forderungen an sie stellen, also z.B. keine Mitarbeit im Haushalt verlangen. Sie haben heutzutage sowieso schon ein überladenes (Freizeit-)Programm. Hausarbeit ist alleinige Pflicht der Eltern. Sowieso gilt: Eltern haben Pflichten, Kinder haben Rechte.
- Missetaten herunterspielen und sich nicht weiter wundern, wenn Kinder auf unerklärliche Weise plötzlich viel Geld haben oder über teure Spielsachen unbekannter Herkunft verfügen. Am besten glaube man die Erklärungen, dass diese Sachen von einem Kollegen geschenkt wurden. Das ist heute normal.
- Endlose, zermürbende Diskussionen, Wortgefechte oder Streitereien ohne greifbare Ergebnisse oder Entscheidungen. Wie gut, wenigstens in der Erziehung nicht unter diesem Druck zu stehen, greifbare Resultate erbringen zu müssen.
- Anschreien und Schimpftiraden pflegen nebenher auch die Stimmbildung.
- Verfolgungsjagden hinter dem Kind durch die Wohnung kräftigen die Muskeln aller Beteiligter.
- Schlagen.

Im folgenden Beispiel rät der Therapeut Eltern zu Passivität, erwähnt nebenbei reale Risiken und malt mögliche Zukunftsszenarien aus:

> „Warten! Geduldig warten. Denn vielleicht versteht Toni irgendwann einmal, ‚fällt der Zwanziger endlich runter' und Einsicht ist plötzlich da. Gut Ding will Weile haben. Mittlerweile stellen Sie fest, dass das Unheil sich zwar vergrössert. Erst waren es gelegentlich unanständige Worte Ihnen gegenüber. Dann folgten immer mehr Reklamationen aus der Schule wegen unartigen Benehmens. Jetzt ist der Respekt Ihnen gegenüber schon vollkommen dahin, und Toni kommt und geht, wann es ihm passt und bedient sich mit allem selbst ... (jetzt fröhlich und zuversichtlich) Nun es braucht nicht gleich zum Schlimmsten zu kommen, wie ich es in anderen, ähnlichen Fällen schon gesehen habe, z.B. dass Ihre Kontokarte eines Tages unauffindbar ist und Sie am Ende des Monats feststellen, dass da ein paar Tausender fehlen, um die Sie von Ihrem Goldschatz erleichtert worden sind. Vom Geld ist dann kein Rappen mehr da. (Vertraulich werdend) Ich kann Ihnen sagen, die Eltern sind dann jeweils froh, wenn es das eigene Geld war und nicht eine Ladenkasse oder eine alte Frau, die auf der Strasse überfallen worden ist. Wegen der Lehrstelle und dem Ruf natürlich. Deshalb schalten sie nie die Polizei ein. Ja das gibt es. Ich kenne einige solche Fälle. (übertrieben optimistisch) Aber bei Ihnen wird sich schon noch alles von selbst einrenken. Schliesslich wird Toni grösser und reifer. Ein beruhigender Gedanke, nicht wahr? In seinem Alter ist sein Benehmen doch eigentlich ganz normal und verzeihlich."

Zum Schluss ein Beispiel dafür, wie der Therapeut in kurzer Zeit einer Mutter und ihrem Sohn eine Reihe absurder Lösungen vorgeschlagen hat. Die Mutter hatte sich über die Unordnung im Zimmer von Toni und die daraus folgenden Streitigkeiten beschwert. Es war die Mutter, die im Verlauf des Gesprächs schliesslich auf eine adäquate Lösung hinwies, aber auch darauf, dass sie diese nicht anwenden mochte.

Therapeut: Wenn du nach Hause kommst, sagt deine Mami, lässt du deine Schuhe irgendwo liegen ... Was? Nein. Du kannst einen unter den Backofen schieben und den anderen neben deine Zahnbürste deponieren.
Toni: Nein. Ich habe beide irgendwo in mein Zimmer getan.
Therapeut: Potz, das ist ja schon mächtig viel Ordnung.
Mutter: Ja. Und wer hat sie dann gefunden? Du hast ja nicht mehr gewusst wo sie sind.
Therapeut: Gute Idee. Du versteckst sie in deinem Zimmer wie Ostereier. Und Mami kann sie suchen gehen. Das macht ihr bestimmt Spass.
Mutter: Das ist mühsam. Wenn ich dir einen Gutnachtkuss geben will, muss ich immer über all das Zeug steigen.
Therapeut: Sie könnten zum Fernkuss übergehen. Unter der Tür können Sie ... (Therapeut spielt vor, wie die Mutter Toni ihren Kuss durch die Luft zuhauchen kann).
Toni: Ich könnte dir einen Pfad machen, dass du besser zu meinem Bett kommst.
Therapeut: Hast du schon daran gedacht, wie du deinen Schlampenladen noch vergrössern könntest? Und dann schaufelst du ihn zu einem Berg und legst eine Leiter darüber ... (Mit einem Blick zur Mutter, die nicht eben als dünn bezeichnet werden kann) ... das

verschafft deiner Mami etwas Bewegung. Das ist gesund und tut ihr bestimmt gut. Was meinst du?
Mutter: Er kann schon Ordnung machen. Einmal hat sein Onkel ihn eingeladen, unter der Bedingung, dass Toni zuvor sein Zimmer aufräumt. Da war sofort aufgeräumt.
Therapeut: Aua. Hoffentlich merkt deine Mami den Trick nicht, den dein Onkel kennt. Uuh. Das ist gar nicht lustig. Ich kenne da Mamis, die machen das die ganze Zeit so.
Mutter: Nein. Ich will das nicht so machen. Ich möchte ihm nicht immer sagen: ‚Also, wenn du das nicht endlich machst, dann werde ich ...'

Inadäquate Lösungen zu unterstützen und vorzuschlagen ist eine Möglichkeit. Die andere ist, absurde Erklärungen anzubieten anstatt vernünftiger Überlegungen. Einem Vater, der auf Lernschwierigkeiten seines Sohnes verständnislos und mit grosser Wut reagiert, kann der Therapeut erklären, dass der Sohn vielleicht deswegen nicht lernt, weil er aus lauter Bewunderung vor den starken Aufführungen des Vater erstarre. Dies ist vollkommen verrückt und hat Effekte auf mehreren Ebenen. Wenn der Therapeut von der Bewunderung des Sohnes in diesem Kontext redet, spricht er etwas aus, was der Vater sich wahrscheinlich wünscht. Aber es ist absurd, es nach seinem Verhalten noch zu wünschen. Das Verhalten des Vaters ist inadäquat, weil er seinen Sohn mit der demonstrierten Haltung nie zum Lernen motivieren wird. Vielmehr erreicht er das genaue Gegenteil, von dem was er möchte. Die dem Sohn zugeschriebene Erstarrung ist sehr real und hat natürlich eine ganz andere Bedeutung, von welcher der Vater lieber nichts wissen möchte, weil er Mitverursacher der Schwierigkeiten wider Willen ist.

Milton H. Erickson bietet Erklärungen für die Wirksamkeit einer solchen Intervention. Meist reagieren Klienten auf eine derart hintergründige Aussage mit Lachen einerseits und Verwirrung andrerseits. Lachen lockert die im Moment spannungsgeladene Beziehung und schafft Kontakt. Verwirrung ist Anzeichen eines leichten hypnotischen Zustandes, der gerade durch die widersprüchlichen Aussagen und die Absurdität der Erklärung induziert wird. Der hypnotische Zustand schafft günstige Voraussetzungen für persönliche Veränderung. Der Vater hat, den Sohn anklagend, deutlich Projektion und Verleugnung verwendet, um sich gegen Einsichten in mögliche Wirkungen seines Verhaltens zu wehren. Gerade damit will ihn der Therapeut jetzt konfrontieren. Dies *muss* den Widerstand des Vaters wecken. Deshalb bietet der Therapeut anstatt der erwarteten, sinnvollen Erklärung eine idiotische an. Die Erklärung ist so absurd, dass sie mit Bestimmtheit Widerspruch auslösen wird. Der Therapeut setzt die idiotische Erklärung gerade dafür ein, dass der Vater seinen Widerstand auf etwas anderes richten muss. Der Therapeut gibt dem Widerstand eine neue Richtung. Danach fällt es dem Vater leichter zu akzeptieren, dass er mit seinem wenig einfühlsamen Verhalten dem Sohn alles andere als eine Hilfe ist, ohne dass der Therapeut dies explizit zu sagen braucht. Gerade in Beratungen und kurzen Therapien ist ein solches Instrument hilfreich, welches rasch Einsicht auch in delikaten Situationen ermöglicht.

7.2.3 Einfühlung trainieren und Ausdruck von Gefühlen unterstützen

Um diese Ziele zu erreichen, mischt sich der Therapeut schnell und wiederholt in die Verständigung zwischen Eltern und Kind, wenn er beobachtet, dass irgendein Beteiligter etwas übergeht, verleugnet oder sonst wie „aussteigt". Er wirkt darauf hin, dass jeder seine Gefühle zum Ausdruck bringen kann. Er achtet während der ganzen Zeit in erster Linie auf das affektive Erleben aller Beteiligten. Vielfach wird er stellvertretend für einen Beteiligten dessen Erleben in Worte fassen. So wirkt er als Modell und erleichtert den Ausdruck von Gefühlen. Er kann auch kurze und rasche Positions- oder Rollenwechsel bei den Klienten veranlassen. Dies ist ein aktiver und intensiver Prozess für den Therapeuten. Die ganze Zeit über sitzt er mit offenen Augen und Ohren mitten in der Familie und macht in der Regel nur ganz kurze Interventionen, damit die Beteiligten sich ihrerseits alle aktiv am Geschehen beteiligen können.

Beispielsweise unterbricht er eine langatmige Rede eines Vaters, sobald ein Kind „einschläft". Um seine Wahrnehmung nach aussen zu lenken und zu unterstützen, sagt er zum Vater z.B.: „Schauen Sie jetzt, was Ihre Worte für einen netten Effekt bei Susi erzeugen!" (wenn sie den glasigen Blick bekommt) Sobald der Vater schweigt und das Kind anschaut, wendet er sich an das Kind. Um Einfühlung beim Vater und den Ausdruck von Gefühlen beim Kind zu fördern, sagt er z.B.: „Das findest du alles furchtbar langweilig, nicht wahr?" – Der Therapeut unterbricht alte Routinen in der Familie und bringt alle Beteiligten auf neue Weise in Kontakt miteinander.

Wenn ein Kind sich im Behandlungsraum gegenüber einem Elternteil unverschämt benimmt, beobachtet der Therapeut die Reaktion. Übergeht dieser das Verhalten, interveniert er sofort. Meist ist nonverbal eine Reaktion zu beobachten, die auf Verärgerung hinweist. Wenn der Elternteil dieses Gefühl übergeht, ist dies Ausdruck einer Inkongruenz. Der Therapeut interveniert:

> (Zum Elternteil) „Das macht Ihnen nichts aus. So etwas kann Sie nicht ärgern."
> „Doch natürlich. Aber was bringt es, wenn ich das sage?"
> (Zum Kind) „Du hast deine Mami böse gemacht. Du wolltest Deine Mami böse machen."
> „Nein."
> „Doch. Eben hast du sie böse gemacht."
> (Mutter dazwischenredend) „Es stimmt. Ich bin wütend geworden."
> „Siehst du. Du wolltest, dass sie wütend wird."
> „Nein. Ich will das nicht wirklich."

Der Protest des Kindes ist Ausdruck einer weiteren Inkongruenz. Das Kind macht den Elternteil mit seinem unverschämten Benehmen wütend, behauptet aber, dies nicht zu wollen. Da das Kind protestiert, beharrt der Therapeut darauf, dass es den Elternteil wütend machen wollte. Es hat ja diese Wirkung erzeugt. Erstens kann das Kind sich bewusster werden, wann und wie es den Elternteil wütend macht. Zweitens kann es reflektieren, ob es ihn in Zukunft wütend machen will. Sein Protest stärkt seinen eigenen Widerstand gegen unverschämte Verhaltensweisen. – Vielleicht hat es gute Gründe dafür, die Eltern wütend zu machen. Dann kann es diese hier zur Sprache bringen. Wenn der Elternteil den Ausdruck seiner Verärgerung unterdrückt, ist es für das Kind natürlich nicht immer einfach, die Konsequenz richtig einzuschätzen.

Bei dieser Arbeitsweise hat der Therapeut zwei Möglichkeiten mit Identifikationen umzugehen:

➤ Direkte Identifizierung mit einem Beteiligten: „Natürlich hat Toni sich wieder nicht genügend auf die Prüfung vorbereitet. Typisch. Da werden Sie einfach wütend. Da explodieren Sie. Das ist doch klar. Er will ja nie auf Sie hören."
➤ Identifizierung eines Beteiligten mit einem anderen. Im folgenden Beispiel wird der Elternteil mit einem Kind identifiziert. „Wenn Sie als Kind mit etwas nicht zurechtkamen und versagten, war es genau das, was Sie brauchten. Jemand musste explodieren, Vater oder Mutter. Das gab Ihnen endlich den Schub, den Sie gebraucht haben, damit es wieder vorwärts gehen konnte mit Ihnen."

Mit diesem Vorgehen unterstützt der Therapeut Eltern und Kind, automatisierte Verhaltensmuster bewusster wahrzunehmen, die sie zuvor verleugnet hatten. Nachdem er dies einige Zeit getan hat, werden die Beteiligten ein gewisses Mass an Bewusstheit erlangt haben. Dennoch werden sie ein Muster weiter wiederholen, weil es zur Gewohnheit geworden ist. Um das Muster dauerhafter zu beeinflussen, wird der Therapeut sein Vorgehen jetzt ändern und anfangen, die Beteiligten anzufeuern, sobald sie mit ihrem Muster wieder anfangen. Das bedeutet es, die negative Seite von Inkongruenzen zu verstärken. Er wird sich z.B. dafür begeistern, dass die Eltern jetzt einmal eine wirklich lange Rede halten, und ihnen empfehlen, jeden Blickkontakt mit dem Kind zu vermeiden, damit sie ungestört ihren Gedanken nachhängen und endlich ein druckreife Fassung aus dem Stegreif produzieren können. Das wird wenigstens ihrer eigenen Begeisterung dienen. Er kann ihnen auch anbieten, das Gespräch auf Tonband aufzunehmen, damit alle – insbesondere die Kinder – sie später wieder hören können, wenn sie Lust darauf haben. Den Kindern wird er raten, sich noch lässiger in den Stuhl zu legen, vielleicht auch mal auf den Boden, weil es diesmal ewig lang dauern werde. Vielleicht so lange, dass sie einschlafen würden. Warum nicht sogar die Augen schliessen. Träume sind dann viel bunter und lebhafter.

7.2.4 Szenisches Spiegeln von Verhaltens- und Interaktionsmustern

Anstatt sich innerhalb des Familiengesprächs jeweils kurz mit einer Position zu identifizieren und rasch zwischen den verschiedenen Positionen zu wechseln, kann der Therapeut etwas aus dem Geschehen heraustreten und ganze Szenen kurz vorspielen, die er zwischen Eltern und Kind beobachtet, aus dem Gespräch mit den Eltern eruiert hat oder vermutet.

Er schlüpft in die verschiedenen Rollen und gibt Klienten dramatisierend und übertreibend auf allen Sinnesebenen einen direkten Spiegel über ihre Art zu kommunizieren. Während er sich mit dem Kind identifiziert, kann der Therapeut mögliche Erlebnisse des Kindes in Worte fassen, wie ein Kind dies nicht kann. Das ist eine Übersetzungshilfe für die Eltern und erleichtert ihnen Verständnis. Da der Therapeut sofort wieder in die Position der Eltern wechselt, fühlen auch sie sich verstanden. Dramatisierung und Übertreibung ermöglichen Humor. Übertreibung erlaubt auch Distanzierung, wenn Klienten kommentieren: „Also so schlimm ist es doch nicht!" oder: „So bin ich nicht!" Dies ist Ausdruck von Differenzierung.

Er kann auch innere Szenen eines Menschen wiedergeben. Im folgenden Beispiel versucht er in Gegenwart der Eltern herauszubekommen, was in einem fünf Jahre alten Buben vorgeht, welcher im Kindergarten andere Kinder schlägt, auch wenn er selbst nicht angegriffen worden ist. Im Unterschied zu Erwachsenen ist seine Fähigkeit, Gedankenabläufe in Worte zu fassen, noch kaum entwickelt. Immerhin werden zwei Positionen sichtbar: der Held und der Vergessliche:

> „Du bist stark. Zeig mir mal deine Muskeln."
> Der Junge steht auf und lässt die Oberarmmuskeln spielen.
> „Zeig mal. Ich will das genau sehen."
> Der Junge hält seinen Arm dem Therapeuten entgegen, der die Muskeln anerkennend befühlt.
> (Mit frischer Stimme, aufrechter Köperhaltung) „Gut, die sind stark. Und du bist ein grosser Junge in deiner Gruppe. Das macht doch einfach Spass, einen anderen zusammenzuschlagen."
> Der Junge nickt zwar, aber ohne Freude zu zeigen. Im Gegensatz zu den meisten anderen Jungen wirkt er nicht stolz, sondern merkwürdigerweise fast bekümmert.
> (Verwundert) „Ja, macht dir das keinen Spass? (Wieder frisch und aufrecht) Buben wollen doch zeigen, dass sie was können und stark sind. Das kannst du gut. Willst du nicht stark sein?"
> (Etwas kläglich) „Doch schon. (Leise) Ich vergesse es halt immer wieder."
> (Enttäuschung in der Stimme) „Ah. Du vergisst immer wieder, dass du ein Starker bist?" (Mit der kläglichen Stimme des Jungen) „Und dann musst du dich immer wieder daran erinnern, wie stark du bist, indem du andere herumstösst?"

Ein Beispiel, in dem der Therapeut Eltern ein Ereignis aus ihrer Beziehung spiegelt:

> Zur Frau: „Nun, wenn Sie wieder einmal das Gefühl haben, dass er alle erzieherischen Aufgaben an Sie delegiert hat und Sie alle Streitereien unter den Kindern alleine haben lösen müssen ... und jetzt sollen Sie, spät nachts, wenn Sie weiss ich wie müde sind, jetzt sollen Sie ihm noch eine Fussreflexzonenmassage geben. Und wer weiss, was er dann auch noch haben möchte ... Uff! Dann können Sie ja ... (Berater spielt die mit ihren Daumen und Fingern heftig knetende Frau) ... bis er ...
> ‚Au. Au.'
> ‚Tut es etwas weh, Schatz?'
> ‚Huh. Hör auf. Nicht so fest!'

(heftiger knetend) ‚Ja. Da ist tatsächlich eine Verhärtung. Nicht so schlimm, aber immerhin ...'
‚Aaauutsch. Aua!'
‚Geht schon vorbei ... Da ist so eine Verspannung im Nervensystem ... (noch fester knetend) Da ist es. Die muss gelöst werden. Das tut gut, nicht wahr Schatz?'"

Solche Szenen bannen die Aufmerksamkeit der Zuhörer und wirken ähnlich wie Theaterszenen, die uns berühren, weil sie uns etwas vorführen, was wir im Alltag auch kennen. Nur stammen die hier vorgeführten Szenen aus dem eigenen Leben und fördern damit Einsicht auf eine erträgliche Weise, weil sie „Unterhaltungswert" haben trotz ihrer Ernsthaftigkeit. Diese Gesprächsebene stärkt den guten Kontakt mit dem Therapeuten und ermöglicht es, die schwierigsten Dinge zur Sprache zu bringen. Sie verlangt vom Therapeuten allerdings etwas schauspielerisches Talent.

Wenn er einem Klienten dessen Verhalten in einem verzerrten Spiegel vorführt oder sehr tiefe Überzeugungen aufdeckt, bekommt er gelegentlich Reaktionen, welche ihn in Schwierigkeiten bringen können. Wer mit „Provocative Therapy" arbeitet, muss mit Sätzen rechnen wie: „Denken Sie das wirklich von mir?" „Glauben Sie dies tatsächlich?" „Bin ich so schlimm?" etc. Wie soll der Therapeut diese Fragen verstehen und darauf reagieren? Zunächst löst das Verhalten des Therapeuten einfach Unbehagen aus. Der Spiegel schwieriger Seiten der eigenen Persönlichkeit *soll* Unbehagen auslösen. Projektion ist das schnellste Mittel, Unbehagen wieder loszuwerden: Es wird dem anderen einfach zurückgespielt, und man hat mit der Sache nichts mehr zu tun. – Die Frage ist nicht, ob der Therapeut so denkt, sondern ob ein Klient so über sich denkt! Und genau dies kann der Therapeut Klienten sagen: „Die Frage ist, ob *Sie* so über sich gedacht haben." Oder direkter: „Haben Sie nicht selbst schon gedacht, dass Sie so sind?" Das bringt die Auseinandersetzung wieder in Gang.

Kommunikation auf mehreren Ebenen

In Supervisionsgesprächen ist dem Autor eine subtile Strategie aufgefallen, mit der Farrelly den Autor blitzschnell mit seinem Fall identifiziert. Mitten im szenischen Spiegeln stellt Farrelly eine Frage so unvermittelt direkt, dass der Supervisand sich direkt angesprochen fühlt, obwohl Farrelly behauptet, die Frage gelte dem Klienten. Dieses Vorgehen lässt sich in der Erziehungsberatung auch anwenden, wenn der Therapeut Eltern in die Lage versetzen möchte, so wie ihr Kind fühlen zu können: eine sinnvolle Methode bei fehlendem Einfühlungsvermögen und zur Auflösung von Projektionen.

Beispiel: Eltern und Therapeut unterhalten sich darüber, dass das Kind seine Schulaufgaben nicht machen will und die Eltern es deshalb dauernd ermahnen müssen. Sie sind enttäuscht und verärgert. Der Therapeut versetzt sich in die Lage der Eltern und fängt an, sie darzustellen:

> „Natürlich müssen Sie es kontrollieren und dann sagen Sie Sätze wie:
> ‚Toni. Hast du deine Aufgaben gemacht?'
> ‚So, jetzt mach dich endlich an deine Aufgaben!'
> ‚Hast du sie auch alle gemacht und sie richtig gelöst?'"

Wenn der Therapeut diese Sätze so ausspricht wie die Eltern und den Eltern dabei wie zufällig direkt in die Augen schaut, werden diese anfangen sich zu fühlen wie das Kind.

Dies ist allerdings nur eine Ebene. Weil es trotz allem der Therapeut ist, der zu Ihnen als Eltern so spricht, ist eine andere Ebene die, dass sie anfangen nachzudenken, ob sie ihre Aufgaben als Eltern richtig gelöst haben. Solches Vorgehen spricht Zuhörer auf mehreren Ebenen an, bewusst und unbewusst zugleich, und wirkt deshalb verwirrend. Milton H. Erickson hat nachgewiesen, dass Verwirrung die Einleitung eines hypnotischen Zustandes darstellt, in welchem Suggestibilität und Bereitschaft für Verhaltensänderungen erhöht sind. Diesen nutzt der Therapeut mit solchen Denkanstössen.

Bereits ganz einfache Verbalisierungen eines Erlebens kann der Therapeut nach Bedarf zugleich dafür nutzen, einem Elternteil, der z.B. schlecht zuhören kann, eine Anweisung zu übermitteln. Beispiel: „Bestimmt sind Sie es längst leid, dass Sie ihm so manches Mal sagen müssen: (direkt den angesprochenen Elternteil anschauend) ‚Jetzt lerne endlich mal zuhören!'" Alle möglichen Aussagen können auf diese Weise übermittelt werden. „Jetzt hör endlich auf mit diesem blöden Benehmen!", „Gib endlich Ruhe!", „Tu nicht so saudumm!" etc. Ja. Dies sind Sätze, die Eltern ihren Kindern sagen.

7.2.5 Indirekte Interventionen – die Eltern über das Kind erreichen

Die Behandlung mehrerer Angehöriger zur gleichen Zeit hat den Vorteil, dass der Therapeut bei Bedarf eine Person gezielt auf indirekte Weise über eine Drittperson ansprechen kann. Auf diese Weise kann er Eltern auf andere und „vernünftigere" Vorgehensweisen aufmerksam machen, ohne dass er zu ihnen spricht. Oder anstatt an der Verständigung von Eltern und Kind zu arbeiten, kann er diese unterbrechen und nur noch mit dem Kind arbeiten. Er macht die Eltern zu Zuschauern, unterbindet ihre Handlungsmöglichkeit mit der Absicht, Gefühle und ihr Denken zu mobilisieren.

Im ersten Fall wird er dem Kind erzählen, was für ein Glück es habe mit seinen Eltern. Er wird ihm sagen:

> „Wenn ich mich so verhalten habe wie du, dann ist es mir viel schlechter ergangen als dir."
> (Das weckt das Interesse des Kindes, aber natürlich auch der Eltern.)
> „Meine Mami hat mich dann auch auf mein Zimmer geschickt. Aber ich konnte dann nicht einfach spielen wie du. Du hast es gut. Erst plagst du deine Schwester zu deinem Vergnügen, bis sie schreit. Dann ärgert sich deine Mami deswegen. He, he, das macht Spass. Und dann

> darf ... ach ich wollte sagen: dann musst du auf dein Zimmer und kannst dort spielen. Ich an deiner Stelle musste nachdenken. Meine Mami wollte immer wissen, was ich falsch gemacht habe und was ich das nächste Mal tun würde, wenn ich wieder Lust habe, mein blödes Schwesterlein zu plagen. Sie kam in mein Zimmer, und ich musste Antwort geben. Natürlich wollte ich nichts sagen. Da hat sie mich allein gelassen und ist später wieder gekommen. Sie hat nicht Ruhe gegeben und mich geplagt, bis ich richtig geantwortet hatte. Und erst danach habe ich etwas zu essen bekommen."

Kinder hören sich solche Geschichten interessiert an. Am Ende kann man sie fragen, ob ihnen das gefällt. Je deutlicher dem Kind das Vorgehen missfällt, desto sicherer können beobachtende Eltern sein, dass es bei ihrem Kind auch wirken wird.

Eltern schweigen gerne zu einer solchen Geschichte. Das ist ein Indikator dafür, dass sie erwägen, die Verhaltensweise auszuprobieren. Manchmal erzählen sie, dass sie dies oder etwas ähnliches schon probiert hätten, aber der Erfolg sie nicht überzeugt habe. Der Therapeut kann sich wieder an das Kind wenden.

> „Ach so, das kennst du schon. Du musst schlauer sein als ich. Dir macht das nichts aus. Wenn meine Mami wirklich eklig sein wollte, hat sie noch ganz andere Dinge gemacht. Dann hat sie mich nicht auf mein Zimmer geschickt. Sie hat auf die Uhr geschaut und gesagt: ‚Du bist zehn Minuten lang böse gewesen mit deiner Schwester. Ich habe sie jetzt 15 Minuten trösten müssen. Das macht 25 Minuten zusammen. Die bekomme ich zurück von dir. Du wirst jetzt sofort 25 Minuten arbeiten. Und das ist furchtbar lang.'"
>
> (Jetzt direkt an das Kind) „Magst du die Badewanne reinigen?"
> „Nein."
> „Magst du lieber die WC-Schüssel putzen?"
> „Nein."
> „Was magst du weniger gern, Badewanne oder WC-Schüssel putzen?"
> „Badewanne."
>
> „Siehst du, so hat mich meine Mami gefragt. Und dann musste ich die Badewanne putzen, was ich nun wirklich nicht gerne mache."

So in den Dialog einbezogen wird ein Kind spontan zu erzählen beginnen, welche Arbeiten es gerne macht und welche nicht, z.B. mit einem Strahlen im Gesicht vom Staubsaugen reden, oder angewidert, wie es einmal mit dem Besen die Spinnen aus den Ecken entfernen musste.

Bei der zweiten Vorgehensweise wird der Therapeut ein unerwünschtes Verhalten des Kindes vor den Augen der Eltern verschlimmern, ohne ihnen zu erlauben, einzugreifen. Ja, das haben sie davon, dass sie passiv die Behandlung dem Therapeuten überlassen wollten! Meistens „bestellen" Eltern zwar ein braves und normales Kind, reagieren aber höchst gelangweilt, wenn der Therapeut ihnen kunstvoll das brave und normale Kind vorführt. Warum verlangen sie dies überhaupt, bezahlen sogar viel Geld dafür, wenn ihre Aufmerksamkeit tatsächlich erst bei der Vorführung erwacht, dass ihr kleiner Held zu weit schlimmeren Taten fähig ist, als sie wahrhaben wollen? Man kann fast sagen, dass die Eltern dies mehr geniessen, denn sie verfolgen das Geschehen etwa mit derselben atemlosen Spannung, mit der man begeistert einen Kriminalroman liest. Was sie hören passt jedenfalls besser in das mitgebrachte Wahrnehmungsschema als Erfolge und ist wahr, wenn Eltern den Abwehrmechanismus der Verleugnung verwenden.

Eine verbreitete Plage sind wiederholte Gewalttätigkeiten ohne Zeugen auf dem Pausenhof oder Heimweg. Auch wenn das Kind den eigenen Eltern schon lange als kleiner Schläger bekannt ist, lassen sie sich immer wieder auf zeitraubende Nachforschungen ein, um herauszufinden, wer denn angefangen hat. Sofort verlieren sie sich im wilden Argumentationsdschungel mehrerer sich wütend verteidigender Parteien. Immer hat die andere Seite begonnen! Manchmal breitet sich der Streit, der unter Kindern begonnen hat, auf diese Weise wie ein Feuer im Quartier unter den Eltern aus! Ein voller Erfolg. – In solchen Fällen verbündet sich der Therapeut in Gegenwart der Eltern sofort mit dem Kind, ohne eine Sekunde Zeit mit Fragen nach dem Ablauf des Vorfalls zu verlieren.

> „Wer den Streit begonnen hat, das ist doch ein nebensächliches Detail. Wir wollen mit dieser Frage nicht unsere Zeit verlieren. Was zählt, ist dass überhaupt einer beginnt. Ist doch egal wer."

Der Therapeut übernimmt die Rolle des besten Kumpels, der mit dem Kind den Heimweg teilt und an seinen Heldentaten mit Begeisterung Anteil nimmt.

> „Was? Du weißt nicht mehr genau, wie das alles gewesen ist? Komm, komm. Das weißt du noch. Und ich bin sicher, dass du nicht nur den Hans drangenommen hast. He, da bist du viel zu stark dazu. Mindestens einem hast du es auch noch gezeigt. Ach sag, wie heisst er doch? Oder waren es drei, die an deinen Fäusten riechen konnten?"

Er malt sich gemeinsam mit ihm aus, wem alles der Junge es mit den Fäusten noch zeigen könnte. Er spricht vom Spass bei Schlägereien und wilden Kämpfen. Und welch herrlicher Held er nach einer gelungenen Prügelei sei, wie stark, weil von allen gefürchtet. Mit Hilfe von Phantasie und rascher Einfühlung geht der Therapeut so mit, dass er alles zu wissen scheint. Die Eltern sind entsetzt, weil der Fachmann in die falsche Richtung geht. Der Junge reagiert überrascht, ist in den Schilderungen des Therapeuten natürlich „zuhause", lacht und beginnt seinem neuen Kumpel – trotz Gegenwart der Eltern! – Heldentaten aufzuzählen. Er berichtet stolz von einer Schlägerei nach der anderen, an der er heimlich Spass gefunden hatte. Diese „neuen" Details wecken das Interesse der Eltern, vielleicht aber auch zunehmend ihre Wut, wenn immer mehr Wahrheiten an den Tag kommen, wo sie zuvor nur Lügen zu hören bekommen hatten. Es ist während des Gesprächs mit dem Kind faszinierend, aus dem Augenwinkel heraus die sich wandelnde Mimik der Eltern zu beobachten, zuerst Entsetzen, dann Neugierde und am Ende helle Wut.

Mit exakt demselben Vorgehen kann sich der Therapeut auch mit einem Kind verbünden, das eben im Therapiezimmer frech zu den Eltern geworden ist, wenn diese die Frechheit übergehen. Er bringt in beiden Fällen den totgeschwiegenen, verbotenen Spass der Kinder

– sie amüsieren sich sichtlich über ihr unverschämtes Benehmen, wenn der Therapeut diesen Gewinn anspricht! – ungeschminkt auf den Tisch und verstärkt ihn, damit die Eltern diese wunderbare Frucht zur Kenntnis nehmen.

Die Wirkung der direkt auf Wahrheit bedachten „Provocative Therapy" ist, dass eine seit langer Zeit bestehende Verleugnung abrupt ihr Ende findet. Das bringt Bewegung und neues Leben in die Familie. Alle Beteiligten müssen sich neu orientieren. In der Fortsetzung der Therapie ist das Kind herausgefordert darüber nachzudenken, was es wirklich will. Denn der in der Therapie deutlich gewordene Spass hatte schon immer teure Nachteile: keine wirklichen Freunde, Ablehnung von den Eltern, ein schlechtes Gewissen etc. Und die durch das Aufheben der Verleugnung auftretende Wut auf Seiten der Eltern reicht als spontaner Antrieb für fällige Erziehungsmassnahmen. Wenn der Therapeut vor deren Augen zwanglos, in kürzester Zeit und ohne lange Fragerei lange verheimlichte Taten aus dem Munde des Kindes lockt, begeht er eine Taktlosigkeit mit weiterem provozierenden Effekt: So etwas wird den Eltern nicht mehr passieren! Sie wollen die Wahrheit doch lieber selber herausfinden. Damit kehrt die Kontrolle dorthin zurück, wo sie hingehört: in die Hände der elterlichen Autorität.

7.2.6 Umgang mit Projektionen

Manches Gespräch beginnt damit, dass Eltern sagen: „Mein Kind hat …" Und es folgt in kurzer Zeit eine in erregtem Ton vorgebrachte, detailgetreue Darstellung vieler widerwärtiger Verhaltensweisen. Gesprochen wird einzig über das Kind. Die Eltern erzählen, wie das Kind herumgetobt, sie angeschrien, ihnen respektlos obszöne Worte ins Gesicht geschleudert, das Geschwister an den Haaren gezerrt und geschlagen habe, bis dieses vor Schmerz brüllte, am Tisch vor Wut schäumend den Teller mit Essen einfach auf den Boden geschmissen habe … Der Therapeut spürt unmittelbar am eigenen Leib das Bedrängende dieser häuslichen Szenen in Form von Ohnmacht und Wut. – Es geht ihm wie dem Kind, das nicht essen will. Schon nach dem ersten Bissen hat er genug. Was er hört, ist unverdaulich. Er möchte den Kopf wegdrehen und keinen einzigen Bissen mehr, aber sein Kopf wird von sanfter Hand gedreht und schon wird ihm der nächste Löffel in den Mund geschoben. Es gibt kein Entrinnen. Einen Löffel nach dem anderen soll er jetzt Geschichte für Geschichte dieses Gerichtes mit dem grässlichen Geschmack schlucken. Und kein Ende ist in Sicht …!

Eltern erzählen von einem Mittagessen am Sonntag, welches friedlich begonnen hatte. Als sie am Tisch anfingen, von den Ferienplänen zu erzählen, habe Toni sofort laut geschrien, dass er nicht mit dem Schiff auf eine Insel fahren wolle. Die Eltern versuchten ihm gut zuzureden und ermahnten ihn, dass es nicht immer nach seinem Kopf gehen könne. Je mehr die Eltern ihm erklärten, dass er auch auf die Bedürfnisse der anderen Rücksicht nehmen müsse, desto mehr tobte Toni, und drohte den Eltern immer lauter, er werde vor dem Schiff einfach weglaufen oder schon gar nicht in die Ferien mitkommen. Wenn der Therapeut sich vom gefühlsmässigen Geschehen angesteckt mit den Eltern identifiziert, dann werden ihm die Eltern leid tun, die einem solchen Teufel in ihrer Familie ohnmächtig ausgeliefert sind. Wenn er sich mit dem Kind identifiziert, dann wird ihm das Kind aus irgendeinem Grund leid tun, z.B. wenn es eine Phobie hat, seit es einmal schwer seekrank geworden ist. Dann kann es geschehen, dass er die Eltern zuwenig einfühlsam findet.

Wie auch die Identifikation ausfällt, immer nimmt der Therapeut entweder für die eine Seite Partei oder für die andere. Dies hilft ihm, Verständnis für die jeweilige Partei zu bekommen, aber was soll er jetzt tun? Verbündet er sich mit den Eltern und schimpft über das Kind, dann feuert dies ihre Erzählungen an. Identifiziert er sich mit dem Kind und beginnt es zu verteidigen, dann schürt er die Wut der Eltern gegen sich selbst, da er ja keine Ahnung davon zu haben scheint, wie schlimm es um das Kind steht. Für die Eltern ein Grund mehr, ihn mit der Schilderung weiterer Missetaten von der Schlechtigkeit ihres Kindes endgültig zu überzeugen. Natürlich wird der Therapeut in der „Provocative Therapy" eine solche Szene so schnell wie möglich durchbrechen. Dennoch: auf Projektionen trifft er häufig genug. Auch wenn die Zeit kurz dauert, die Eltern für ihre Darstellung finden, sie kann schnell intensive und unangenehme Gefühle in der Gegenübertragung provozieren. Er braucht wirksame Instrumente, um mit den Gefühlen und der Projektion umgehen zu können.

Bei einer Projektion legen wir etwas von uns hinaus in einen anderen Menschen, so dass die eine Seite der Inkongruenz bei den Eltern bleibt, während das Kind mit der anderen Seite identifiziert und so zu ihrem Träger wird. Im Beispiel mühen sich Eltern auf wenig wirkungsvolle Art um Kontrolle, vielleicht – der Grund kann nur vermutet werden – weil auch sie wünschen, einfach tun und lassen zu können, wonach ihnen der Sinn gerade steht. Dies jedenfalls führt Toni ihnen vor, wenn er masslos fordert, sich nirgends einpassen will und sofort aufbegehrt, wenn man etwas von ihm verlangt. Die Eltern schaffen es nicht, ihm eine wirkungsvolle Kontrolle entgegenzusetzen, wenn sie – unbewusst natürlich – auch gerne so frei wären. Das Dilemma der Eltern präsentiert sich folgendermassen:

„Wir möchten die unbändigen, mit Forderungen an uns verbundenen Ausbrüche des Kindes stoppen, weil wir gegenseitigen Respekt in der Gemeinschaft wichtig finden. Das erklären wir ihm deshalb immer wieder, ..."

„... aber wir lassen es wüten, so lange es will, weil wir heimlich gern freier und ungebundener leben würden."

Die Inkongruenz polarisiert sich zwischen Eltern und Kind, welche je sehr einseitig nur ein Extrem ausleben. Die Eltern mühen sich ausschliesslich um Kontrolle und geniessen kaum Freiheit, die andere Seite ihrer Inkongruenz. Das Kind führt sich auf, als existierten keine

Grenzen und es alles haben könne auf dieser Welt. Die andere Seite seiner Inkongruenz ist, dass es vollkommen unfähig bleibt, innere Kontrollen zu entwickeln.

Die Eltern treten für die Seite der Kontrolle ein.   Das Kind lebt die Freiheit.

Für die Darstellung von Inkongruenzen kann der Therapeut im Umgang mit Projektionen von der Regel ausgehen, dass Eltern und Kind je eine Seite der Inkongruenz darstellen. Wie aber soll er jetzt die beiden Seiten bewerten? Je nach Standpunkt wird ein anderer Aspekt als negativ erscheinen. Bei den Eltern ist das Bemühen um Kontrolle überbetont, beim Kind das unbändige Benehmen. Im Hinblick auf die Intervention geht der Therapeut von der Person aus, die sich mit einer Klage an ihn wendet. Das sind die Eltern. Für sie ist klar das problematische Verhalten das übertrieben zügellose Benehmen des Kindes. Das passt zur Bewertung der ersten Inkongruenz, in der die Eltern Kontrolle nur unzulänglich ausüben.

Für die Schmach, welche der Therapeut ausstehen musste, wird er im Folgenden mit dem Genuss seiner Intervention entschädigt. Er eröffnet den Eltern überraschende Perspektiven, welche sie zu anderen Verhaltensweisen geradezu zwingen. – Wie immer besteht die Taktik darin, sich mit dem negativen Teil der Inkongruenz und dessen Gewinnen zu identifizieren, hier also mit dem Kind und seinem Gewinn. Der Therapeut überzeichnet die Vorteile, welche Toni von der Situation hat, und stellt mit Bedauern fest, dass sie selbstverständlich ganz auf Kosten der Eltern gehen. Am Rande macht er sie auf kleine Unachtsamkeiten aufmerksam oder falsche Einschätzungen der Situation, die das Benehmen von Toni unterstützen, ohne dass die Eltern dies natürlich wollen. Im Beispiel kann er die Eltern loben:

> „Nun, dieser Sonntag ist vielleicht nicht ganz so verlaufen, wie Sie ihn sich vorgestellt haben. Das kann vorkommen. Macht ja nichts weiter, wenn Sie an das Wohl von Toni denken. Ich hoffe, dass Sie wenigstens erkannt haben, welchen Spass Sie Toni bereitet haben."

Nun stellt er den Genuss in den Mittelpunkt, den Toni an ihrer Reaktion gefunden hatte, als er sich weigerte mit dem Schiff zur Insel zu fahren. Sie hatten sofort ein wortreiches Manöver gestartet, um ihn davon zu überzeugen, wie wichtig es ist, sich in eine Gemeinschaft einzuordnen. Wohl wissend, was jetzt kommen würde, hatte Toni dies als Schlachtfeld benutzt, auf dem er seinen Trotz beweisen konnte. – Nun ist der Therapeut an der Reihe. So wie die Eltern zuvor ausschliesslich über das Kind gesprochen haben, wird auch er jetzt ausgiebig über das Kind reden und die Eltern „höflicherweise" nur am Rande erwähnen. Toni war es einfach etwas langweilig. Er hatte durch das feine Mittagessen ermuntert und angesichts eines freien Nachmittags Lust auf Abenteuer. Voll frischer Energie geriet er ganz von selbst in Kampfstimmung wie ein kleiner Stier. Entschieden wollte er Aktion und Zuschauer. Der Esstisch würde seine Arena sein. Da haben die Eltern dummerweise die Arena betreten mit einem roten Tuch, ohne dass sie dies wollten und ohne es zu bemerken. Und sie sind nicht rechtzeitig wieder hinausgelaufen. Mit weiteren Drohungen, z.B. dass er einfach wegrennen und nicht auf das Schiff steigen werde, hatte Toni, wenn immer nötig Öl in das Feuer ihrer Unterweisungen gegossen. So konnte der Disput andauern. Es war gerade recht, dass die Eltern immer ausführlicher und länger wurden. Sie taten genau das, was er wollte. Sie sprachen Dinge aus, gegen die er kämpfen konnte. Verhaltensweisen der Eltern werden im Sinne von Zufälligkeiten dargestellt, die aber von Toni aus gesehen wichtig waren, weil er sich dadurch anstacheln liess. Während die Eltern ihr Bestes für Tonis Wohl hergaben, vergnügte er sich auf ihre Kosten nach Lust und Laune. Nachzudenken brauchte er über die Erwägungen der Eltern nicht, denn die fragten ja nicht nach seinen Gedanken. Für Toni reichte es, dass die Eltern sich Gedanken zum Thema machten. Ob er überhaupt wahrnehmen konnte, wovon die Eltern sprachen, wenn er so auf seinen Kampf konzentriert war?

Wäre er Jura-Student, wäre dies eine ebenso einmalige Gelegenheit für das Üben taktischer Argumentation im Hinblick auf eine spätere Anwaltstätigkeit gewesen. Nur ist Toni dafür noch viel zu klein. Aber wer weiss. Auch so kann man sagen, dass die Diskussion Toni eine prächtige Gelegenheit gegeben hat, seine Stärke im Argumentieren bereits in frühen Jahren zu üben. Dies interessiert ein Kind im Primarschulalter kaum. Aber für die Eltern könnte es ein Hinweis und immerhin etwas Trost für den verdorbenen Sonntag sein!

Der Therapeut macht den Eltern nicht den mindesten Vorwurf, er moralisiert nicht und weiss es nicht besser als die Eltern. Im Gegenteil. Er ist die ganze Zeit über auf ihrer Seite und bestätigt ihre guten Absichten, das Kind zu einem gemeinschaftsfähigen Menschen zu erziehen und weist mit seiner Bemerkung über das Üben taktischer Argumentation auf einen positiven, erzieherischen Nebeneffekt hin.

Der Therapeut deutet die ganze Darstellung der Eltern um und etabliert eine therapeutische Doppelbindung. Wenn die Eltern sich wieder von ihrem Kind erwischen lassen, wissen sie sich für ihre Absicht vom Therapeuten verstanden. Falls sie aus der Konsultation eine Konsequenz ziehen und in Zukunft Tonis Kampfarena rechtzeitig wieder verlassen, machen sie etwas, was noch besser ist. Die Kraft für solche Veränderungen stammt nicht selten aus einer heilsamen Wut darüber, dass sie sich nicht mehr an der Nase herumführen lassen wollen. Diese Wut braucht nie explizit thematisiert zu werden, so dass Eltern ihr Gesicht die ganze Zeit über wahren können. Aber sie erzählen später zum Beispiel, wie sie bei einem Spaziergang einander am Arm genommen hätten, weggeschaut hätten und einfach weggelaufen seien, als eine nächste Auseinandersetzung dieser Art drohte. Jetzt musste Toni schauen, dass er überhaupt mithalten konnte. Erst jetzt wird der Therapeut die Eltern schelten, in neckendem Ton:

> „Wie gemein! Hoffentlich haben Sie danach ein schlechtes Gewissen gehabt. Sie haben nun dem Toni sein liebstes Gesellschaftsspiel mit Ihnen verdorben. Das dürfen Sie doch nicht tun."

Damit verstärkt der Therapeut die neue Entwicklung, damit sie Beständigkeit bekommen kann.

Manchmal findet ein solcher Kampf zwischen Sohn und Mutter statt, oder zwischen Tochter und Vater, so dass der gegengeschlechtliche Elternteil ausgeschlossen wird. Dies ist ein besonderer Triumph für das Kind:

> „Ha, jetzt redet Mami nur mit mir, ich bin jetzt wichtiger als der grosse Papi im Leben von Mami."

Je länger der Streit dauert, desto grösser der Triumph. Und wer weiss, vielleicht schätzt auch die Mutter, dass sie dem Jungen soviel bedeutet ...

Eltern mit Absicht als Opfer darstellen

Diese Art, Doppelbindungen mit Eltern einzurichten, ist eine nützliche Taktik im Umgang mit Projektionen. Wenn die Eltern heftig und impulsiv reagieren und sich selber Vorwürfe machen, weil sie nicht ruhiger und kontrollierter sind, ist das Vorgehen speziell indiziert. Es ist dann leicht, sich mit den Eltern gegen das Kind zu verbünden und sie überzeugend als Opfer darzustellen, weil sie sich genau so erleben. Der Therapeut erklärt ihnen, dass ihre Reaktion gar nicht wirklich gewollt sei, sondern das Ergebnis einer Art Reflex, dem sie nicht widerstehen können, weil sie durch das Kind geradezu zu ihrer Reaktion gezwungen würden. Eigentlich sei ihre Reaktion nichts anderes als das Ergebnis der Provokation durch das Kind. Und dies, *obwohl* die Eltern wüssten, dass ihre Reaktion eben gar nicht zum Besten für das Kind sei. Ganz im Gegenteil eher zu seinem Schaden. Im Grunde wollten die Eltern ganz anders reagieren, aber sie hätten wegen der Umstände keine andere Wahl. An dieser Stelle kann der Therapeut eine ganze Anzahl Suggestionen einfliessen lassen, welche Verhaltensweisen die Eltern im Grunde gerne zeigen wollten, weil sie wüssten, dass diese für das Kind viel besser wären! – Eltern von provozierenden und rebellischen Jugendlichen, die durch nichts mehr zum Lernen zu motivieren sind, kann auf diese Weise ganz leicht plausibel gemacht werden, dass ihre ständigen Kontrollen, ihr Anschreien etc. zwar verständlich, aber im Grunde kontraproduktiv sind. Wenn sie sich weiterhin verhalten wie bisher, wissen sie, dass der Therapeut sie versteht. Wenn sie sich besser unter Kontrolle bekommen, erleben sie sich als Sieger in der Situation.

Unterschiede in Ähnlichkeiten verwandeln

Grundlage der Intervention ist, dass Ähnlichkeiten nachgewiesen werden, wo jemand durch Projektion einen Unterschied sehen möchte. Projektionen absorbieren einen gewaltigen Aufwand an psychischer Energie. Man bedenke, wie viel Zeit für eine durch heftige Wut verzerrte Darstellung des Feindes immer von neuem aufgewendet wird. Sobald die Ähnlichkeit überzeugend nachgewiesen ist, fällt die Projektion in kürzester Zeit zusammen. Wesentliche Veränderungsprozesse kommen in Gang, weil die frei werdende Energie für andere Ziele zur Verfügung steht. Dieses wirkungsvolle Instrument lässt sich sofort, also in Erstkonsultationen schon verwenden, wenn es dem Therapeuten gelingt, eine Ähnlichkeit überzeugend herauszuarbeiten.

Ein Jugendlicher in einer Schulkrise lernt nichts mehr für die Schule und klagt die Mitschüler an. Diese trügen alle eine Maske. Sie würden erzählen, dass sie nichts lernten. Das sei eine Lüge. Sie hätten alle gute Noten. Die würden doch alle heimlich lernen. Intervention:

> „Richtig. Wie gemein von denen. Aber vielleicht tröstet dich etwas. Auch du hast deine Maske. Du lernst nichts mehr für die Schule. Deine Noten sind entsprechend. Dass du nichts lernst ist deine Maske. Deine Lüge ist, dass es danach so aussieht, als könntest du rein gar nichts."

Eine Frau in der Scheidung erzählt wutentbrannt, wie sie von ihrem Ehemann in allen Abmachungen immer wieder hintergangen würde. Lächelnd verspreche er dieses und jenes. Sie wisse schon im Voraus, dass er lüge. Und dann sei es so, wie sie erwartet habe. Er hole die Kinder nicht ab zum vereinbarten Termin etc. etc. Sie könne rein gar nichts machen. Eine ihrer Überzeugungen ist, dass sie nichts wert ist. Intervention:

> „Ich glaube Sie gehören zu den Menschen, mit denen andere halt machen können, was sie wollen."
> (Sie reagiert ruhig, nachdenklich und schaut den Therapeuten erwartungsvoll an.)
> „Sie denken im Stillen über sich, dass Sie nichts wert sind. (Klientin nickt) Deshalb können andere mit Ihnen tun, was sie wollen. Sie sind ja nichts wert. Da muss man nicht Rücksicht nehmen auf Sie. Darüber stimmen Ihr Mann und Sie überein. *Er* weiss, dass er mit Ihnen tun kann, was er will. *Sie* wissen, dass er mit Ihnen tun kann, was er will."

Die Intervention löst regen Protest aus. Die Frau beginnt wütend Pläne zu entwickeln, wie sie in Zukunft auf die Unzuverlässigkeit ihres Mannes reagieren wird.

Eltern in oder nach Scheidungen inszenieren in Erziehungsberatungsgesprächen häufig ihren verbissenen Kampf und ihren ergebnislosen Streit. Unausweichlich kommt die Rede auf dieses unglückselige Thema, auch wenn der Beratungsanlass die Schwierigkeiten eines Kindes sind. Wenn beide Eltern anwesend sind, verfallen sie meist sofort in ihre unaufhaltbare Gewohnheit. Aber auch ein einzelner Elternteil wird die ganze Sitzung mit dem Thema füllen wollen, wenn er sich von seinem Affekt gegen den Partner einmal packen lässt. Das beginnt damit, dass der anwesende Elternteil dem anderen Schuld gibt für das unartige Benehmen des Kindes. Beide Partner sehen nur Versagen und negative Eigenschaften am anderen.

Den Therapeuten befallen rasch Gefühle von Ohnmacht. Ein Urteil wird von ihm erwartet, ohne dass er die Möglichkeit hat, sich ein objektives Bild der Situation zu machen, und zu dem er gar keine Lust hat. Jeder Elternteil versucht, ihn jeweils auf seine Seite gegen den anderen zu ziehen. Lässt er sich auf dieses Spiel ein, dann wird er psychisch in diesem deprimierenden Zwist zu Staub zermahlen, wie Korn zwischen zwei gewaltigen Mühlsteinen zu Mehl wird. Seine Gefühle lassen ahnen, wie Kinder sich zwischen so zerstrittenen Eltern fühlen.

Für die Intervention wird er nach gleichen Verhaltensweisen Ausschau halten und nach Regeln, welche beide Partner im Umgang miteinander einhalten. Er kann auch nach übereinstimmenden Ansichten Ausschau halten. Allerdings sind Worte etwas, worüber sich immer noch weiter streiten lässt. Jedenfalls gilt: Je negativer der Inhalt der Gemeinsamkeiten, desto besser! Je weniger den Partnern die Gemeinsamkeit bewusst ist, desto wirkungsvoller wird die Konfrontation sein. Beispiele für streitende Ehepaare:

➤ Jeder sieht am andern zuerst das Negative und nur das Negative.
➤ Jeder trägt zum Wohlergehen des Kindes bei. Der Vater verdient Geld. Sein Geld ermöglicht ein schönes Zuhause, manchmal ein Einfamilienhaus, in welchem der Vater notabene bei einer laufenden Scheidung nicht mehr wohnen kann! Sein Geld ermöglicht die Ausbildung der Kinder. Die Mutter sorgt für Haushalt und erzieht die Kinder. Wenn man den Partnern aber Glauben schenken wollte, ist der Beitrag des anderen an diesem gemeinsamen Werk jeweils nichts wert.
➤ Eltern, die sehr zerstritten sind, haben weniger Energie für die Führung ihrer Kinder. Im extremen Fall entsteht daraus eine Erziehung nach dem antiautoritären Typ, wenn die Eltern sich nur noch in dem Punkt einig sind, dass sie sich nie einigen werden. Die Kinder sind damit sich selber überlassen.
➤ Der Autor hat schon den Fall gesehen, in dem wie üblich zuerst der Vater ausgezogen ist. Jahre später hielt es die Mutter mit den zwei nun erwachsenen Kindern auch nicht mehr aus. So kann ein Einfamilienhaus zum alleinigen Reich der Kinder werden. Die ungeschriebene, gemeinsam etablierte Regel lautete sinngemäss: „Kinder, wir Eltern haben für alle Haus, Geld, Ausbildung und Haushalt zur Verfügung gestellt. Organisiert euch. Wenn es einer nicht mehr aushält in der Gemeinschaft, dann muss er halt gehen." – Eine Regel, die z.B. Individualismus und Egozentrismus über Rücksicht gegenüber anderen stellt.

Eine Intervention kann lauten:

> „Wenn Sie so zerstritten sind, dann mag es so wirken, als wären Sie vollkommen verschiedener Meinung und unfähig an einem Strick in dieselbe Richtung zu ziehen. Aber dies sieht nur so aus. Und das wird Sie jetzt überraschen, wenn ich das so sage, und Sie werden es vielleicht auf Anhieb nicht ganz verstehen. In Wirklichkeit ziehen Sie meistens und in wichtigen Angelegenheiten sehr entschieden in die gleiche Richtung. Egal ob ich mit Ihnen rede, oder mit Ihrer Partnerin, Sie beide wissen, dass der andere jeweils die Fehler macht. Darin stimmen Sie vollkommen überein. Ein stillschweigendes Abkommen! Nun, ich habe mit vielen Kindern von Eltern gesprochen, die dies tun. Jene verdrehen die Augen bei dem Thema und reden meist ungern davon. Die meisten denken so etwas wie: ‚Ich hab *genug von diesem Streit*. Sind die

blöd. Wir bräuchten dies nicht. Wozu verschwenden die ihre Zeit. Können Sie nicht *endlich aufhören mit dieser lästigen Streiterei!* Nun, das braucht Sie nicht zu kümmern. Sie wissen, was Ihre Aufgabe ist. Sie geben Ihren Kindern gerade gemeinsam eine Lektion für das Leben, ob sie es wollen oder nicht. Sie sind lebendiges Vorbild einer konsequenten Haltung. Man könnte fast sagen, Sie stehen da richtiggehend zueinander. Wie wenn Sie dies miteinander abgesprochen hätten, sehen Sie beide immer zuerst und einzig die negativen Eigenschaften beim Partner. Für die Erziehung bedeutet dies, dass Sie ihre Kinder lehren, wie man zielsicher Leistungen anderer entwerten kann. Das ideale Klima, Kindern überzeugend beizubringen, was Beiträge eines einzelnen an die Gemeinschaft wert sind. Manchmal ziehen Kinder sogar Schlüsse für sich selbst daraus und werden so selbstkritisch, dass sie nichts mehr gut finden können an sich selbst. Stellen Sie sich vor, wie deren Schulleistungen ausfallen. Die trauen sich nichts mehr zu. Das macht nichts: *Selbstkritik ist wichtig!* und wichtiger als gute Noten. Was bringen denn gute Noten heutzutage noch? Wenn andererseits eines Ihrer Kinder eines Tages zu einem von Ihnen kommt und anfängt an Ihnen herumzukritisieren und nur noch das Negative an Ihnen sieht, werden Sie wissen, wo es dies gelernt hat. Das wird der gemeinsame Erfolg Ihrer Erziehung sein, den sie dankbar ernten dürfen. Ja, Sie wollen beide Ihre Kinder rechtzeitig lehren, andere zu kritisieren und sich wehren zu können."

Unterschiede in Ähnlichkeiten verwandeln hat verschiedene Wirkungen: Innerpsychisch wird die von der Projektion absorbierte Energie für andere Ziele verfügbar. Innerhalb von Beziehungen wird der Kampf neu definiert. Keiner der Partner ist an den dargestellten Ähnlichkeiten interessiert. Aber sie lassen sich nicht mehr verleugnen. Keiner der Partner will sich mit dem dargestellten negativen Vorbild identifizieren. Auch dies ist nicht mehr zu verleugnen. Zu erwarten ist die für provokative Interventionen typische Bewegung von beiden Partnern: Weg von den dargestellten Tatsachen! In weiteren Gesprächen hört der Therapeut z.B. von neuen Initiativen, in denen sich beide vermehrt für ihre Kinder einsetzen. Vielleicht haben beide vor dem Therapeuten heimlich angefangen darum zu kämpfen, wer das Beste für das Kind erreichen kann. Eine Intervention, die etwas für mehr Frieden in Gemeinschaften tut. – Nicht zuletzt ist sie auch für den Therapeuten von psychohygienischem Wert. Wenn er ihre Wirkung einige Male erfahren hat, kann er viel ruhiger an diesen durch Projektion und aggressive Spannung erfüllten Konsultationen teilnehmen. Er weiss, dass er sich nicht in den Kampf involvieren lassen wird, weil er die Mechanik kennt, mit der er Projektion rasch und genussvoll sabotieren kann. Die Konstruktion von Interventionen dieser Art folgen einem Vorgehen, das im Folgenden kurz umrissen wird.

Auflösen von Denk- und Verhaltensmustern durch Zirkelschluss

Wenn ein Muster, welches Denken und Verhalten einengt, auf sich selbst angewendet wird, kann ein Zirkelschluss entstehen, welcher seinen bisherigen Ablauf durchbricht und Möglichkeiten für neue Denk- und Verhaltensweisen eröffnet. Beachte zuerst, ob die Intention in einem Muster sich primär auf etwas hin oder von etwas weg bewegt. Wähle eine entsprechend geeignete Orientierung für die Intervention.

Beispiel A: „Ich muss immer kämpfen." – Klient bewegt sich primär auf Möglichkeiten zu kämpfen hin.

    Orientierung ⟶ hin zu ⟶ kämpfen
                          (weg von ⟶ nicht kämpfen)

Beispiel B: Projektion: „Der anderer ist, tut immer … Das ist nicht normal. So etwas tut man doch nicht." – Klient bewegt sich primär davon weg, sich so zu verhalten wie andere Personen.

    Orientierung ⟶ (hin zu ⟶ Unterschiede zwischen selbst und andere wahrnehmen)
                          weg von ⟶ Ähnlichkeit zwischen selbst und andere wahrnehmen

Beispiel C: „Ich versage immer." – Klient bewegt sich primär auf Wahrnehmung von Versagen zu. Das Muster kann auch erprobt werden mit der Neigung von Klient, Wahrnehmung von Erfolg auszublenden.

    Orientierung ⟶ hin zu ⟶ Wahrnehmen von Versagen
                          (weg von ⟶ Wahrnehmen von Erfolg)

1. Interventionen mit Orientierung „hin zu": Störendes Muster durch Anwendung auf sich selbst stören.

Finde einen Kontext, in dem die Anwendung des Denk- und Verhaltensmusters sich selbst aufhebt.

Beispiel A: Ein geeigneter Kontext ist das Kämpfen an sich. „Ich möchte, dass Sie gegen alles ankämpfen, was ich Ihnen sage" führt zur Konsequenz, dass Klient gegen die Anweisung zu kämpfen ankämpfen „muss". Das Muster wird ungültig, wenn Klient gegen das Kämpfen kämpft. Klient öffnet sich spontan Anregungen von Therapeut.

Beispiel C: „Sie können nichts erkennen, worin Sie heute versagt hätten? Sehen Sie, jetzt gerade versagen Sie, weil Sie nichts finden können, worin Sie versagt hätten. Und Sie bemerken es nicht einmal, ein weiteres Versagen."

2. Interventionen mit Orientierung „weg von": Vermeiden eines Vermeidungsmusters veranlassen.

Finde einen Kontext, in dem Klient gerade das tut, was er vermeiden möchte. Je negativer Klient den Kontext bewertet, desto besser, weil seine Tendenz umso stärker wird, sich vom Denk- und Verhaltensmuster wegzubewegen.

Beispiel B: Weil Klient um nichts in der Welt dem anderen gleichen möchte, eignet sich jede Denk- und Verhaltensweise von Klient, die nachweisbar derjenigen des anderen gleicht. „Es schaut nur so aus, als wären Sie nie gleicher Meinung. In Wirklichkeit teilen Sie beide die Ansicht, dass der Fehler immer beim anderen liegt. Und Sie sind beide immer zu einer Diskussion bereit, die zu keinem Resultat führen wird."

Beispiel C: „Wunderbar! Sie werden diesen Erfolg nicht mögen. Aber Sie sind immer erfolgreich, wenn es darum geht zu erkennen, worin Sie versagt haben."

Beachte: Diese Interventionen können zu starken Verwirrungszuständen, resp. hypnotischen Zuständen führen. Denkmuster, welche die Möglichkeiten von Klient bisher eingeengt hatten, werden plötzlich ungültig, so dass Klient rascher für neue Möglichkeiten offen wird, als er mit dem Verstand erfassen kann. Seine Denk- und Verhaltensmöglichkeiten weiten sich unvermittelt. Eine taktvolle Begleitung von Therapeutenseite mit bedacht gewählten, offenen und positiven Suggestionen kann den Prozess auf hilfreiche Weise unterstützen.

Die bei Projektionen oft endlosen Auflistungen von Sünden, seien es die des Ehepartners oder die eines Kindes, und die nicht enden wollenden Redeschwälle haben wegen des stark aggressiven Affektes manchmal eine lähmende Wirkung auf Therapeuten. Die Aggression kann beim Therapeut so gross werden, dass er sich – vielleicht auch unbewusst – hemmt. So wahrt er jedenfalls Anstand und den richtigen Ton und riskiert nicht, dem Klienten die Gurgel durchzuschneiden, bevor jener eine Chance hatte, den Konsultationen zu entfliehen. Dennoch: am besten ist es, solche Ergüsse so früh wie möglich und so schnell wie möglich zu unterbrechen, ganz egal wie. Sie haben für den Therapeuten kaum informativen Wert und bringen Klienten keine Erleichterung. Im Gegenteil laden sie ihn auf und stärken eine diffuse Kampfbereitschaft. Sie lassen ihn auch in einer Art Endlosschlaufe mit seinen Gedanken leer drehen. Niemand gewinnt Erkenntnisse. Hingegen wird der Therapeut zum klammheimlichen Verbündeten, wenn diese Rede wie beim Klatsch in einem Kaffeehaus lange andauert. Einige Formen zu unterbrechen haben besonderen therapeutischen Wert:

➤ Falls das Kind Zielscheibe der Projektion ist und an der Konsultation teilnimmt, kann der Therapeut so schnell wie möglich das Kind zum Reden bringen, damit es sein Erleben darstellen kann und zumindest vom Therapeuten Gehör bekommt. Und zwar vor den Augen der Eltern. Gelegentlich übergehen die Eltern die Aussagen des Kindes, als zählten seine Worte nicht.

➤ Die persönlichen Reaktionen des Therapeuten als Intervention nutzen, wie es weiter oben beschrieben wurde, ermöglicht ihm aus einer möglichen Erstarrung herauszukommen und auf angemessene Weise das Erlebte zu spiegeln.

- Sinn des Verhaltens des Kindes umdeuten, wobei der Therapeut
1. alle Gewinne des Kindes auf Kosten der Eltern hervorhebt und
2. womöglich noch darauf hinweist, dass es Verhalten trainiert, welches in einem anderen Kontext eine nützliche Fähigkeit ist.

- Die Sichtweise der Eltern nach der klassischen Art der „Provocative Therapy" verstärken. Wenn er dies tut, engagiert sich der Therapeut und unterbricht den Monolog des Klienten dauernd, um mit noch negativeren und schliesslich ganz abstrusen Aussagen über das Kind die Darstellung ad absurdum zu führen.

- Unterschiede in Ähnlichkeiten verwandeln.

7.2.7 Das aus den Fugen geratene Regelsystem neu ordnen

Wenn Eltern in Inkongruenzen gefangen sind, vermitteln sie widersprüchliche Erwartungen an das Kind. Zeitenweise sind sie unfähig, klare Regeln zu entwickeln. Das Regelsystem wird chaotisch und beliebig. In Ermangelung einer Orientierung beginnt das Kind „verstört" zu werden. Die Eltern geraten zunehmend in eine reaktive Position. Sie zeigen Verhaltensweisen, die für das Kind den Charakter von Zufall haben. Mal reagieren die Eltern resigniert passiv. Wenn sie an ihre Grenzen kommen vielleicht emotional heftig mit einem Ausbruch. Dann wieder mit Ermahnungen und natürlich auch mit Strafen. Alle Regelungen, Strafen etc. erfolgen *nach* dem Vorkommnis unangenehmer Verhaltensweisen des Kindes – eben als Reaktion. Es weiss erst nachher, zu spät also, dass es etwas falsch gemacht hat. Wenn überdies die Konsequenzen unsystematisch erfolgen – einmal gibt es welche, dann wieder keine! – ist das Kind vollends mit der Aufgabe überfordert, diese Informationen einzuordnen.

Um ein aus den Fugen geratenes und chaotisches Regelsystem wieder zu ordnen, braucht es Regeln, welche dem Kind erlauben *im Voraus* die Folgen seines Handelns einschätzen zu lernen. Wirkungsvoll sind Regeln, die überdies ein Vorwarnsystem enthalten. In einem solchen System weiss das Kind exakt, welche Konsequenzen bestimmte Verhaltensweisen nach sich ziehen werden. Bevor es die Konsequenz erfährt – zeitweiliger Ausschluss aus der Gemeinschaft, Hausarbeiten, Zeiten zum Nachdenken über seine Verhaltensweisen und Entwickeln von Verhaltensvorschlägen für sich selbst etc. – wird es z.B. zweimal deutlich vorgewarnt. Damit erhält es eine Rückmeldung über sich und lernt die Wirkung seines Verhaltens genauer kennen. Und es hat die Chance, sein Verhalten noch rechtzeitig in Griff zu bekommen. Es übt, sich selbst in Kontrolle zu bekommen.

Natürlich braucht der Übergang von einem chaotischen zu einem geordneten Regelsystem umso mehr Zeit, je chaotischer die Zustände sind. Der Entwicklung eines geordneten Regelsystems stehen manchmal erhebliche Widerstände entgegen, die ihre Begründung in tiefsitzenden Überzeugungen und Ängsten der Eltern finden, z.B. die Überzeugung, sowieso nie Gehör bei jemand zu finden, und die Angst vor Ablehnung. Um die Kräfte zu wecken, die ein Generieren neuer Ordnung ermöglichen, wird der Therapeut zuerst die bestehende „Ordnung" aufweichen, indem er alle dazugehörenden Überzeugungen verstärkt, bis das alte System sich von innen her zersetzt. Falls Regel- und Verhaltensvorschläge von aussen dann überhaupt noch nötig sind, kann der Therapeut massgeschneiderte Lösungen jetzt besser anbringen. Die Widerstände sind aufgelöst und Klienten wirklich bereit, Anregungen entgegenzunehmen.

7.2.8 Umgang mit Behandlungserfolg

Besteht der Erfolg in einer wichtigen Einsicht der Eltern, erhält er meist von selbst Beständigkeit. Wenn Eltern einmal durchschaut haben, wie sie unerwünschte Verhaltensweisen selber verstärken, wie ein Kind z.B. ihre gut gemeinten Unterweisungen für einen Kampf benutzt, der am Ende auf ihre Kosten geht, ändern sie schnell und meist für immer ihre Haltung. Anders ist es, wenn die Eltern selbst oder der Therapeut beim Kind Verhaltensweisen auslösen, welches die Eltern zwar wünschen, aber verleugnen oder sogar aus unbewussten Motiven wieder zerstören. Da braucht es manche Interventionen bei den Eltern, wenn das gewünschte Verhalten sich beim Kind stabilisieren soll.

Bei einem Kind die Verhaltensweisen provozieren, welche die Eltern sich wünschen, ist für den Therapeuten häufig der leichtere Teil seiner Arbeit. Sie hat zunächst diagnostischen Charakter. Der Therapeut vergewissert sich, dass das Kind das Verhalten zeigen kann, und er beobachtet, unter welchen Bedingungen es das tut. Gegenüber den Eltern dient diese erste Intervention dazu, ihre Sichtweise zu erschüttern und gibt dem Therapeuten eine Chance, zu beobachten, wie sie die Veränderung aufnehmen und innerhalb ihres Systems von Überzeugungen verarbeiten.

Für die Eltern ist es eine neue Erfahrung, das gewünschte Verhalten beim Kind vor dem Therapeuten zu beobachten. Wenn die Veränderung im Rahmen der Wirklichkeit der Eltern unbewusst nicht vorgesehen ist, wird der Therapeut beobachten, dass Eltern das neue Verhalten ihrer Verleugnung entsprechend kaum oder gar nicht bemerken. Falls sie es beobachten, können sie sich darauf berufen, dass der Therapeut es hervorgerufen hat. Dann sagen sie z.B., dass das Kind dies bei ihnen nie machen würde, was auch stimmt, solange sie nicht ihr eigenes Verhalten ändern. Der Vorfall wird in kürzester Zeit in Vergessenheit geraten.

Um anhaltende, therapeutische Effekte zu erzeugen, wird der Therapeut mit den Eltern an einer Anpassung ihrer Wahrnehmung arbeiten. Sie sollen besser beobachten, wann das erwünschte Verhalten auftritt und wodurch es bedingt wird. Weiter wird er mit ihnen an der Entwicklung ihrer Bereitschaft arbeiten, selbst neue Verhaltensweisen zu erproben, die das gewünschte Verhalten auslösen, und diesen Beständigkeit zu geben, wenn sie Erfolg haben. Sie müssen manchmal tiefsitzende Überzeugungen ändern, wenn sie sich mit ihrem Kind besser verstehen wollen und wünschen, dass es sich anders verhält.

Ein noch nicht zehn Jahre alter Junge hatte in einem Anfall von Tobsucht die ganze Beratungsstelle durcheinandergebracht. Weil es ihm – vielleicht zum ersten Mal im Leben – nicht gelingen wollte, seinen Kopf durchzusetzen, hatte er immer mehr aufgedreht, war aus dem Konsultationszimmer abgehauen und hatte eine Sekretärin in wenigen Augenblicken zu Weissglut gebracht. Der durch den Vorfall selber betroffene Therapeut entschied sich im Einverständnis mit den Eltern für eine erzieherische Intervention mit Modellcharakter. Der Junge bekam von einem Mann – auch dies wahrscheinlich zum ersten Mal im Leben –, vom Therapeuten mit dröhnender Stimme Anweisungen, zu gehorchen und still zu sein. Er machte ausserdem körperlich die Erfahrung, dass der Erwachsene, der ihn eine Weile festhielt, stärker war als er. Der Therapeut provozierte ihn zugleich: Er solle Widerstand leisten, forderte er ihn heraus. Der Junge, der ohnehin Widerstand leistete, verstärkte seinen Einsatz mit gesunder Kraft und musste anerkennen, dass der Erwachsene stärker war als er. Er konnte sich ihm nicht entwinden. Nach einer Weile gab er den Kampf auf, beruhigte sich rasch und hörte dem Therapeuten zu, als der ihm einige Regeln für sein Benehmen in den Räumen der Beratungsstelle bekannt gab. Danach liess der Therapeut ihn allein und wandte sich den Eltern zu.

Nach einer Pause von 15 Minuten, in welcher der Junge still und nachdenklich schien, „meldete" er sich zurück und begehrte zu spielen, während der Therapeut mit den Eltern sprach. Er war fähig, eine Reihe von ihm verlangter Verhaltensregeln zu erinnern und versprach, diese einzuhalten, so dass ihm der Therapeut das Spielen gestattete. Beide Eltern bekundeten wenig Zuversicht, ähnliche Situationen in Zukunft selber meistern zu können. Sie waren zwar froh um dieses Vorgehen. Aber sie hielten daran fest, dass sie selbst von ihrem Sohn nicht dasselbe fordern könnten. Sie hätten Angst, dass er Schaden nehmen könnte. Ihre Phantasie war, dass er an einem Herzinfarkt (!) sterben könnte. Dies, nachdem sie genau beobachtet hatten, wie ihr kleiner Junge gesund und kräftig mit dem Therapeuten zu kämpfen verstanden hatte. – Der Therapeut bestätigte ihre Überzeugung umgehend und log: Ja, auch er habe diese Angst gehabt. Ob sie gesehen hätten, wie Toni im Gesicht zuerst grün, dann blau, von einem violett zu rot gewechselt habe, und später weiss wie Kreide geworden sei? Dies sagte er, während Toni wohlauf, längst wieder beruhigt und in bester Stimmung in einem Spiel vertieft war! Und der Therapeut habe vor seinem inneren Auge schon gesehen, wie ein kleiner Sarg in den Raum gebracht wurde ... Beide Eltern brachen in schallendes Gelächter aus. – Der Therapeut verankerte eine gesunde Verhaltensänderung innerhalb absurder Überzeugungen der Eltern, die in keiner Weise mit dem übereinstimmen konnten, was sie gesehen hatten. Wenn die Bemerkung „sitzt" und eine emotionale Reaktion wie im Beispiel weckt, reicht manchmal eine einzige, um eine radikale Veränderung ihrer Überzeugungen zu erwirken.

Projektion und Verleugnung beeinträchtigen unsere Wahrnehmung der Realität und fixieren sie auf bestimmte Möglichkeiten. Projektion führt meist dazu, dass wir vorwiegend das Negative sehen und das Positive ausblenden, Verleugnung führt zu einer undifferenzierten Wahrnehmung. Es ist nicht immer der Therapeut, der während der Konsultation bei einem Kind eine bestimmte Verhaltensweise provoziert und so den Eltern deren Existenz beweist. Eltern rufen selbst das Verhalten hervor, welches sie wollen, verkennen aber ihren Beitrag oder, was noch schlimmer ist, sie leugnen die Reaktion des Kindes und zerstören sie damit selbst! Das treibt ein Kind in eine verzweifelte Lage. – Hans, 12 Jahre alt, hat in einer Konfliktsituation eine Lösung wider die Vorstellungen seiner Eltern durchgesetzt. Er wohnt für ein paar Tage bei seinen Grosseltern. Nun fragen die Eltern ihn nach Gründen für seine Lösung und veranlassen mit der Frage sofort eine adäquate und reife Reaktion. Er seufzt zwar und behauptet, er habe den Eltern doch schon gesagt, welche drei Gründe er habe. Aber er wiederholt anständig und ruhig seine Begründungen. Er erläutert nochmals, dass er dort mehr Ruhe habe als zu Hause. Kaum hat er dies gesagt, beginnt der Vater ihm zu erklären, dass er bei den Grosseltern gar nicht mehr Ruhe habe. Kein Wunder, hatten die Eltern die Gründe von Hans doch vergessen. Er denkt und empfindet eben nicht so, wie sie es wollen. Häufig endet so ein Gespräch damit, dass Eltern sagen, sie könnten das Kind nicht verstehen! – Wenn sie Hans beim ersten von drei Gründen dreinreden, erlauben sie ihm nicht, seine Ausführungen zu beenden. Obwohl die Eltern selbst genau das bekommen, nach dem sie gefragt haben, zerstören sie es durch ihre eigene Reaktion wieder, weil ihnen die Antwort nicht zusagt. Vielleicht fühlen sie sich zurückgewiesen. Durch Rückmeldung bekommen die Eltern eine Chance, ihr Verhalten zu reflektieren und zu erkennen, warum sie nicht bekommen, was sie wollen:

> „Vielleicht hören Sie die Antworten von Hans nicht gern. Immerhin weist er Sie zurück. Aber Sie haben selbst nach den Gründen gefragt und reden ihm jetzt drein, noch bevor er fertig geredet hat. Ich möchte gerne alle Gründe hören. Obwohl Sie Hans nicht haben ausreden lassen, ist er ruhig und anständig geblieben, zumindest äusserlich. Mancher Junge wird in einem solchen Moment wütend."

Weil viele Kinder sich noch nicht auf diese Weise wehren können, kann der Therapeut so auch als Anwalt des Kindes wirken. Als unabhängigen Erwachsenen kann ihm weniger passieren als dem Kind.

In Fällen, in denen sie nicht ihr eigenes Tun, sondern die Arbeit des Therapeuten zerstören, indem sie zuerst Effekte seiner Interventionen beim Kind kaum wahrnehmen wollen und dann mit ihrem eigenen Verhalten das ursprüngliche Benehmen des Kindes, über das sie sich beklagen, vor seinen Augen so schnell wie möglich wieder hervorlocken, wird er ihnen manchmal „wohlwollend", manchmal erzürnt die Effekte ihrer Sabotage vorführen. Er kann sie provozieren, indem er den Unterschied zwischen seiner Leistung und ihrem „Talent" hervorhebt:

> „Endlich ist Susi ruhig auf dem Stuhl gesessen anstatt wegzulaufen. Und sie hatte angefangen, sich zu öffnen, hat Sie und mich angeschaut, gesprochen und sogar etwas gelacht. Wie ein Alchemist habe ich dazu alle meine Künste eingesetzt ... Sie wissen, die Alchemisten machen aus allem Gold, auch aus ... Waren Sie denn nicht zufrieden mit dem, was Sie beobachten konnten, dass Sie den Mund aufgemacht haben, um uns alle ihre Missetaten erneut aufzuzählen? Vielleicht finden Sie ihre Störungen doch interessanter, als wenn sie anständig und gesittet ist. Prompt hat sie sich jedenfalls bei ihren Worten in ihr Schneckenhaus zurückgezogen, und jetzt ist sie wieder weggelaufen. Ein voller Erfolg. (Mit sehr liebenswürdiger Stimme und freundlich lächelnd) Nun, manche haben Talent, auch Gold wieder zurückzuverwandeln in ..., wenn Sie wissen, was ich meine ..."

Je starrer unser Weltbild, desto weniger werden wir dem gerecht, dass alles, was wir empfinden, denken, glauben, wissen etc., dass alles Psychische, alles Leben sich ständig wandelt. Je mehr Eltern Projektion und Verleugnung gebrauchen, desto weniger können sie sich ein Bild davon machen, wo ein Kind innerlich gerade steht. Weil sie einer statischen Vorstellung nachhängen, wie etwas zu sein hat, können sie einen gerade ablaufenden Wandlungsprozess gar nicht erkennen, eine Entwicklung also weder beobachten noch einschätzen.

Hans war zu seinen Grosseltern gezogen, weil er damit Konflikten mit Gleichaltrigen aus dem Weg gehen konnte. Er wurde zu Hause von denen belästigt und wusste nicht, wie er sich gegen sie wehren sollte. Hingegen hatte er sich auf unbeugsame Weise gegen die Autorität der Eltern durchgesetzt und sie damit schockiert. Sie waren mit seiner Lösung nicht einverstanden gewesen. Aufgrund seines rebellischen Verhaltens und des Drucks, unter dem sie sich fühlten, hatten sie nachgegeben. Der Therapeut bemerkte:

> „Wenn du schon nicht stärker als kleine Kinder deines Alters bist, so hast du doch bewiesen, dass du gegen die mächtigen Erwachsenen aufkommen kannst! Bravo! Wozu willst du es mit den Gleichaltrigen überhaupt noch aufnehmen. Das ist für dich gar nicht mehr interessant. Die sind doch viel zu klein."

Hans reagierte überrascht und entwickelte Reue, weil er gemein zu den Eltern gewesen sei. Diese könnten ja nichts dafür, dass er Konflikte mit Gleichaltrigen habe. Zwei Aspekte seiner momentanen Wirklichkeit begannen sich zu wandeln: erstens seine Vorstellungen davon, wie stark und fähig er war, sich für sich zu wehren, und zweitens erkannte er, dass er seine Schwierigkeiten nicht am falschen Ort austragen wollte. Er bekundete immer deutlicher, sich fortan gegen seine Kollegen besser wehren zu wollen. An dieser Stelle wiederholt der Therapeut mit Absicht mehrmals seine Bedenken:

> „Das wirst du nicht tun. Wozu auch? Wozu willst du dich mit kleinen Jungen nach einem solchen Sieg gegen die Grossen noch messen?"

Solche Sätze provozierten mehr und mehr Vorstellungen darüber, warum, wann und wie Hans bei Schwierigkeiten mit Gleichaltrigen reagieren wollte. Die Zweifel der Eltern, die zwar denselben Effekt auf Hans hatten, waren ganz anders motiviert, denn es entging ihnen offensichtlich, was der Therapeut aus ihrem Kind herausholte.

Ihre „leeren" Reaktionen zeigten, dass sie nichts von dem verstanden, was da in ihrem Sohn gerade passierte. Keine seiner Aussagen, auch die spontane Reue nicht, löste bei ihnen irgendeine Reaktion aus ausser dem vom Anfang der Stunde bis zu ihrem Ende monoton wiederholten Zweifel. Sie waren so sehr mit ihren Vorstellungen beschäftigt, wie Hans zu „sein" hatte, dass sie paradoxerweise ausserstande waren, seine Reifung zu erkennen und zu sehen, wie er sich auf das hin entwickelte, was sie wollten! Sein Einsichtsvermögen und seine Denkweise liessen erahnen, dass er von seinen Eltern bereits unabhängig genug war, um eine wichtige Veränderung in seinem Leben auf konstruktive Weise allein vorzunehmen. Seine Reaktionen zeigten, dass er Profit vom therapeutischen Gespräch hatte. Die Eltern wollten zufrieden sein, wenn sein Benehmen einfach wieder ihren Vorstellungen entsprach. Sie selbst hatten aber noch keinen Gewinn aus der Therapie.

Tatsächlich lösten sich die Konflikte von Hans mit den Gleichaltrigen in kurzer Zeit und damit die Probleme ausserhalb der Familie. Aber damit waren die Probleme innerhalb der Familie noch nicht gelöst. Hans brachte seine Eltern in Not, weil er sich ihnen gegenüber immer mehr wie ein kleiner, abhängiger, weinerlicher Junge benahm, um den man sich andauernd kümmern musste, etwa im Zeitrhythmus, wie man einen Säugling frisch wickeln muss. Die Eltern erhielten unbewusst das Bild des kleinen Jungen, sein kindisches Benehmen am Leben und behinderten seine Entwicklung, indem sie auf alle seine kleinen Leiden eingingen. Sie unterliessen es, Hans in den seinem Alter entsprechenden, sozialen Fähigkeiten herauszufordern.

Während Hans auch in den Konsultationen auf eine altersgerechte Weise selbstsicher und bestimmt auftreten konnte, beobachtete der Therapeut immer häufiger kurz einen verängstigten Ausdruck auf den Gesichtern der Eltern. Sie reagierten auf kleinste Unregelmässigkeiten. Eine einzige schlechte Prüfung reichte und ihre Alarmlampen leuchteten sofort hell auf. Sie sprachen selbst von Ängsten. Nicht dass *sie* Angst gehabt hätten. Behüte, Nein! Die Projektion funktionierte gut. Ihre Sorgen waren wegen der einen, schlechten Schulnote nur zu berechtigt. Sie deuteten die regressiven Verhaltensweisen von Hans als Ängste, die sie diffus auf irgendwelche, nicht verarbeitete Momente der Trennung in seiner früheren Kindheit zurückführten. Weil sie selber den Grund dort nicht finden konnten, wollten sie ihn gerade mit der Hilfe des Fachmannes herausfinden ... und schickten ihn mit ihrer Spekulation in die Wüste hinaus! So können Klienten die wertvollen, mittlerweile weit verbreiteten Erkenntnisse der Psychoanalyse in ihre Dienste stellen, um sich damit ihren Blick für gegenwärtige Entwicklungen zu vernebeln. Tatsächlich stand eine Trennung an: die sich ankündende Pubertät erleuchtete den Horizont wie die Sonne, kurz bevor sie aufgeht. Dieser Moment schien allerdings die Eltern mehr zu beunruhigen als Hans, der mit seiner Regression die vielleicht letzte Gelegenheit wahrnahm, sich noch einmal an den fetten Gewinnen der Kindheit zu erlaben: jederzeit die unbedingte Aufmerksamkeit der Eltern bekommen zu können. Was bei den Eltern nach Verzweiflung aussah, überdeckte ihre tatkräftige Unterstützung der Regression von Hans. Auch für sie war es vielleicht die letzte

Gelegenheit, Hans als Hänschen pflegen zu können. So unterstützte der Therapeut wie immer die laufenden Bestrebungen von Eltern und Kind. Bald begannen die Eltern ihre Haltung zu ändern und fingen an, Hans mehr als Jugendlichen herauszufordern, worauf er zwar mehr aufbegehrte, aber von seinem kindlichen Verhalten Abstand nahm. Die Interventionen erfolgten über mehrere Sitzungen. Zusammengefasst lautete ihre Ausrichtung etwa so:

> „Worauf werden Sie wohl stossen, wenn wir weiter nach den Ursachen der Ängste in der Kindheit suchen? Sie sind jedenfalls auf dem besten Weg. Ihr Hans macht eine ‚Regression', wie es in der Fachsprache so schön heisst. Er entwickelt sich zurück. Er muss ja in die frühe Kindheit zurückkehren, wenn wir die Quelle der Trennungsängste dort entdecken wollen. Daneben besteht ein gewisses Risiko, dass er selbständig wird. Schauen Sie auf die Entwicklung ausserhalb der Familie. Aber dies sollte die Regression zu Hause nicht allzu sehr stören. Hans weint ja weiterhin zu Hause ohne rechten Grund und ist dauernd kränklich, ohne dass der Arzt etwas finden könnte. Sie müssen ständig schauen, dass Hänschen seine Hausaufgaben macht. Sie müssen ihn dauernd umsorgen, bald wieder wie bei einem Bébé. Gut, dass Sie auf jedes Weh-Wehchen eingehen. Das tut Hänschen gut. Und so erhalten auch Sie sich schöne Momente für die Zukunft. Seine Rückschritte werden rasant vorangehen, wenn Sie ihn genug umhegen. Vielleicht wird Hänschen mit 24 Jahren wieder auf dem Boden herumkriechen, an Ihrem Bein hochkrabbeln und auf Ihren Knien herumrutschen, während Sie ihm die Tränen aus dem Gesicht wischen und ihn mit dem Löffel füttern: ‚Komm, Schatzi, feines Breichen für dich ...' Vielleicht werden Sie dann endlich den Grund der Angst erkennen. – (schwärmerisch werdend) Und bei Mami wird das zugleich ein Anblick sein, wie in den Galerien von Florenz: Die Madonna mit dem Kind ..."

Ein wirksames Mittel, Behandlungserfolgen Beständigkeit zu geben, besteht darin, dass der Therapeut die folgende Sitzung beginnt, indem er von sich aus auf neu beobachtete Verhaltensweisen beim Kind und Überzeugungen der Eltern zurückkommt. Allerdings fragt er besser nicht danach, ob sie das Verhalten weiterhin hätten beobachten können. Auch wenn Projektion und Verleugnung während der Therapiestunde anfangen zugunsten einer besseren Wahrnehmung der Realität in den Hintergrund zu treten, in der Zeit zwischen den Therapiestunden funktionieren sie wieder vollumfänglich und führen dazu, dass Eltern das Geschehene vergessen und entwerten. So werden die Eltern den Therapeuten frustrieren, weil sie keine Veränderung beobachten konnten.

Er tut besser daran, die Therapiestunde mit Entwertungsstrategien der Eltern zu eröffnen. Genau wie sie praktiziert er negatives Denken, wenn er zum Beispiel überzeugt darauf hinweist, dass das Kind seit der vergangenen Sitzung vor zwei Wochen bestimmt nie mehr Gehorsam, Bereitschaft zu klaren Antworten, Selbständigkeit, Anstand, Freude – oder was auch immer es war – gezeigt habe. Im Gegensatz zu ihrer undifferenzierten Wahrnehmung in diesem Bereich erinnert er sie auf eine pedantisch exakte Weise an alle spezifischen Details neuer Verhaltensweisen des Kindes in der vergangenen Sitzung und behauptet einfach, so etwas sei seither sicher nie mehr aufgetreten.

„Wissen Sie noch, wie Susi letztes Mal plötzlich angefangen hat zu lachen? Das war neu. Sie hat vor Vergnügen laut gequietscht und im ganzen Gesicht gestrahlt. Aber das war das letzte Mal, dass Sie dies sehen konnten."

Das fordert zu differenziertem Nachdenken heraus. Wenn der Therapeut recht hat, dann stimmen die Eltern von der ersten Sekunde an mit ihm überein. Falls nicht, weckt er ihren Widerspruch. Sie müssen selber anhand konkreter Beispiele begründen, was sich zum Besseren gewandelt hat. Denn er will Tatsachen hören und nicht schwammige Aussagen der Art „es ist besser geworden", „er führt sich jetzt anständig auf" etc. Mit so etwas wird er sich nie zufrieden geben. Im Gegenteil, wird er abwinkend den Eltern unterstellen, sie wollten nur einfach nett und höflich sein zu ihm, weil sie ihn nicht damit enttäuschen wollten, dass rein gar nichts geschehen sei. Ob es nicht sogar schlimmer geworden sei mit dem Kind? – In jedem Fall lenkt er mit diesem Vorgehen ihre Aufmerksamkeit auf konkrete Vorfälle im Alltag und macht sie ihnen bewusst. Dies verändert ihre Wahrnehmung der Realität, weil es Projektion und Verleugnung entgegenwirkt. Zugleich bekommt er ein differenziertes Bild der Ereignisse seit der letzten Konsultation, wie immer sie auch gewesen sind, und damit konkretes Material für weitere therapeutische Arbeit.

7.2.9 Zusammenfassung: Wirkung von Projektion, Verleugnung und Passivität – Interventionen

Projektion

„Ich versuche einen anderen Menschen wahrzunehmen ..."  „... und statte ihn mit Eigenschaften meiner Phantasie aus."

OM: andere   **OM:** selbst

Effekte auf Therapeut: Position andere einnehmen

Interventionen

Projektion mit z.T. heftigen Affekten löst bei Therapeut
➤ leicht auch heftige Gefühle aus,
➤ die Tendenz, sich mit dem zu identifizieren, auf den projiziert wird, z.B. mit Kind (OM: andere),
➤ die Tendenz, Wahrnehmung von Klient korrigieren zu wollen.

Merke: häufig geben Eltern dem Therapeuten mit ihren Projektionen ihre Diagnose, damit er weiss, was er zu tun hat. Beachte die Rollenumkehr!

➤ <u>Persönliche Reaktionen von Therapeut</u> für Intervention nutzen.
➤ <u>Unterschiede in Ähnlichkeiten</u> verwandeln.
➤ <u>Umdeutung: abgelehntes Verhalten</u> der anderen Person als <u>Ressource</u> darstellen und aufzeigen, wie Klient das Verhalten verstärkt.
➤ <u>Szenisches Spiegeln</u> mit Zielen:
 – Differenzierung der Wahrnehmung bei Klient, speziell von Ursache-Wirkung,
 – Fähigkeit von Klient verbessern, sich in andere zu versetzen.

Verleugnung

„Ich übe Einfluss auf andere ..." „... und verleugne die Wirkungen meines Handelns."

OM: können   **OM:** nicht können

Effekt auf Therapeut: Können beweisen

Interventionen

Die „Unfähigkeit" oder „Hilflosigkeit" von Klient provoziert, dass Therapeut Kompetenz beweisen und zeigen möchte, was möglich ist. Dies mündet in Darstellung vernünftiger Lösung. (OM: können)
Therapeut hat auch rasch viele Erkenntnisse über die Wirkung der Handlungsweise von Klient und möchte sie dem Klienten offenbaren, was in Kritik mündet.

➤ <u>Inadäquate Lösungen</u> verstärken und weitere anbieten. „Was ist falsch daran, dass Sie ...?"
➤ <u>Effekt des inädquaten Verhaltens</u> auf das Kind nachweisen. „Das Kind kann sich das leisten bei Ihnen ..."
➤ <u>Szenisches Spiegeln</u>

Passivität

„Ich erkenne, dass etwas zu tun ist ..." „... aber ich verhalte mich passiv."

OM: aktiv   **OM:** passiv

Effekt auf Therapeut: aktiv werden   **Interventionen**

Passivität von Klient aktiviert Therapeut und bringt ihn dazu, an Stelle von Klient zu handeln. (OM: aktiv)

- ➤ Beobachten, wann und wie Passivität von Klient aktivierend wirkt.
- ➤ Explizit passive Reaktion von Therapeut. Angebot dankend ablehnen!
- ➤ Passivität von Klient verstärken: „Warten!"
- ➤ Das Kind hat *keinen Grund* sich anders zu verhalten.

Inadäquate Lösungen
- ➤ Ich sage es ihm immer wieder, aber es nützt nichts.
- ➤ Nichts tun und auf bessere Zeiten warten.
- ➤ Die Arbeit anderen überlassen – „Sagen doch *Sie* mir, was ich tun soll."
- ➤ Planlos und viel belohnen.
- ➤ Nachgeben, vor allem wenn Regeln in Frage gestellt werden.

- ➤ Immer Aufmerksamkeit schenken.
- ➤ Alle Wünsche erfüllen, möglichst sofort.
- ➤ Das Vorrecht des Kindes, Chef zu sein und sofort angehört zu werden.
- ➤ Den Teufel für einen Engel halten.
- ➤ Wortgefechte ohne Resultate.
- ➤ Anschreien und Schimpftiraden.
- ➤ Jagden hinter dem Kind her durch die Wohnung.
- ➤ Schlagen.

7.3 Interventionen in Kindertherapien

Sind die ersten Hürden im Kontakt einmal genommen, hat ein Kind Zutrauen zum Therapeuten gefunden, ist Einzelarbeit mit Kindern im Rahmen von Erziehungsberatungen etwas Lebendiges und bereichert die Phantasie des Therapeuten auf erfrischende Weise. Was wir Erwachsene Kindern an Erfahrung und Wissen voraus haben, und was zugleich unsere Wahrnehmung und Verhaltensmöglichkeiten auch einschränkt, haben sie uns an Unvoreingenommenheit in der Wahrnehmung voraus und auch an Möglichkeiten, zu phantasieren und zu experimentieren. Deshalb sind sie so schnell in ihren Reaktionen und Möglichkeiten. Sie probieren einfach immer weiter aus und geben so einem Spiel oder einer Aufgabe unerwartete Wendungen. Dabei stabilisiert ein Kind manchmal eine Verhaltensweise, die wir nicht wünschen. Wir werden rat- und hilflos, wenn wir selbst keine Phantasie mehr entwickeln können. Einfälle brauchen wir jetzt, wenn wir ein Kind dazu bringen möchten, einfach noch weitere Lösungen auszuprobieren, bis wir eine akzeptieren können.

Eine einfache Form, ein Kind zu einer Verhaltensänderung zu motivieren, besteht darin, ihm so schnell wie möglich einen Spiegel seiner Verhaltensweisen vorzuhalten oder es auf liebevolle Weise so zu behandeln, wie man selbst von ihm behandelt wird. So lernt es rasch die Wirkung seines Verhaltens einschätzen. Es lernt, zu erkennen, was es bei anderen auslösen kann. Tut man dies auf fürsorgliche Art, verstehen die meisten Kinder sofort, worum es geht, und entwickeln umgehend neue Verhaltensweisen. Diese Linie findet sich in allen nachstehenden Fallbeispielen. Wenn der Therapeut einmal das Vertrauen eines Kindes gewonnen hat und ganz auf das Kind bezogen ist, kann er – auch in der Gegenwart von Eltern – in vielen Fällen die Erfahrung machen, dass ein Kind fähig ist, sofort von unerwünschtem Benehmen abzusehen und sozialere Verhaltensweisen zu entwickeln. Es braucht dann nur noch eine systematische Unterstützung derselben. Aber da sind dem Therapeuten enge Grenzen gesetzt. Er gehört nicht zum natürlichen Umfeld im alltäglichen Leben des Kindes. Es ist an den Eltern, diese Unterstützung zu leisten. Diese dazu zu motivieren kommt manchmal dem Versetzen eines Berges gleich. Dies hat, wie mehrmals erwähnt, mit ihren Überzeugungen zu tun. Was sie an neuem Verhalten selber in der Therapiestunde beobachten konnten, würde dasselbe Kind nie ihnen gegenüber zeigen. Und schon folgt eine Liste von Begründungen, eine jede ein Spiegel einer weiteren, tiefsitzenden Überzeugung, die der Therapeut nun zu bearbeiten hat ...

7.3.1 Die Aufmerksamkeit der Kinder bekommen

| Das Kind signalisiert Bereitschaft, die Stunde mit dem Therapeuten zu beginnen. |  | Das Kind beschäftigt sich gleichzeitig mit etwas, von dem der Therapeut ausgeschlossen bleibt. |

Beispiele für solche Momente gibt es zahllose. Im Wartezimmer spielt ein Kind bereits ganz vertieft für sich allein und streckt dem Therapeuten geistesabwesend die Hand zum Gruss entgegen. Die Aufforderung der Eltern zu Anstand und ihre Anweisung, dem Therapeuten in das Behandlungszimmer zu folgen, wird mit derselben Geistesabwesenheit quittiert: „Nur noch schnell ..." Oder ein Junge folgt dem Therapeuten in den Therapieraum, während er gleichzeitig mit dem Gameboy spielt. Er setzt sich dort auf den angebotenen Stuhl und spielt weiter. Oder der Therapeut möchte eine bestimmte Angelegenheit mit einem Kind besprechen. Dieses spielt die ganze Zeit über mit einem Ball, lässt diesen fallen und rennt hinter ihm her durch den Raum, während es desinteressiert, scheinbar lustlos und knapp Antwort gibt.

In allen Situationen wird der Therapeut widersprüchliche Empfindungen haben. Er fühlt sich vielleicht zurückgewiesen und gekränkt. Aber er möchte auch etwas mit dem Kind unternehmen und er soll es auch, denn es ist sein Auftrag. So mag er sich fragen, vielleicht mehr oder weniger lustlos, wie er die Aufmerksamkeit des Kindes jetzt bekommen kann. Verbündet er sich mit der bereits kooperativen Seite und versucht das Kind zu ermuntern, seine Aufmerksamkeit ganz dem Therapeuten zu widmen, hat er mit dem Widerstand der Seite zu rechnen, die sich gar nicht mit ihm beschäftigen will. Er wird leicht in einen Kampf um die Aufmerksamkeit verwickelt, von dem viele Eltern ganze Bände berichten können. Ein Weg, der von Anfang an mühevoll und wenig lustvoll zu werden verspricht. Mehr Erfolg versprechend ist die Taktik, sich vollständig mit der Seite zu verbünden, die nicht zu einer Kooperation mit dem Therapeuten bereit ist und so das negative Verhalten zu verstärken.

In dem Fall erklärt der Therapeut, dass er sehe, dass der Junge mit dem Gameboy spielen wolle. Derweil wolle er sich auch um seine eigenen Angelegenheiten kümmern. Und er verlässt zum Beispiel umgehend das Therapiezimmer, lässt die Türe offen und amüsiert sich draussen mit Kollegen, so dass der Junge es hören kann. Jetzt ist der Junge der Ausgeschlossene. Die „Pause" des Therapeuten dauert bei diesem Manöver leider meist nur sehr kurz und schon taucht der Junge auf und beansprucht den Therapeuten für sich ... Auf dieselbe Art erklärt der Therapeut dem ballspielenden Buben, dass er solange mit dem Ball spielen solle, wie er wolle. Unterdessen werde er sich mit seinen Notizen beschäftigen. Wenn der Junge fertig gespielt habe und zum Gespräch bereit sei, solle er ihm dies doch bitte sagen ... Auch da hat er meist keine ganze Minute Zeit für seine Notizen, dafür aber die volle Aufmerksamkeit des Jungen.

Bei dieser „Spielerei" werden grundlegende Dinge in der Beziehung geregelt. Es geht darum, wer darum besorgt ist, dass der Therapeut die Aufmerksamkeit des Kindes bekommt. Sein Vorgehen signalisiert unmissverständlich,

➤ dass er nur die volle Aufmerksamkeit des Kindes zu akzeptieren bereit ist,
➤ dass das Kind diese jederzeit während der Konsultation bekommen kann,
➤ dass er andererseits seine Zeit sehr gut nutzen wird, wenn das Kind von seinem Angebot keinen Gebrauch machen sollte,

- dass das Kind dafür zu sorgen hat, dass es die Aufmerksamkeit des Therapeuten bekommt,
- und dass das Kind selbst entscheiden kann, wann es sich seinerseits dem Therapeuten zuwenden will.

In diesem Vorgehen macht der Therapeut dem Kind keine Vorwürfe für sein Verhalten. Er straft es auch nicht. Er gibt keine langen Erklärungen ab. Er fordert das Kind einfach zu einer klaren Entscheidung heraus und akzeptiert diese dann auch. Er versetzt es in die Lage, in einer sozialen Situation aktiv handeln zu können, Verantwortung für sein Handeln zu übernehmen und demonstriert ihm die Konsequenzen der verschiedenen Alternativen.

7.3.2 Zappelphilipp

Seit Jahrhunderten zermürben sie die Nerven ihrer Erzieher. Während einiger Zeit lautete ihre Diagnose Psychoorganische Störung (POS). Heute heissen sie moderner ausgedrückt hyperaktive Kinder, haben eine Hyperkinetische Störung (HKS) oder eine Aufmerksamkeitsdefizitstörung (ADS/ADHS). Was auch immer sie haben, die Diagnostik stellt die Störung in den Mittelpunkt.

Ausführlich auf diese „Störung" einzugehen würde den Rahmen dieser Arbeit sprengen. Da sie in der Erziehungsberatung häufig auftaucht, die Behandlungen viel Zeit beanspruchen und der Autor durch die Arbeit mit einer Anzahl dieser Kinder und ihren Eltern manche Beobachtungen sammeln konnte, seien einige Anmerkungen erlaubt. Ein Zappelphilipp ist motorisch auffallend unruhig, kann sich nicht über längere Zeit konzentriert derselben Aufgabe widmen und hat häufig zudem Ausbrüche von Wut und Gewalttätigkeit, die er kaum kontrollieren kann. Die „Störung" definiert sich in erster Linie dadurch, dass das Kind Verhaltensweisen zeigt, die schlecht zu unserer motorisch weitgehend ruhigen Lebensweise und unseren Vorstellungen von Aufmerksamkeit passen. In einem ganz anderen Kontext können diese „Störungen" sofort als ausgesprochen gut integrierte Kompetenzen erscheinen.

Unruhe mündet bei einem zehn Jahre alten Jungen, der leidenschaftlich gerne auf einem Bauernhof arbeitet, in nützliches Engagement, zu dem er mit seiner Energie über Stunden und Tage fähig sein kann. Die Ausstrahlung der Tiere wirkt zudem auf natürliche Weise beruhigend auf das Kind, weidende Kühe z.B. mit ihrem rhythmischen Glockengeläut laden zu Beschaulichkeit einfach ein. Aber es ist keine Frage, dass der Junge heutzutage auch einen Gameboy akzeptieren und sich stundenlange damit beschäftigen wird, wenn man ihm diese Lösung anbietet. Elektronische Geräte sind „die" Massnahme, um die Unruhe eines Zappelphilipp wirkungsvoll zu steigern. Sie genügen auf hervorragende Weise wichtigen Kriterien, um selbst bei von Natur aus ruhigen Kindern wenigstens zeitenweise Hyperaktivität hervorzurufen: intensive, auf ein kleines Segment fokussierte Aufmerksamkeit und Aufnehmen rasch wechselnder Reize entsprechen exakt einem typischen Muster der sogenannten Aufmerksamkeitsdefizitstörung! – Wir haben durchaus Wahlmöglichkeiten, wie wir die Energie der Unruhe kanalisieren wollen. „Aber bei uns geht das halt nicht, weil ..." lautet die Antwort vielfach. Natürlich, denn elektronische Spielgeräte sind „kostengünstiger" und rascher verfügbar in einer Zeit, in der wir sowieso keine Zeit haben.

Nach Beobachtungen des Autors ist wie eben angedeutet die Aufmerksamkeit bei einem Zappelphilipp zunächst einfach anders ist als beim Durchschnitt der Bevölkerung. Sie charakterisiert sich durch die *Fähigkeit*, Aufmerksamkeit mit andauernd grosser Intensität (!), rasch wechselnd, vollkommen auf einen jeweils kleinen Ausschnitt der Realität zu richten. Dieses Kind verliert dabei an Überblick, umso mehr als es kaum Verbindungen zwischen den verschiedenen, aufeinander folgenden Erfahrungen schafft. Aber es gewinnt auch etwas: hohe Erlebnisintensität, die gerade durch den sehr eng gewählten Fokus seiner momentanen Aufmerksamkeit möglich wird. Dem entspricht eine grosse Hingabe an den Augenblick und Begeisterungsfähigkeit. Dies entspricht bei den Orientierungsmustern dem Zeiterleben „innerhalb", bei welchem eine Person ganz im gegenwärtigen Augenblick lebt. Eine Qualität, die vielen von uns abhanden geht, und die im Umgang mit den Spielen auf elektronischen Medien geweckt wird. Dies mag ihre Faszination erklären.

Der Autor hat weiter beobachtet, dass ein Zappelphilipp trotz eng fokussierter Aufmerksamkeit Informationen über das Gehör aufnimmt. Meistens solche, die den Zappelphilipp und soziale Situationen in der Familie betreffen. Aber nicht unbedingt die Informationen, welche wir Erwachsene für ihn wichtig halten, wie z.B. Weisungen! Auch wurde der Autor von ihrer originellen Sichtweise immer wieder beeindruckt, die spezielle Lösungen von Problemen ermöglicht.

Die Störung lässt sich aus einem anderen Gesichtswinkel ebenso gut als eine Häufung spezieller Kompetenzen verstehen, von denen wir alle Nutzen haben können. Damit diese Kinder mit unseren Normen und unserer Zeitorganisation – Orientierungsmuster „ausserhalb" – leben können, brauchen sie in einigen Bereichen eine geduldige und spezielle Führung. Zu ihrer Sicherheit und um Aufgaben adäquat lösen zu können, brauchen sie Unterstützung darin, im richtigen Moment ihren Aufmerksamkeitsfokus so zu weiten, dass sie die gesamte Umgebung besser einbeziehen können. Weiter brauchen sie Unterstützung darin, wie sie verbale Information in Vorstellungen transformieren können, damit sie danach planmässig handeln können. Dies ist schon beim Lösen einfacher, alltäglicher Aufgaben wichtig, wie die Anweisung zu einem Gang in den Keller, um dort Konservendosen zu holen. Die Fähigkeit zum Visualisieren nach sprachlichen Anweisungen ist grundlegend beim Erlernen von Schreiben und Rechnen.

Bei der Behandlung von Zappelphilippen sind dem Autor Muster in deren Familien aufgefallen, welche die Schwierigkeiten jeweils verstärken. Angst vor ihren aggressiven Ausbrüchen bei den Eltern bis zu Verleugnung und Weglaufen. Ein sehr beunruhigender Rahmen für das Kind, wenn Eltern sein Verhalten nicht aushalten, nicht unterbrechen und so weder die Umwelt noch das Kind vor seinem Ausbruch schützen können. Chaotische Regeln sind ein weiterer Faktor. Eltern, die sich bei jeder Gelegenheit selber unkontrolliert von ihrem Kind in endlose Diskussionen verwickeln lassen und so Modell für schlecht fokussierte Aufmerksamkeit sind. Eltern, die ihrem Kind mitten in der Nacht noch erlauben, Klavier zu spielen, und sich überdies um diese Zeit zu einem lauten Streit hinreissen lassen, wie ein spezielles Musikstück richtigerweise gespielt werden soll. Eltern, die dem Therapeuten gegenüber Verhaltensweisen zeigen, die bei ihm unmittelbar Unruhe auslösen. Wenn sie z.B. wiederholt ausgerechnet bei der Verabschiedung ganz dringend noch wissen müssen, wie ... Und falls der Therapeut antwortet, bekommt er eine wortreiche und bedrängende Anzahl Beispiele dafür, was alles nicht funktionieren kann, so dass er die Klienten kaum mehr aus dem Behandlungszimmer hinausbringt. Schnell wird auch er jetzt Gefühle von Unruhe entwickeln. – Wie soll ein Kind ruhig bleiben können, welches täglich mit einer Vielzahl solcher Einflüsse leben muss? Seine Unruhe ist vielleicht auch Ausdruck davon, dass es sich beunruhigt fühlt über das Verhalten der Eltern. Bemerkenswert ist, dass in den meisten Beispielen die Eltern selbst einen Bezug zur Zeit haben, bei dem sie sich im Moment von etwas hinreissen lassen und wenig auf äussere Zeitstruktur achten. Diese Beobachtungen haben den Autor dazu veranlasst, die Behandlung der Zappelphilippe weitgehend mit den Eltern gemeinsam durchzuführen.

Nachfolgend ein kleiner Ausschnitt aus der ganzen Breite von Aspekten, die in der Behandlung einer Berücksichtigung bedürfen. Die Behandlung des Zappelns, der Unruhe. Ein Ansatz, der sich auch eignet, die manchmal stark erhöhte Lautstärke eines Kindes zu behandeln.

Der Autor konnte im beruflichen und im privaten Bereich zahlreiche, positive Erfahrungen sammeln, indem er diesen Kindern bei verschiedenen Gelegenheiten einen direkten Spiegel ihres Verhaltens vorhielt. Wenn er selbst – wohlgemerkt ausschliesslich in Momenten guten Einvernehmens und bei 100%-iger Sympathie gegenüber dem Kind, mit einem Zwinkern in den Augen und einem Lächeln im Gesicht! – zu zappeln anfing, den Körper und die Arme um die Stuhllehne in derselben Weise verrenkend wie das Kind, reagierten die anwesenden Eltern und das Kind zuerst verblüfft. Das Kind hielt jedes Mal in seinen Verrenkungen inne, wurde ruhig, schaute aufmerksam zum Therapeuten und begann zu lachen. Natürlich, denn ein Erwachsener, der seine Beine zum Zappeln erst hochziehen muss, sieht urkomisch aus. Zugleich ist er ein Spiegel, den diese Kinder kaum je sonst bekommen. Sie sehen nicht, wie sie sich von anderen unterscheiden und was das Spezielle an ihnen ausmacht.

Dafür haben sie schon endlos viele Ermahnungen und Anweisungen erhalten, fast ausschliesslich über das Gehör. Ausgerechnet auf der verbalen Ebene, auf der diese Kinder Informationen meist nur bedingt einordnen und schon deshalb nicht leicht befolgen können.

Ermahnungen halten ausserdem allen, Erwachsenen wie Kindern, vor Augen, worin wir versagen. Kein Wunder – diese Kinder fühlen sich entmutigt. Es fehlt ihnen eine Unterstützung, die zu ihren inneren Möglichkeiten passen würde. Die Stärke eines liebevollen Verhaltensspiegels liegt darin, dass er keine Ermahnung darstellt, sondern nur einfach feststellt, wie etwas ist. Der Empfänger hat nichts falsch gemacht.

Zu beobachten ist regelmässig, dass das Kind unmittelbar nach der Spiegelung hyperaktiven Verhaltens ruhig sitzen kann. Eine wichtige Beobachtung, weil das Kind exakt das Verhalten zu zeigen beginnt, welches die Umgebung von ihm wünscht. Natürlich dauert diese Ruhe nur kurz an und wird deshalb leicht übersehen oder wieder vergessen. Das Kind fängt im Verlauf der Stunde bald wieder an zu zappeln. Wenn der Therapeut effektiv sein will, heisst es dranbleiben und den Spiegel konsequent aufrechterhalten, sobald das Kind wieder zu zappeln anfängt. So bekommt es eine Chance, eine Rückmeldung über die Wirkung seines Verhaltens im 1:1-Format zu bekommen. So etwas hat es noch nie erlebt. Und dies erweitert ohne Zweifel sein Wissen über sich selbst, wenn die Rückmeldung ohne unterschwellige Ermahnung erfolgt. Der Charakter des Spielerischen ist deshalb bei dieser Art von Rückmeldung wichtig. Der Therapeut will einfach auch zappeln dürfen. Der Autor hat solche Momente zum Anlass genommen, seinerseits zappelnd, sich dafür zu interessieren, wie das ist, wenn man das immer wieder tun muss … Was man dabei erlebt. Wie man sich fühlt. Wer spricht schon über diese Fragen mit dem Kind, wenn uns das Verhalten in erster Linie stört?

Die Provokation lässt sich steigern, wenn der Therapeut dem Kind – weiterhin in spielerisch-freundschaftlichem Ton – zuruft, er wisse, dass es das tun müsse und gar nicht anders könne. So wahr diese Feststellung ist, so herausfordernd ist sie zugleich. Denn so wie sich das Kind jetzt von aussen sieht, will es nicht wirken. Und wenn es jetzt zu protestieren beginnt und behauptet, dass es schon ruhig sein könne, ist es genau dort, wohin der provokative Ansatz es im besten Fall bringen kann. Es will nun von sich aus sein Verhalten ändern. Das ist die Basis, die es zu stärken gilt. Eine spielerische Wette ohne zu hohe Ansprüche kann das Kind motivieren, sein unruhiges Verhalten unter Kontrolle bringen zu wollen. Man kann beispielsweise eine Wette darüber eingehen, ob es fähig sein wird oder nicht, sich in der Schule in der nächsten Woche ruhiger zu verhalten.

Das Behandeln des Zappelns beansprucht auch mit dieser Methode viel Zeit, Ausdauer und überdies konsequenten körperlichen Einsatz vom Therapeuten. Es geht nie darum, die motorische Aktivität der Betroffenen zu unterdrücken. Vielmehr sollen sie ihre Fähigkeit entwickeln, selber Kontrolle darüber zu gewinnen. Der Autor kennt viele Kinder und einen Wissenschaftler, die darauf angewiesen sind, sich während des Denkens und Erinnerns intensiv bewegen zu können, um ihre geistige Leistungsfähigkeit voll entwickeln zu können! Woher kommt die Idee, dass wir zum Nachdenken immer ganz ruhig auf Stühlen sitzen müssen?

7.3.3 Nein! Aufs Klo, dahin geh ich nicht!

Diese Kinder bringen Ärzte und Eltern zum Verzweifeln, wenn sie sich nicht von den Windeln lösen wollen und manchmal bis kurz vor Eintritt in den Kindergarten den Stuhlgang auf der Toilette verweigern. Sie können hartnäckig bis zu zehn Tagen ihren Kot zurückhalten, auch wenn sie selbst Schmerzen haben und unter Verstimmungen leiden. Mit Einläufen lässt sich das Problem kurzfristig lösen, nicht aber die Haltung des Kindes. Das Kind führt allen vor, dass niemand in der Lage ist ausser ihm, über seinen Körper zu bestimmen. Für alle Betroffenen sind die Auswirkungen zum mindesten lästig, wenn nicht sogar auf widerwärtige Weise Ekel erzeugend. Verunreinigung der Kleider, der Bettwäsche und besonders intensiver Gestank des lange zurückgehaltenen Kotes sind die direkten Folgen, weil es den Kindern nie gelingt, den Stuhlgang vollkommen zurückzuhalten. Weiter leiden sie an gesundheitlichen Beeinträchtigungen, Verstimmungen und Konflikten mit den Angehörigen bis zu dem Punkt, an dem die Problematik zum Mittelpunkt der Beziehung zwischen Mutter und Kind wird. Das Kind beweist eine enorme Fähigkeit, sich durchzusetzen, gegen die Natur und wider die Ansprüche seiner Eltern. Die Erwachsenen stehen ohnmächtig da und manchmal erlebt sich eine Mutter als Versagerin, weil *sie* es nicht schafft, dass ihr Kind endlich normalen Stuhlgang hat. Der Autor hat in mehreren Behandlungen zunächst mit der Mutter gearbeitet, damit sie eine entspanntere Haltung zurückgewinnen und akzeptieren konnte, dass ihre Möglichkeiten zur Kontrolle über das Verhalten ihres Kindes begrenzt sind. Dies allein reicht häufig nicht, so dass auch Interventionen beim Kind angebracht sind. Sein Dilemma präsentiert sich so:

„Ich sollte mich den Ansprüchen der Natur und den Anforderungen der Eltern beugen und meinen Kot loslassen."

„Ich weigere mich den Kot herzugeben und verweigere deshalb den Gang auf die Toilette."

OM: fremdbestimmt

OM: selbstbestimmt

Der Autor hat mit folgendem Vorgehen guten therapeutischen Erfolg gehabt. Er wendet sich an das Kind:

> „Du willst nicht auf das Klo gehen und Gacki machen. Das macht gar nichts. Du brauchst das gar nicht zu tun. Ich erzähle dir, was passiert."

Und nun erzählt er dem Kind eine Geschichte, die teils wahr und teils absurd ist. Sie beinhaltet ein falsches Bild des menschlichen Köpers, weil sie den Darm auf wenige Zentimeter verkürzt. Irgendwie weiss das Kind selbst, dass die Geschichte nicht wahr ist, weil sie nicht mit seinen Erfahrungen übereinstimmt. Er fährt also weiter:

> „Ich erkläre dir jetzt, wie dein kleiner Körper funktioniert. Wenn du das Essen schluckst, rutscht es in einer Röhre hinunter in den Bauch (Magen). Dort nimmt dein Körper aus dem

> Essen, was er braucht, damit du grösser werden kannst. Was er nicht braucht, das rutscht weiter. Das ist der Gacki. Der kommt in eine nächste Röhre. Dein Fudiloch ist der Ausgang der Röhre, wo dann der Gacki rausfällt."

Der Therapeut erklärt diese Zusammenhänge mit ganz einfachen Worten und zeigt dabei mit den Händen, wie gross diese Körperteile sind, sorgsam darauf bedacht – ganz entsprechend der Körpergrösse des Kindes –, sie als sehr klein darzustellen. Speiseröhre, Magen und besonders den Darm, den er extrem untertreibend etwa so lang wie einen Finger präsentiert, stellt er als ganz kleine Teile dar:

> „So füllt sich die Röhre beim Fudiloch nach jedem Essen."

Er gestikuliert weiter und stellt es so dar, als würde der Darm nach einem Essen bereits zur Hälfte gefüllt.

> „Nun, wenn du keine Lust hast, Gacki zu machen, dann drückst du unten einfach fest zu. Das kannst du ganz gut, glaube ich. Das ist in Ordnung. Dann füllt sich die Röhre halt einfach nach oben, bald auch der Bauch (Magen) und dann kommt die obere Röhre (der Therapeut zeigt weiter mit den Händen die Verhältnisse an) ... und nach ein paar Tagen drückt es den Gacki ganz automatisch oben heraus. Vielleicht ist das für dich praktischer, wenn er oben herauskommt. Und vielleicht magst du das sogar, wegen dem Geschmack ..."

Der Therapeut schmückt die Geschichte mit vielen unappetitlichen Details aus, die der Autor Leserinnen und Lesern zuliebe weglassen möchte, vorzugsweise mit solchen, welche Erfahrungen des Geschmacks und des Geruchs betreffen. Er ist nie ganz ernsthaft bei dieser Geschichte. Das Kind reagiert widersprüchlich. Es zeigt natürlich Interesse an den Erklärungen zu seinem Körper und den Details. Aber die Geschichte weckt auch Unglaube, Widerwillen und Ekel, eine ganze Anzahl geistig und körperlich gesunder Reaktionen! Sie soll das auch, denn so kann sie den Widerstand des Kindes gegen sein ungesundes Verhalten wecken. Das Kind lacht einerseits und zum anderen beginnt es zu protestieren. Es wolle nicht, dass der Gacki oben rauskommt. Dies sei „gruusig". Es weiss schon, dass die Geschichte nicht ganz stimmt. Dennoch tut sie ihre Wirkung. Es setzt sich mit den Ereignissen auseinander, denkt nach, und wenn es gegen diese neue Lösung protestiert, beginnt es sich implizit für normales Verhalten einzusetzen. Während ein Kind fasziniert bei der Darstellung mitgeht, kann die Mutter, die daneben sitzt, die Augen auf beunruhigende Weise verdrehen und weiss wie ein Camembert werden, so dass der Therapeut sich bald mehr Sorgen wegen ihr macht. Wird sie ihm noch angewidert ohnmächtig vom Stuhl fallen und wird er sie reanimieren müssen? Wahrscheinlich haben viele Erwachsene für solche Vorstellungen eine weit geringere Toleranz als Kinder. Und natürlich ist dieselbe Toleranz beim Therapeuten Voraussetzung dafür, dass er überhaupt so vorgehen kann. Ansonsten wird er sich womöglich mittendrin ob seiner eigenen Geschichte übergeben müssen ...

Durch diese Intervention versetzt der Therapeut das Kind in ein neues Dilemma. Zunächst impliziert er, dass der Kot sowieso irgendwann herauskommen wird. Dies ist wahr und deckt sich mit der Erfahrung des Kindes. Er verschafft ihm mit der Geschichte die Illusion einer Wahl. Dabei geht es nicht darum, ob der Kot oben oder unten herauskommt, sondern darum, gegen welche Anweisung das Kind aufbegehren wird. Gegen die absurde Erlaubnis des Therapeuten oder weiterhin gegen die vernünftigen Anweisungen seiner Eltern.

Der Autor konnte beobachten, dass die Problematik sich in der Familie manchmal explosionsartig löst, analog dem Schicksal des Kotes, wenn er mal doch nicht mehr zurückgehalten werden kann. Die Mutter verliert eines Tages die Geduld und weigert sich ihrerseits, weiter die widerlichen Konsequenzen des Verhaltens ihres Kindes zu tragen. Wenn die Mutter genug hat, dann muss das Kind plötzlich z.B. einen Nachmittag lang in den Kleidern herumlaufen, die voll von übelriechendem Kot sind, den es nach mehreren Tagen einfach nicht mehr hatte zurückhalten können. Natürlich wird es gleichzeitig isoliert. Und es muss die Reinigung der Kleider, seines Körpers und der Wohnung von etwaigen Spuren selber und allein vornehmen. Solange die Mutter diese ekelerregende Aufgabe übernimmt, braucht das Kind sich nicht mit den lästigen Folgen seiner Gewohnheit zu befassen. Verweigert sich die Mutter ihrerseits, bekommt das Kind den Ekel zu spüren. Dieselbe Verschiebung der Gefühle bewirkt der Therapeut mit seiner Geschichte beim Kind. Die realen Folgen, mit einer „vollgeschissenen" Hose herumlaufen zu müssen, sind natürlich ungleich qualvoller, aber manchmal notwendig, wenn man die Motivation des Kindes für seine Art, mit dem Stuhlgang umzugehen, wirkungsvoll verändern möchte!

7.3.4 Phobien und Ängste

Kinder haben naturgemäss vor manchen Dingen Angst: vor Dunkelheit, der Nacht, dem Wald, allein zu sein, verlassen zu werden, vor Tieren, vor dunklen Männern. Manchmal wachsen sich Ängste im Kindesalter zu einer richtigen Phobie aus oder betreffen verschiedene Ereignisse zugleich mit einer Heftigkeit, die ihr Leben und ihre Entwicklung stark einschränken. Dennoch scheinen auch starke Ängste therapeutisch gut beeinflussbar. Mit den nachfolgend beschriebenen zwei Verfahren gelingt es fast immer, massive Ängste in kurzer Zeit zumindest zu reduzieren, manchmal auch vollkommen aufzulösen. Das ist regelmässig für das Kind und die Familie eine grosse Erleichterung.

In der einen Strategie betritt der Therapeut die private Lebensbühne des Kindes und identifiziert sich mit seiner Angst, die er in ihrer ganzen Heftigkeit und Lebendigkeit inszeniert. Was bisher innen war, kann das Kind so von aussen betrachten. Der Therapeut schafft eine Veränderung seiner Situation auf der Ebene eines Orientierungsmusters. Wo es zuvor nur assoziiert mit seiner Angst sein konnte, bekommt es die Möglichkeit zu dissoziieren und seine Angst aus Distanz untersuchen zu können. Viele vom Kind vorgeschlagenen Spiele eignen sich für dieses Vorgehen.

Wenn Susi „Kaufladen" spielen will, bekommt der Therapeut meist die Rolle des Kunden. Er betritt also den Laden als ganz normaler Kunde, kauft ein, und spielt soweit das Spiel, wie alle Kinder es gerne mögen. Als er aber den Laden verlassen soll, beginnt er zu zittern, bekommt einen unruhig flackernden Blick, wird bleich im Gesicht und beginnt sich herumzudrücken, als wollte er nicht aus dem Laden. Schliesslich sagt er:

> „Ich habe Angst nach Hause zu gehen. Es ist so dunkel jetzt. Und dann ist da immer der grosse Hund, an dem ich vorbeimuss. Können Sie mir helfen?"

Natürlich bekommt Susi an dieser Stelle sofort Interesse, weil sie dies kennt. Aber im Spiel hat sie eine andere Rolle inne. Sie ist Ladenbesitzerin und Verkäuferin, der Kunde – zwar ein erwachsener Riese – offenbar ein verängstigtes, kleines Kind. Und nun will dieses ihre Ratschläge. Das ist eine Herausforderung. Das bringt sie zum Nachdenken:

> „Du kannst ja auf die andere Strassenseite wechseln. Musst einfach tief schnaufen und geradeaus schauen."

Der Therapeut bleibt solange verängstigt, bis er ein dutzend guter Ratschläge hat, und versichert sich immer wieder, dass die schon funktionieren werden. – Wenn er dann den Laden endlich verlässt, noch immer zögernd, wird Susi sich diese einmalige Chance nicht entgehen lassen, dem armen Kunden jeden erdenklichen Schrecken auf dem Heimweg zu bereiten. Sie wird ihn als wild knurrenden Hund anfallen, zum unheimlichen, dunklen Mann, zu herumhuschenden Schatten, gefährlichen Spinnen ... Ein Spiel, das Spass bereitet und Susi wichtige Erfahrungen vermittelt: sie kann ihre Angst untersuchen, Rat geben und im letzten Schritt mit latenten Potentialen experimentieren, wenn sie selber einmal gefährlich ist, vielleicht auch lauter, frecher, mutiger, grösser und stärker als üblich.

Bereits in der Vorbereitung von Einzelstunden mit einem solchen Kind kann der Therapeut dessen Mut stärken. Natürlich kommt es zur ersten Besprechung gemeinsam mit einem Elternteil. Wenn der Therapeut z.B. erfährt, dass Susi Angst hat vor dunklen Männern auf der Strasse, kann er sie schon im ersten Gespräch damit herausfordern. Sinnvollerweise erst nachdem er sichere Zeichen dafür hat, dass Susi Vertrauen zu ihm gewonnen hat. Also wenn sie gezeigt hat, dass sie den Therapeuten irgendwie gern bekommen, und nachdem sie mit ihm etwas Spass gehabt und gelacht hat. Dann kann der Therapeut sich plötzlich etwas verunsichert geben, an seiner eigenen Kleidung herunterschauen und zum Beispiel auf eine dunkle Hose aufmerksam machen. Er kann sie fragen, ob sie nicht Angst haben werde, wenn sie mit ihm ganz allein sein werde. Bekommt er schmunzelnden Protest, ist er auf dem richtigen Weg, und kann nach weiteren Zusicherungen fragen. Jeder Protest bezeugt wachsenden Mut im Kind.

Die andere therapeutische Möglichkeit ist, das Kind in einen Kampf gegen seine Ängste zu verwickeln. Kinder, die gerne Herausforderungen haben, mögen dieses Vorgehen, speziell natürlich kampflustige Buben. Dazu schafft der Therapeut eine Gelegenheit zu einem spielerischen Zweikampf. Körperliche Kämpfe sind geeignet, da das Kind dann mit ganzem Einsatz ein Stück Freiheit gegen die Angst erringen kann. Der Therapeut kann dem Kind vorschlagen, mit ihm zu fechten, z.B. mit dazu geeigneten Schlagstöcken aus Schaumstoff. Während des Kampfes beginnt er das Kind anzufeuern. Laut und herausfordernd ruft er ihm Sätze zu:

> „Du magst ja schon nicht mehr."
> „Hah, gleich wirst du aufgeben."
> „Natürlich kannst du nicht noch kräftiger ausholen."

Diese Bemerkungen provozieren Widerspruch. „Doch!" beginnt das Kind zu entgegnen und beweist sein Können, indem es sich mit noch mehr Kraft ins Zeug legt. Sobald der Therapeut erkennt, dass er eine starke Protesthaltung erzeugt hat, wenn das Kind übereinstimmend mit Worten und mit Taten kräftig opponiert, ändert er den Inhalt seiner Herausforderungen. Nun ruft er ihm zu, dass es nie fähig sein werde, seine Ängste zu überwinden. Dazu sei es zu klein und zu schwach.

> „Nie im Leben wirst du eine Spinne berühren können" oder:

> „Wenn du das nächste Mal ein Flugzeug besteigen musst, wirst du natürlich wieder losheulen, zittern und schreien." „Unmöglich, dass du ruhig in so ein gefährliches Flugzeug steigen kannst" – „Du nicht! Du kannst nicht ruhig sitzen im Flugzeug und mit Spass zum Fenster hinaus auf all diese kleinen Häuser schauen."

Je nach Phobie wird er seine Sätze abwandeln und sie wieder und wieder dem Kind zurufen. Denn jeder Widerspruch seinerseits, jedes „Doch!" und jedes „Nein!" stärkt seinen Willen, die beängstigenden Augenblicke zu bewältigen. Sein Kampf gegen seine Angst kann nicht nur das Kind, sondern auch den Therapeuten manchen Schweisstropfen kosten. Der Sieg ist ein gemeinsam errungener für etwas, was den Einsatz lohnt.

7.3.5 Prüfungsangst

Im hier dargelegten Verfahren werden zwei Techniken verwendet, „Provocative Therapy" und Hypnotherapie. Der Autor hat schon in manchen Fällen Erfolg damit verzeichnet. Das Vorgehen ist während der Therapiestunde mit rationalem Verstand und Logik unmöglich zu begreifen. Der Dialog bekommt so absurden Charakter, dass Klienten danach jeweils vollkommen verwirrt hinausgehen und meist keinen Sinn im Gespräch entdecken können. Erstaunt sind sie, wenn sie dann in der nächsten Prüfung entdecken, dass sie ruhiger und konzentrierter arbeiten können als sonst. Der Prozess umgeht das Bewusstsein und ist direkt auf unbewusster Ebene wirksam. Eben dort, wo die wirklich wirksamen Verhaltensänderungen geschehen! Der Autor wendet ihn erst in einem Alter an, in dem ein Kind über sich reflektieren kann. Es soll fähig sein zu erkennen, dass es sich Dinge im Kopf selber sagt. Ab 14 Jahren etwa lässt sich das Vorgehen anwenden und natürlich auch bei Erwachsenen. Bei jüngeren Kindern bevorzugt der Autor das oben dargestellte, körperliche Kämpfen gegen Angst.

So wenig das Vorgehen in der Therapiestunde mit Logik und Verstand zu begreifen ist, so schwierig gestaltet sich die Darstellung einer Regieanweisung dafür in Textform, weil der Therapeut auf mehreren Ebenen kommuniziert, diese rasch wechselt und dazu schnell Intonation und nonverbales Verhalten ändert. Letzteres wird mit verschiedenen Schriftarten wiedergegeben. Am einfachsten lässt sich das Vorgehen als eine Demonstration verstehen, in welcher der Therapeut abwechselnd Angst und Konzentration vorspielt. Sein Ziel ist, das, was der Klient immer wieder muss, nämlich Angst haben, zu dem hinüberzuführen, was er können will, nämlich konzentriert arbeiten.

1. Vorbereitung der Intervention – Diagnostik und Zielzustand

Ausgangslage ist eine Inkongruenz etwa der folgenden Art:

„Ich fühle Nervosität, Druck, Angst etc. und muss immer wieder denken:" 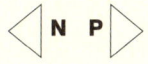 „... dabei sollte ich jetzt ruhig sein und mich konzentrieren können."

„Jetzt kommt es wirklich darauf an!"
„Jetzt muss ich es können."
„Ich werde versagen."
„Ich kann es nie." etc. ...

Diagnostik bedeutet, dass der Therapeut sich durch Exploration die Sätze aneignet, die dem Klienten im Kopf herumgehen, während er zunehmend unruhig und nervös wird. Sie lassen sich in der Regel nicht direkt erfragen. Auch Erwachsene begreifen nicht, wovon man redet, wenn man sie nach solchen Sätzen fragt. Meist sprechen Klienten diese aber irgendwann spontan aus. Also höre man einfach sehr aufmerksam zu. Oder man provoziert sie heraus, indem man mögliche Gedanken unterstellt. Man kann sagen: „Sicher denken Sie (oder denkst du) in den ersten Minuten der Prüfung: ..." Diese Sätze sind **Überzeugungen**. Einige Beispiele sind in der Inkongruenz auf der linken Seite **fett geschrieben**. Der Therapeut achtet besonders auf den Tonfall, in welchem der Klient diese ausspricht. Der Tonfall hat meist alles andere als die dringend benötigte, beruhigende Wirkung. Im Gegenteil signalisiert er eher eine zur Nervosität passende Alarmstimmung, besser geeignet, jemanden für eine Flucht vor einem möglichen Raubüberfall vorzubereiten als in Ruhe eine Übersetzung zu schreiben. Der Therapeut eignet sich den Tonfall an. Er soll fähig sein, die Sätze, die der Klient im Kopf dreht, wörtlich und im richtigen Tonfall zu spiegeln, weil dies den Zustand der Prüfungsangst markieren und auslösen kann.

Der Therapeut bereitet weiter *Suggestionen* vor. Ziel ist, dass der Klient Fähigkeiten aktiviert wie ***ruhig, konzentriert, sicher erinnern, kombinieren, arbeiten und Aufgaben*** *lösen* zu können. Die **kursive Schrift** markiert die Suggestionen. Der Therapeut soll dabei nicht nur von diesen Dingen sprechen, sondern fähig sein, sie wie ein Schauspieler überzeugend zu demonstrieren. Er soll Ruhe und Konzentration ausstrahlen mit Körperhaltung und Stimme, während er davon spricht. Am besten versetzt er sich selber in den entsprechenden Zustand.

2. Übereinstimmung schaffen

Der Klient weiss natürlich, dass er sich beruhigen können sollte, aber dies eben gelingt ihm nicht. Er kämpft vergeblich gegen die Unruhe an. Der Therapeut formuliert dies z.B. mit den Worten: „Sie wissen jeweils, dass Sie jetzt eine wichtige Prüfung zu bestehen haben, und das macht Sie nervös. Sie wissen »**Jetzt kommt es wirklich darauf an!**« Das sagen Sie zu sich selbst. Und heftige Unruhe befällt Sie. Sie kämpfen dagegen an. Aber es nützt nichts. Nichts mehr will Ihnen in den Sinn kommen, obwohl das jetzt wichtig wäre." Damit stimmt der Therapeut sich auf den Klienten ein. Wenn er es gut macht, quittiert der Klient mit: „Ja genau" und führt vielleicht weiter aus: „Ich sollte mich doch konzentrieren können, aber ich werde immer nervöser. **Es kommt jetzt wirklich darauf an.**"

3. Intervention

Sie beinhaltet einen Teil, welcher der Grundregel der „Provocative Therapy" folgend die negative Seite verstärkt, also Nervosität, Druck, Angst verbunden mit den entsprechenden Überzeugungen. Dem folgt unmittelbar danach ein Teil mit Suggestionen für einen optimalen Arbeitszustand. Der optimale Arbeitszustand wird nonverbal vorgespielt.

Überzeugungen → *Suggestionen*

Bei dieser Technik wendet der Therapeut einen sehr wichtigen sprachlichen Kniff an. Es ist dieser Kniff, der Verwirrung auslöst.

▶ Den Teil der Nervosität mit der negativen **Überzeugung** formuliert er als etwas, was der Klient *muss*. Der Therapeut redet in positiven Formulierungen, in Affirmationen. Das stimmt mit dem Erleben des Klienten überein. Er hat keine Wahl. Was er auch versucht, er kommt immer wieder auf diese störende Nervosität zurück.

▶ Den Teil der **Suggestion** formuliert der Therapeut als etwas, was der Klient *nicht kann*. Der Therapeut verwendet das Wort „nicht", eine negative Formulierung oder einfach eine Negation. Dies stimmt auch mit dem Erleben des Klienten überein, obwohl er sich wünscht, die Suggestionen wäre wahr.

Man kann auch einfach sagen, dass die Überzeugungen in Form von Affirmation und die Suggestionen in Form von Negation dargestellt werden.

Beide Mitteilungen besagen für den bewussten Verstand dasselbe. Es kommt auf das gleiche heraus, wenn er hört, dass er nervös oder unruhig sein muss, oder wenn er hört, dass er nicht ruhig und konzentriert sein kann. Dem Klienten bleibt nichts anderes, als ständig zu bejahen, was der Therapeut sagt. Auf unbewusster Ebene geschieht etwas ganz anderes. Die zuerst formulierte Nervosität wird übergeführt in Vorstellungen von Ruhe und konzentrierten Arbeitens. Damit der Klient sich eben auf unbewusster Ebene diese Vorstellungen macht und eine Brücke bilden kann zwischen den beiden Erlebnissen, ist es wichtig, dass der Therapeut beide Rollen gut und überzeugend darstellen kann. Wenn der Klient andauernd mit dem Therapeuten übereinstimmt, dessen Aussagen bejaht und mit Nicken begleitet, bejaht er zugleich die Verbindung der beiden Vorstellungen auf unbewusster Ebene. Das heisst, dass er daran ist, eine Verbindung von Nervosität zu Konzentration zu bilden! Damit diese Verbindung dauerhaft werden kann, braucht es Wiederholung. Der Therapeut wird diese Verbindung in einer Stunde beliebig oft wiederholen 10, 20 oder noch mehr mal.

Hat das ganze einmal angefangen, läuft das Karussell von selbst. Klienten machen automatisch mit, „müssen" mitmachen, weil der Therapeut sich in ihre Denkschlaufen begeben hat. Das geht so, dass Klienten protestieren, weil sie doch gar nicht nervös sein wollen. Ebenso begehren sie dagegen auf, dass sie unfähig sind, sich zu konzentrieren. Weil sie dies nicht brauchen können. „Natürlich nicht," wird der Therapeut antworten „das ist es ja. Aber Sie können eben nicht anders. Sie müssen immer wieder denken **Jetzt kommt es aber darauf an** und werden einfach nervös. So ist es un*möglich*, dass Sie *ruhig und konzentriert arbeiten* können." Solche Aussagen passen dem Klienten in der Regel gar nicht, obwohl der Therapeut recht hat. Der Klient mag es nicht, wenn der Therapeut ihm sagt, dass er etwas „müsse". Dies reizt zum Widerspruch, die typische Wirkung provokativer Interventionen. Hier auch eine treibende Kraft, welche die Suggestionen tragen und deren Wirkung verstärken dürfte. Der Motor dafür, dass der Dialog kein Ende findet, ist der Widerspruch des Klienten. Vielleicht kann sich die Leserin/der Leser ausmalen, dass der daraus entstehende Dialog vom Inhalt her vollkommen sinnlos ist. Seine Komik löst auch vielmals Lachen aus. Und wenn der Klient mal abschweift, dann gönnt der Therapeut ihm diese Pause und kehrt nach einer Weile zum absurden Dialog zurück, um dessen Wirkung zu verfestigen.

Damit sich Leserinnen und Leser einen solchen Dialog vorstellen können, wird ein kleiner Auszug ausformuliert.

Th: „**Jetzt kommt es wirklich darauf an!**" Das sagen Sie zu sich selbst. Und heftige Unruhe befällt Sie, so dass sie kaum mehr arbeiten können. Nichts mehr will Ihnen in den Sinn kommen.

Kl: Ja genau. Aber ich werde immer nur noch nervöser. Dabei sollte ich mich jetzt konzentrieren können und irgendwie ruhiger sein. **Es kommt doch jetzt wirklich darauf an**.

Th: Ja: **„Es kommt doch jetzt wirklich darauf an."** (zitiere Klient in Worten und Intonation. Werde zu seiner inneren Stimme, jedes Mal wieder, wenn du seine Gedanken spiegelst.) Und natürlich wissen Sie: Sie sollten *einfach ruhiger sein, ganz gelassen die Aufgaben lösen, eine nach der anderen, am besten mit traumwandlerischer Sicherheit das richtige tun*. Aber eben. **Das ist** ganz un**möglich**. Eben können Sie *jetzt* nicht *ruhiger werden*, so dass Sie sich *besser auf Ihre Aufgabe konzentrieren* werden. (Alle kursiv hervorgehobenen Satzteile – direkte Suggestionen! – mit ruhiger Stimme aussprechen und durch leichte Betonung hervorheben. Mit Körperhaltung Ruhe ausstrahlen.)

Kl: Das ist es eben. Obwohl ich weiss, dass es vernünftiger wäre, kann ich mich nicht beruhigen. Mir geht dann immer durch den Kopf, dass **es jetzt wirklich darauf ankommt**.

Th: Das einzige, was zählt, ist, dass **es jetzt wirklich darauf ankommt**. So *sinnvoll* es wäre, so sehr Sie sich dies *wünschen* … dies ist irgendwie un*möglich* … Sie möchten *ruhiger werden, gelassen an die Aufgaben gehen und sie so lösen, wie es zu Hause auch geht* … Aber das ist nicht *denkbar*.

Kl: Ja das ist so. Aber was soll ich denn machen? Ich kann das eben nicht denken. Ich kann immer nur eines denken. **Es kommt jetzt wirklich darauf an**.

Th: **Es kommt ja jetzt wirklich darauf an**. Das ist so, und deshalb <u>müssen Sie das denken</u>: Un**möglich** dann **ruhiger** zu **werden** und **anfangen** sich *gut* zu **konzentrieren** …

Eine Feinheit der Hypnotherapie ist die doppelsinnige Verwendung des Satzteils <u>müssen Sie das denken</u>. Er bezieht sich sowieso auf die Überzeugung am Anfang des Satzes. Zugleich dient er als Überleitung zur Suggestion, die er mit dem Wort „müssen" verstärken kann.

Das Verfahren gleicht durchaus dem im Kapitel über Phobien und Ängste beschriebenen Kampf, nur wird er hier auf verbaler Ebene ausgetragen. Es kann auch bei anderen Anliegen sinngemäss verwendet werden, um einem Klienten zu erleichtern, einen negativen Zustand in einen konstruktiveren überzuführen. Z.B. hat der Autor das Verfahren bei Erwachsenen mit Einschlafschwierigkeiten mit Erfolg verwendet. Unglaublich, was Menschen mit Einschlafstörungen für laute, farbige und lebhafte Szenen im Kopf haben, welche sie natürlich vom Einschlafen abhalten.

„Provocative Therapy" allein wirkt darauf hin, dass ein Mensch seine Konflikte selber wieder ausgleichen kann. Im hier beschriebenen Verfahren kommen suggestive Elemente hinzu, die ein Ziel vorgeben. Das ganze Verfahren kann nur funktionieren, wenn dem Erreichen des Zieles auf unbewusster Ebene nicht wichtige Widerstände entgegenstehen. Ein solcher Widerstand kann darin bestehen, dass ein Gymnasiast nicht besser werden darf als sein Vater, der das Gymnasium nicht geschafft hat, weil der Sohn dessen Zorn und Neid fürchtet. Ein solcher Konflikt bedarf therapeutischer Bearbeitung. Leichte Widerstände dagegen werden mit dem beschriebenen Verfahren durch den Kampf mit dem Therapeuten im Verlauf des Prozesses aufgelöst.

7.3.6 Überzeugungen verändern

Bei der Behandlung von Phobien und Ängsten werden natürlich wichtige Überzeugungen geändert, auch wenn nie darüber gesprochen wird. Zuvor wusste das Kind, dass sein Flugzeug abstürzen würde. Jetzt hat es wieder Vertrauen, dass auch sein nächster Flug gut verlaufen wird. Gerade das zuletzt beschriebene Vorgehen, einen Kampf gegen angsteinflössende Umstände zu inszenieren, kann auch als Modell dienen für Veränderungen von Überzeugungen in anderen Bereichen. Ein scheuer Junge, der wenig Vertrauen in sich zu haben scheint und in der Schule entsprechend schlechte Leistungen erbringt, kann auf ähnliche Weise herausgefordert werden. Dazu eignet sich ein einfaches Gesellschaftsspiel, bei dem es Gewinner und Verlierer gibt. Natürlich schlägt ein Junge mit wenig Selbstvertrauen von sich aus solche Spiele vor, weil er doch auch gewinnen möchte. Gerade in Momenten, wo der Junge gut spielt und der Therapeut am Verlieren ist, kann er anfangen den Jungen mit Bluff herauszufordern. Diese Strategie ist dem Buben natürlich bekannt, denn auch er hat sie in der Not mit Bestimmtheit schon angewendet. Therapeut und Klient bewegen sich auf demselben Terrain und das schafft eine gute Beziehung. Der Therapeut fordert den Jungen also bluffend heraus:

> „Du wirst sehen, gleich werde ich aufholen. Und dann ist es vorbei mit deinem Vorsprung."
> „Du wirst nicht gewinnen."
> „Das wirst du nie schaffen."
> „So einer wie du, der kann nie gegen mich gewinnen."

Je schlechter der Stand des Therapeuten, desto lauter sein Bluff und umso wilder seine Behauptungen, dass er schon noch gewinnen werde. Natürlich widerspricht der Junge wiederholt. Er hat ja allen Grund dazu. Er widerspricht aber nicht nur dem Therapeuten. Mit dem Widerspruch gegen die Aussage „So einer wie du, der kann nie gegen mich gewinnen" ist er herausgefordert, gegen bestehende, eigene Überzeugungen anzukämpfen. Er tut dies mit jedem Widerspruch, während er zugleich im Spiel erfährt, dass er tatsächlich gewinnen kann. – Dies ist eine verdeckte und subtile Strategie. Sie wirkt direkt auf unbewusste Prozesse, ohne dass es notwendig gewesen wäre, über die angesprochenen Überzeugungen zu reden. Ein zufälliger Zuschauer, der das Vorgehen nicht kennt, merkt nichts von einer Strategie und erkennt nur das banale Gesellschaftsspiel. Eltern sagen zu solchen Spielen gerne: „Was hat das gebracht? Das kann er doch zu Hause auch spielen!"

7.3.7 Beim Spiel betrügen

Eine leicht unsoziale Verhaltensweise, die vielfach Streit in Familien auslöst. Manches Kind beginnt natürlich auch in der Therapie in einem Spiel zu betrügen, wenn es daran ist zu verlieren und dazu nicht bereit ist. Der Therapeut fängt am besten sofort auch an, Regeln zu übertreten, und das Kind herauszufordern. Er kann zudem behaupten, dass es gar nicht fähig ist, Regeln einzuhalten. – Ein nettes Feld zum Betrügen für den Therapeuten ist das Ende des Spiels. Während gerade kleine Kinder mühsam und mit Eifer ihre Punkte zusammenzählen, sitzt der Therapeut lässig da. Er lässt seinen Blick schnell über ein oder zwei seiner Karten schweifen, ohne sich die Mühe zu nehmen, die Punkte zusammenzuzählen. Als das Kind sein Resultat bekannt gibt – und beim Zählen war es natürlich aufrichtig – blufft der Therapeut und nennt ein viel zu hohes Resultat. Damit das Kind seinen Sieg beweisen kann, muss es nun die Zahlen auf den Karten des Therapeuten auch zusammenzählen. Das ist eine harte und mühsame Arbeit. Aber diesen Einsatz leisten Kinder regelmässig gerne in dieser Lage. Und dabei sind sie immer ehrlich! Jetzt setzt das Kind sich von sich aus für Ehrlichkeit ein und für das, was richtig ist.

7.3.8 Beschimpfungen und Beleidigungen „umprogrammieren"

Es gibt Buben, die bereits zu Beginn der Primarschule die Gewohnheit entwickeln, ihre Mutter mit unflätigen Worten zu beschimpfen und sie respektlos zu behandeln. Natürlich gibt es Mütter, die diesem Spiel rasch und sehr resolut ein Ende setzen. Andere erdulden die Demütigungen und finden keine wirkungsvolle Möglichkeit, das Treiben ihres Sohnes zu beenden. Alleinstehende und geschiedene Mütter haben in diesen Situationen häufig einen schweren Stand. Was sie in ihrer ohnmächtigen Wut tun, steht ganz im Gegensatz zu ihrer Absicht, den Respekt zurückzugewinnen, und ist eher dazu geeignet, das unerwünschte Verhalten noch zu verstärken. Sie bekommen Wutanfälle, schreien und schimpfen, schlagen vielleicht auch und lassen sich hinreissen, hinter dem Zögling her durch die Wohnung zu rennen oder beginnen zu weinen. Natürlich benimmt sich der Bub zunehmend respektlos. Und schlimmer noch: er amüsiert sich über seine Mutter auf ihre Kosten. – In einzeltherapeutischen Sitzungen kann derselbe Junge durchaus angepasst wirken. Wenn er aber in irgendeiner Form anfängt dasselbe Verhalten in der Therapie zu zeigen, lassen sich interessante Beobachtungen machen. Meist geschieht dies im Rahmen eines harmlosen Spiels, in dem er anfängt eine Spielfigur, die der Therapeut spielt, mit denselben unflätigen Worten wie die Mutter zu beschimpfen. Soll der Therapeut das Verhalten gewähren lassen mit der Rechtfertigung, dass sich das problematische Verhalten ja auf das Spiel verschoben habe und jetzt in einem neutralen Rahmen geschehe? Soll er es unterbrechen und das Kind zu alternativen Verhaltensmöglichkeiten veranlassen unter der Annahme, dass das Kind im tiefsten Inneren nach Modellen sucht, die ihm ermöglichen, Respekt zu entwickeln? Bei Kindern, die ohnehin schon wegen dissozialem Verhalten behandelt werden, hat der Autor beobachten können, dass der Ausdruck von Aggression im Spiel nicht mit angepassteren Verhaltensweisen in der Realität einhergeht. So hat er sich eindeutig für die zweite Version entschieden, dissoziales Verhalten gezielt zu unterbrechen und soziale Verhaltensweisen an deren Stelle zu provozieren.

Dies geschieht durch eine einfache Technik. Wenn das Spiel sich einmal etabliert hat und der Therapeut verstanden hat, dass jetzt er – natürlich indirekt als Spieler einer Hexe oder eines Tieres – mit unflätigen Worten beschimpft wird, beginnt er systematisch unmittelbar auf jede Beschimpfung mit deutlich sichtbarer Müdigkeit und Langeweile zu reagieren. Wie im Märchen verfällt er samt Spielfigur sekundenschnell in einen tiefen, scheinbar unauflösbaren Dornröschenschlaf, es sei denn ein Zauberwort würde gefunden und ausgesprochen … Plötzlich und überraschend fällt er im Spiel für den Jungen aus. Damit hat jener natürlich nicht gerechnet. Jetzt ist der Therapeut für sein Spiel nicht mehr verfügbar. Der Junge hat den falschen Knopf betätigt. Falls er nicht selber auf den Fehler kommt, kann der Therapeut nachhelfen und ihm aus seinem Halbschlaf andeuten, dass er und die Spielfigur auf bestimmte Worte mit Schlaf und auf andere mit Munterkeit reagieren. In kürzester Zeit lernt der Junge um. Wechselweise beschimpft er Therapeut und Spielfigur, so dass beide wiederholt in Schlaf verfallen. Dann wieder weckt er Therapeut und Spielfigur, indem er ihnen sagt, sie seien lieb und nett. So lernt er systematisch, Aufmerksamkeit und Einsatz des Therapeuten für soziales Verhalten zu gewinnen. Das Beschimpfen und die unflätigen Worte haben innerhalb von weniger als zehn Minuten in ihrer ursprünglichen Funktion ausgedient. Beschimpfungen, Beleidigungen und Gossensprache machen keinen Spass mehr. Der Junge möchte ja die Aufmerksamkeit des Therapeuten und mit ihm spielen. Und dazu braucht er einen Partner. Wenn der ausfällt, ist kein Spiel mehr möglich. Dies ist in der Realität genau so wie im Spiel. Beeindruckend wie rasch ein Kind sich auf eine andere Verhaltensweise einstellt, wenn ihm konsequent ein anderer Rahmen angeboten wird. Beeindruckend auch, wie sehr für Kinder im Grunde alles Spiel ist. Wenn die andere Person mitspielt, dann machen Kinder weiter und finden ihren Spass daran. Erst recht, wenn sie bemerken, dass sie über andere dominieren können. Wenn die andere Person aussteigt, dann erst sind sie herausgefordert, nach neuen Verhaltensmöglichkeiten Ausschau zu halten.

Ausserhalb der Therapie hat dieses Spiel keine Folgen, solange die Mutter durch ihre Reaktion unbeabsichtigt den Spass ihres Sohnes weiterhin schürt. Immerhin macht das Kind eine neue Erfahrung mit der unerwarteten Reaktion des Therapeuten. Das gibt seiner Sicht des Lebens eine winzige Änderung. Mit der Intervention kann der Therapeut auch feststellen, wie beweglich ein Kind in seinen Verhaltensmöglichkeiten ist. Es ist möglich, dass der Junge über ein gutes Dutzend Schimpfworte verfügt, aber nur ein einziges kennt, das Zuneigung ausdrücken kann. Dann bietet das Spiel eine Möglichkeit, sein Repertoire zu erweitern, in dem Therapeut und Spielfigur nur noch bei neuen Worten erwachen. Vor allem gibt das Spiel eine Menge Beobachtungsmaterial für Gespräche mit der Mutter. Es kann sie ermutigen, besser darauf zu achten, mit welchen Reaktionen sie soziale, resp. dissoziale Verhaltensweisen ihres Sohnes fördert.

Manche Techniken aus diesem Kapitel können auch im Erziehungsalltag von Eltern, Lehrern u.a. eingesetzt werden. Ein Aspekt der hohen Kunst, Kinder durch schwierige Zeiten zu führen, besteht ja darin, auf liebevolle Art böse zu ihnen sein, liebevolle Fürsorge mit Härte und Konsequenz verbinden zu können. Eine Legierung widersprüchlicher Gefühle, welche für die „Provocative Therapy" charakteristisch ist, weshalb sie punktuell und gezielt eingesetzt ein ausgezeichnetes Instrument darstellen dürfte zur Bewältigung schwieriger Zeiten in der alltäglichen Erziehung.

8. Tradierung von Gewalt und Nicht-Denken bei Konflikten – eine Perspektive für das dritte Jahrtausend

Über viele Jahre Arbeit in der Erziehungsberatung ist der Autor auf zwei Erziehungsmodelle aufmerksam geworden, weil sie stereotyp in allen Familien vorkommen, egal welcher Herkunft und egal wie verschieden die Beratungsanlässe jeweils sind. Gemeint sind nicht komplexe Modelle, wie sie an Hochschulen oder im Rahmen von Elternbildungen irgendwo vermittelt und gelernt werden können, sondern einfache und pragmatische Modelle, die offenbar verbreitet unser Verhalten im Alltag steuern. Nicht Modelle, die wir bewusst einsetzen. Im Gegenteil: sie sind unauffällig und sind uns kaum bewusst. Sie erscheinen uns so selbstverständlich logisch und richtig, dass wir diese „Wahrheiten" gar nicht als Modelle oder übergeordnete Ebenen erkennen. Deshalb können wir sie auch nicht reflektieren. Das Phänomen scheint kollektiv unbewusst zu sein. In zwei Sätze zusammengefasst lauten die Modelle:
➤ *Ein Kind lernt in der Erziehung durch Belehrung, also durch Worte.*
➤ *Ein Kind lernt in der Erziehung, indem ihm Gedanken vorgegeben werden.*

Gewiss folgt nicht die ganze Arbeit der Erziehung nach diesen Modellen, sondern über weite Strecken sogar auf ganz andere Weise. Vieles übernehmen Kinder ohne unser bewusstes Dazutun z.B. durch Identifikation. Aber die Modelle haben zeitenweise grosse Bedeutung, jedenfalls dann, wenn Schwierigkeiten auftauchen. Mit Orientierungsmustern lassen sich beide Aussagen so charakterisieren, dass die Erziehenden beim Übermitteln von Regeln, Verhaltensweisen, Sitten und Wissen eine aktive Position einzunehmen haben, während das Kind das zu Lernende auf passive Weise aufnimmt. Bestimmt soll die ältere Generation aktiv etwas tun, um der nachfolgenden ihre Traditionen mit auf den Weg zu geben. Fragwürdig ist die dem Kind zugeschriebene, passive Rolle.

Entgegen aller Psychologie und Pädagogik mit ihren wissenschaftlichen Erkenntnissen verwenden wir im Alltag im Falle eines Konflikts gern ein Modell des Lernens, welches Erleuchtungen längst vergangener Epochen entspringt: das Trichtermodell, in dem Wissen dem Kind eben „eingetrichtert" wird, wie man Flaschen abfüllt. Ein mechanistisches Modell, von dem wir begeistert sind, wenn andere es auf uns anwenden! Ehepartner tun dies gelegentlich, Chefs auch. Wie herrlich sind solche Momente der Belehrung, in denen wir uns dumm und dämlich fühlen wie der letzte Trottel. – Nun ist es Zeit, dass wir uns räuspern und etwas undeutlich werden in unseren Aussagen: wir können einwenden, dass Kinder ja noch nichts wissen, wenn sie zur Welt kommen. Also muss man es ihnen sagen ... Nein, das Modell wird in keiner Weise dem Wesen des Menschen gerecht, der von klein auf ein eigenständig und persönlich reagierendes Wesen ist. Sollten wir dies nicht einsehen, dann verstehen Kinder sehr wohl, wie sie uns dies klar machen werden: mit „Störungen", die wir nicht verstehen und der Weigerung, sich uns zu öffnen. Es kommt offenbar etwas anderes heraus, als wir gemeint haben, wir hätten es hineingetan!

Eine Darstellung obiger Sätze als Inkongruenzen und eine Analyse der Orientierungsmuster verdeutlicht, welche Möglichkeiten wir weitgehend ungenutzt lassen.

Ein Kind lernt durch Belehrung, also durch Worte.		Ein Kind lernt durch Erfahrung.
OM: hören		**OM:** spüren, sehen und hören

Ein Kind lernt, indem ihm Gedanken vorgegeben werden.		Ein Kind lernt, indem es Gedanken selber denkt.
OM: passiv / Orientierung am Selbst der erwachsenen Person		**OM:** aktiv / Orientierung am Anderen, dem Kind

Die zwei Modelle der Erziehung fördern
➤ das Missachten der Wahrnehmung unserer Erfahrungen auf allen Sinnesebenen zugunsten einer Überbewertung sprachlicher Mitteilungen,
➤ die Beachtung der eigenen Position mehr als die Fähigkeit, die Welt aus der Sicht der anderen zu sehen und die Erfahrungen anderer Menschen zu verstehen,
➤ mehr passives Verhalten im sozialen Umgang als eigenes Denken, Phantasie und die Fähigkeit, aktiv eine Position einzunehmen.

Belehrungen nutzen nur einen unserer fünf Sinneskanäle, das Gehör. Und wenn sie noch in einem Ton erfolgen, den ein Kind nicht mag, z.B. wenn er schrill, laut oder sonst irgendwie als zu eindringlich erlebt wird, verschliesst es sich rasch vor der Mitteilung. Lernen aus Erfahrung ist viel umfassender, weil es alle Sinnesebenen einbezieht. Beispiele mit positivem sowie negativem Ausgang wurden dafür angeführt. Hier sei an den Zappelphilipp erinnert, der weit besser auf eine Spiegelung seiner Verhaltensweisen reagierte als auf wiederholte Ermahnungen, endlich ruhig zu sitzen. Eltern, die erfolgreich mit unruhigen Kindern umgehen, verstehen es im richtigen Moment dem Kind kleinste Signale zu geben, eine Geste, ein Blick oder ein einzelnes Wort auf bestimmte Weise betont, z.B. der Name des Kindes. Das genügt als Hinweis darauf, dass es unruhig geworden ist und veranlasst das Kind, sein eigenes Verhalten unter Kontrolle zu bringen. Gesprochen wird kaum!

Das Vorgeben von Gedanken stellt uns als erziehende Person in den Mittelpunkt und nicht das Kind als Empfänger von Botschaften. Die Gedanken, die übermittelt werden, entstehen in unserem Kopf und bleiben leider ausschliesslich dort, solange Erklärungen nichts nützen. Im Modell der Orientierungsmuster heisst dies, dass wir uns an uns selbst ausrichten, an unseren Werten, Überlegungen, Denkweisen und Gefühlen. Diese zu reflektieren ist ein erster Schritt im Hinblick auf erzieherische Arbeit, auf den wir nicht verzichten können. Wir hätten allerdings guten Grund, uns mehr dafür zu interessieren, wie ein Kind unsere Botschaften aufnimmt und verarbeitet. Dem schenken wir im Alltag auffallend wenig bewusste Aufmerksamkeit. Wir beschäftigen uns generell in der alltäglichen Verständigung weniger damit, was andere aus unseren Mitteilungen machen, als mit dem Inhalt unserer Botschaften.

Bei Erklärungen und häufig wiederholten Belehrungen vollziehen wir eine Überlegung immer wieder aktiv, während das Kind spürt, dass es sich jetzt am besten passiv, ruhig und abwartend verhält, bis das Ganze vorüber ist. Manchmal stellen wir Rückfragen. Zu einem echten Dialog laden wir es nicht ein. Ein Lernen aus Erklärungen kann unter diesen Umständen nicht erwartet werden. Hingegen dürfen wir mit einem anderen Lerneffekt rechnen, der Gewöhnung an passives Verhalten. – Eltern, die mit unlösbaren Schwierigkeiten im Umgang mit ihren Kindern kämpfen, zeigen häufig selbst eine passiv-reaktive Position. Auch sie haben es so gelernt und sind daran, dies weiterzuvermitteln. Sie haben wenig Möglichkeiten, aktiv einen alternativen Plan für ihr Vorgehen mit dem Kind zu entwickeln.

Dass wir im Umgang mit unseren Kindern häufig in eine reaktive Position kommen ist ganz natürlich, eben weil sie als eigenständige Wesen von Geburt an Dinge tun, die wir nicht vorhersehen können. Automatisch sind wir in einer reaktiven Position, wenn das ältere Kind in einem Anfall von Eifersucht die Wohnung zu demolieren beginnt, wenn es uns bei der Versorgung des eben geborenen Jüngsten beobachtet. Wir müssen ja etwas tun, um dieses gewalttätige Verhalten zu stoppen. Wenn wir bei einer Wiederholung dieses Vorfalls nicht erkennen, wie wir eine aktive Position einnehmen und dafür sorgen können, dass das Kind mit seinem aggressiven Verhalten schon gar nicht anfangen kann, werden wir in eine Position kommen, in der wir bald nur noch auf die Anfälle des älteren Kindes reagieren können. So etwas kann sich ganz rasch zu einer grossen Belastung auswachsen und ist ein häufiger Beratungsanlass. Aus einer aktiven Position dagegen werden wir das ältere Kind führen, indem wir es z.B. in Zukunft aus dem Raum hinausschicken, bevor wir mit der Versorgung des Jüngsten beginnen. Das grössere Kind kann uns jetzt nicht mehr beobachten. Wir haben sein Verhaltensmuster durchbrochen. Wir werden ihm vielleicht mit einfachen Worten darlegen, dass es dann wieder dabei sein darf, wenn es bereit ist, ruhig zu bleiben. So bringen wir ihm wichtige Regeln im sozialen Umgang bei.

Wenn wir eine solche Lösung nicht denken können, werden wir selbst von Wut und gewalttätigen Gedanken erfasst werden. Wir werden in solche Not kommen, dass wir das Kind vielleicht schlagen oder eben mit nutzlosen Erklärungen eindecken. Die Not wird für alle wachsen, ein häufiger und verbreiteter Fall. Die Situation verlangt von uns,
➤ dass wir uns selbst und das Kind vor unserer eigenen Wut und gewalttätigen Neigungen schützen können,
➤ und dass wir das Kind mit seiner Gewalttätigkeit auffangen und vor sich selbst schützen können, so dass es die Erfahrung von Sicherheit machen kann trotz seiner aggressiven Neigungen.

Inkongruenzen der erwähnten Erziehungsmodelle werden nach dem Modell der Orientierungsmuster ausgeglichen und lassen mehr Erfolg erwarten, wenn wir uns darauf einstellen, vermehrt die Sicht des Kindes einzunehmen, und wenn wir bewusst Gelegenheiten schaffen, in denen Kinder die wichtigen Werte durch Erfahrungen einerseits und durch aktives Denken andererseits erlernen können. Da Kinder wie im obigen Beispiel immer wieder eigenwillige Einfälle haben, sind wir gefordert, aktiv mit Hilfe von Phantasie und Denken Lösungen für dabei entstehende Probleme auch zu *erfinden* und damit zu experimentieren. Dem setzen wir entschieden Widerstand entgegen, wie im Folgenden ausgeführt wird.

Wenn wir wünschen, dass ein Kind über eine Angelegenheit nachdenkt, dann wünschen wir, dass es einen inneren Schritt aktiv vornimmt. Wenn unsere Erklärungen nichts nützen – manchmal nützen sie ja auch, aber dann brauchen wir sie nicht endlos zu wiederholen! – dann scheinen wir nicht zu wissen, auf welchem Weg wir das Kind sonst noch dazu bringen können. Am Ende machen wir ihm verzweifelt einen Vorwurf: „Denk doch einmal nach!" oder „Kannst du das denn nicht begreifen?" – Die Frage „Was unternehmen Sie, wenn Sie Ihr Kind dazu bringen wollen, dass es gezielt über einen Vorfall nachdenkt?" führt in Beratungen unabhängig vom Bildungsstand von Eltern meist zu ratlosem Schweigen. Manchmal schauen sie bei dieser Frage so entsetzt, als wären sie gefragt worden: „Wo ist denn hier die nächste Abzweigung zum Mond?" Es scheint auf keine Weise möglich, ihnen irgendeinen Einfall dazu zu entlocken. Plötzlich befinden wir uns im Bereich des Unaussprechlichen. „Man muss es den Kindern doch sagen", klingt es verzweifelt. „Wir haben gar keine andere Möglichkeit." „Und würden wir nichts tun, dann würde alles schlimmer." In den meisten Fällen mit gedrückter Stimme auch: „Wir wollen das Kind ja nicht schlagen." So schnell kommt uns der Gedanke an Gewalttätigkeit! Und dies, wenn wir wollen, dass das Kind nachdenkt! Was für eine unglückselige Verbindung schaffen wir da zwischen Denken und Gewalttätigkeit. Wie wollen wir danach noch Denken mit Frieden in Verbindung bringen können? Eine Antwort auf die Frage, wie wir ein Kind zum Nachdenken ermutigen könnten, scheint jenseits des Denkbaren.

Es hat etwas Verführerisches, dieser Verzweiflung Glauben zu schenken und zu denken, dass den Klagenden tatsächlich eine Fähigkeit fehlt. Aber irgendetwas stimmt da nicht. Merkwürdig ist, dass zur gleichen Zeit alle Erziehenden täglich Dinge tun, um bei einem Kind einen aktiven Prozess des Denkens zu veranlassen. Alle wissen selbstverständlich wie das geht. Ein kleines Beispiel: Wenn das Kind dem Therapeuten bei der Begrüssung nicht in die Augen schaut, sagen viele Eltern z.B.: „Und wo schaut man hin, wenn man ‚Guten Tag' sagt?" Das Kind denkt kurz nach, erinnert sich, gibt die Antwort und verhält sich dann danach. Denkprozesse aktivieren wir mit einfachen Anweisungen, Fragen oder indem wir eine Frage zurückspielen, wie z.B.: „Ja, warum meinst *du*, dass es so ist?" Von der Geburt bis zur Einschulung tun wir dies einem Kind gegenüber unzählige Male und lehren es einfache Denkabläufe vollziehen, damit es alltägliche Aufgaben bewältigen kann.

Abgesehen von unserem Einsatz bekommen wir aufgrund spontaner Aussagen auch genug Hinweise für eigenständiges und unabhängiges Denken von Kindern. Produkte, die wir vielleicht nicht immer verstehen, die uns schrullig erscheinen, denen wir deshalb wenig Beachtung und Bedeutung zumessen und die wir schnell wieder vergessen. Pablo Neruda erinnert sich an eine Reaktion auf sein erstes Gedicht in frühen Jahren: „Mein Vater nahm es zerstreut in die Hände, las es zerstreut und gab es mir zerstreut mit den Worten zurück: ‚Wo hast du das abgeschrieben?' Und fuhr fort, mit meiner Mutter leise von seinen wichtigen und fernliegenden Angelegenheiten zu sprechen."[39] – Erich Fried kann auf Erinnerungen aus frühester Kindheit zurückgreifen, welche von seinen Angehörigen wegen vieler Details verbürgt wurden. Er erzählt aus der Zeit, als er noch kaum gehen konnte (!), wie er auf die Geburt eines Geschwisters vorbereitet wurde. Nach einer Totgeburt leugneten alle Erwachsenen zu seinen Fragen die vorangehende Schwangerschaft der Mutter. Diese Antwort verwirrte ihn, weil sie sein Denken und seine Realitätswahrnehmung grundlegend in Frage stellte. Was war nun wahr? Seine Wahrnehmung oder die Aussage der Erwachsenen? Er fand als kleines Kind nach langem Überlegen aus eigener Kraft Kriterien, die ihm ermöglichten die Wahrheit zu erkennen. Die unbedachte Verleugnung der Erwachsenen liess bei ihm Spuren zurück in der Form eines tiefen, unauflösbaren Misstrauens gegenüber allen Aussagen von Erwachsenen![40] – Ein Kind braucht keinen Anstoss von aussen, um zu

---

39 Neruda, Pablo: *Ich bekenne, ich habe gelebt. Memoiren von Pablo Neruda.* dtv, München, 3. Aufl. 1996, S. 27
40 Fried, Erich: „Der Klapperstorch" in: *Mitunter sogar Lachen. Erinnerungen.* Fischer Taschenbuch, Frankfurt a.M. 1995, S. 14ff.

denken. Es kommt uns mit einer Bereitschaft dazu entgegen, was seine vielen Fragen belegen. Es denkt auf seine eigene Weise und nicht immer über das, was wir wollen, und so, wie wir wollen. Im letzten Fall haben wir ein Interesse, sein Denken zu führen. Wo allerdings *wir* mit unserem Denken Wirklichkeiten verleugnen, wie in Frieds Beispiel, hätten wir Interesse, dem Denken und der Wahrnehmung des Kindes folgen zu können, weil wir unsere Verleugnung vielleicht mit dem Preis von Störungen beim Kind bezahlen werden.

Wir haben alle Schulen und Ausbildungen absolviert und an eigner Haut erlebt, wie Denkweisen in uns aktiviert werden, damit wir Probleme lösen können. Wir haben auch erlebt, durch welche Art von Fragen und Aufgaben unser Denken in Prüfungen getestet wird. Mit der so erworbenen Denkfähigkeit und mit unserer Phantasie haben wir einige Grenzen überwinden können, welche das physische Leben auf der Erde uns aufzuerlegen schien. Dies hat den hohen Stand unserer technischen Zivilisation ermöglicht, von der wir täglich Gebrauch machen. Maschinen, Mobilität, Elektronik, Gentechnologie, Energietechnologien sind einige Konsequenzen. Sich selber zum Denken und Nachdenken zu bringen hat eine verbreitete Kultur und ist eine alltägliche Selbstverständlichkeit.

Unglaublich merkwürdig, dass wir Erwachsene dann eines Tages plötzlich in scheinbarer Verzweiflung von dieser Fähigkeit nichts mehr wissen und mit Hilfe dieser umfassenden Amnesie leider keine Ahnung haben, wie wir ein Kind zum Nachdenken ermutigen könnten. Wir wissen es auf so perfekte Weise nicht mehr, dass wir überhaupt nicht wissen, dass wir es vor wenigen Minuten in einem ganz anderen Zusammenhang noch gewusst haben. Wir funktionieren exakt wie Kinder, die jeweils auch nicht mehr wissen, wen sie genau geschlagen haben, was sie gestohlen haben etc. Wir halten uns selbst zum Narren. So funktionieren Verleugnungen. Das ist eine überzeugende Möglichkeit, sich hilflos hinzustellen.

Diese Hilflosigkeit überzeugt auch Berater und Therapeuten immer wieder von einer scheinbar fehlenden Kompetenz. Sie beginnen zu glauben, sie müssten das, was der Klient nicht hat, von aussen irgendwie hineingeben. Wunderbar, denn es erhöht auch das eigene Selbstwertgefühl! Vielleicht beginnen auch sie jetzt zu erklären und Rat zu geben, damit der Klient verstehen kann. Sie vereinbaren Ziele mit ihm, sie stützen ihn, sie versuchen ihm all das zu geben, was er nicht hat. Sie tun manchmal auch eine Menge praktischer Dinge für ihn. Jetzt ist plötzlich der Klient die Flasche, die es zu füllen gilt. Das kann mit der Zeit zum Ausbrennen führen, weil der Therapeut fortwährend gibt … und dann eines Tages merkt er, dass es nichts nützt, weil da kein Boden ist … Eine ganze Industrie von Helfern funktioniert im Sozialwesen auf dieser Basis. Wir müssen doch etwas tun! Wir können die leidenden Menschen doch nicht allein lassen. Irgendetwas läuft da falsch!

Es ist die Vorannahme, dass dem Klienten eine Kompetenz fehlt, die falsch ist. Was fehlt und zu grossem Leid und Schmerz führt, ist die Verbindung zu seinen Fähigkeiten, die durch die Verleugnung momentan aufgehoben ist. Klienten haben es nicht nötig, dass man ihnen etwas gibt. Vielmehr brauchen sie einen Gesprächspartner, der sich auf freundliche

Weise der Verleugnung entgegenstellt und sie herausfordert, ihre „vergessenen" Kompetenzen wieder hervorzuholen.

Die Frage ist, wann wir im Kontext der Erziehung Fähigkeiten verlieren. Es geht jeweils um komplexere Angelegenheiten als „Guten Tag" zu sagen oder die Schuhe anzuziehen. Es passiert dann, wenn es um Gehorsam, Werte und moralische Vorstellungen geht, wie z.B. Rücksicht, Respekt, Anstand etc. Und es passiert dann, wenn es darum geht, über das nachzudenken, was in zwischenmenschlichen Beziehungen geschieht. Wenn ein Kind z.B. über Vorfälle nachdenken soll wie,

➤ was es falsch gemacht hat, als es die Mutter respektlos behandelt hat,
➤ was davon zu halten ist, dass es einfach von Hausarbeiten wegläuft, aufbegehrt und eine Szene macht, wenn es zur Mithilfe angewiesen wird,
➤ was es tut, wenn es einem Geschwister oder anderen Kindern auf der Strasse gegenüber Gewalt anwendet, und wie es sich richtigerweise zu benehmen hätte.

Es passiert in Augenblicken, in denen wir mit Ablehnung, Aggression Gewalttätigkeit und anderen Verhaltenweisen konfrontiert werden, die wir nicht wünschen, weil sie Ängste und Aggression bei uns auslösen.

Ausgerechnet, wenn das Kind stärker wird – seine Verhaltensweisen sind noch unreif, aber trotz allem weisen seine Taten auf den Prozess der Reifung hin –, wenn es an Fähigkeiten zulegt und uns mehr herausfordert, verlieren wir Erwachsene ganz zufällig eine Kompetenz so überzeugend, dass es aussieht, als hätten wir sie nie gehabt. Gerade dann, wenn es eine starke Begleitung von uns nötig hätte. Dass es gerade dann passiert, wenn ein Kind wachsende Unabhängigkeit entwickelt, kann bestimmt nur Zufall sein.

Die Klage „Ich erkläre es ihm immer wieder, aber es nützt nichts" weist selbst darauf hin, worum es geht. Ich habe Erklärungen in meinem Kopf, die ich offenbar jetzt ganz dringend im Kopf des anderen wiederfinden möchte. Alles andere interessiert mich nicht. Auch was das Kind denkt, interessiert mich nicht, weil ich nur eines im Kopf habe: meine Erklärungen müssen in seinen Kopf dort hinein. Wir haben in einem solchen Moment kein echtes Interesse daran, dass das Kind aktiv denkt. Gott behüte! Denn was im Kind vorgeht, beunruhigt uns schon zur Genüge. Deshalb möchten wir, dass es sich unsere fertigen Gedanken zu eigen macht. Dies würde uns beruhigen, denn wir wissen, welche Gedanken jetzt richtig sind!

Wir sind als Menschen selbstständige Wesen und wollen deshalb, dass unsere Kinder selbstständig werden. (Als wären sie es nicht von innen her bereits.) Weil wir es gut meinen und sie selbstständig machen möchten, sagen wir ihnen, was sie zu denken haben, damit sie wissen, was selbstständige Gedanken sind ...!?!

Es scheint, dass das Verhalten des Kindes uns in Not bringt, wenn wir so dringend sein Denken beeinflussen müssen. Je grösser unser Erklärungsdrang, je länger die Dauer dieser Mission, desto grösser unser Druck und unsere Not. Was ist denn mit uns los, dass wir das Denken eines Kindes so dringend kontrollieren wollen? Die in dem Zusammenhang häufig gemachte Bemerkung „Ich möchte das Kind ja nicht schlagen" weist darauf hin, dass wir an die Grenze der Gewaltbereitschaft gelangt sind. Wir haben selbst aggressive Gefühle bekommen. In dem Moment sehen wir nur noch wenige Lösungen: Gewalt oder Erklärungen, also Gedanken in der Art alter Konserven. Freies Denken und Phantasie setzen bei uns aus.

Wahrscheinlich funktionieren endlose Wiederholung und Erklärungen auf ihre Art richtig, weil sie den Geist eher töten, als ihn anzuregen. So behindern sie wenigstens Nachdenken beim Kind dort, wo wir es momentan selber nicht mehr zur Verfügung haben. In einem solchen Moment können wir niemals ernsthaft wollen, dass das Kind selbständig denkt, denn es wäre uns in einem Moment überlegen, wo wir selber nicht recht weiterwissen. Das würde gerade noch fehlen! Wenn das Kind also nicht zuhört, wenigstens geben wir ihm während der Zeit unserer Erklärungen keinen Anlass, auf Ideen zu kommen, die wir nicht wünschen. Und wer weiss, wenn wir unsere stereotyp vorgefertigten Denkkonserven häufig genug wiederholt haben, funktioniert es eines Tages, wie wir wollen. Das Kind soll im Moment doch reagieren, wie eine Flasche, die abgefüllt wird.

Wir können zur gleichen Zeit gegenüber unserer Fähigkeit zum Denken und Phantasieren zwei diametral entgegengesetzte Haltungen einnehmen, wieder eine Inkongruenz! Wir ermutigen Denken und Phantasieren, wenn wir damit eine rasante technische Entwicklung ermöglichen. Wir löschen es mit einer sich plötzlich einstellenden Einfallslosigkeit aus, wenn es um das Nachdenken über Ereignisse im Zwischenmenschlichen geht. Je nach Kontext erlauben wir unserem Denken und Phantasieren ganz verschiedene Freiheitsgrade. – Wenn wir einem Kind etwas immer wieder erklären, bewirken wir zwar nicht, dass es über das nachdenkt, was wir ihm vorkauen. Aber wir können doch immerhin in der Illusion schwelgen, dass unser Handeln eine Unterstützung seines Denkens sei, während es im Grunde eher einer Sabotage seiner Denkfähigkeit gleichkommt. Denn zum Zuhörer einer täglich wiederholten Leier verdammt zu sein ist – unabhängig vom Alter – eine Beleidigung an die natürlich vorhandenen Fähigkeiten zu denken.

Wir vernachlässigen nicht nur, das Denken über eigene Verhaltensweisen zu schulen, sondern unterdrücken es regelrecht. Und dies ist keine auf die Erziehung begrenzte Erscheinung. Sie durchzieht unser ganzes Leben. In der Erziehung wird sie einfach in Form einer Tradition weitergegeben. – Diese Verdrängung hat mehr Qualität als manche Leistungen, an die wir heute gerne hohe Qualitätsstandards stellen. Wir vermeiden in weiten Kreisen damit schon in der Kinderstube, dass Konflikte wegen unterschiedlicher Anschauungen, Werte, Überzeugungen und andersartiger Denkweisen auf den Tisch kommen. Die anstrengende Arbeit, zuzuhören, die Sichtweise anderer zu teilen und Toleranz für andere Meinungen zu üben, ohne zugleich die eigene Position und erzieherische Haltung aufzugeben, bleibt uns erspart, sowie auch eine Begegnung mit schwierigen und unangenehmen

Gefühlen. Wir tun einfach so, als würden wir einander schon verstehen und seien derselben Ansicht. Damit verhindern wir die Entwicklung echter Selbständigkeit und Unabhängigkeit bei unseren Nachkommen, aber eben auch bei uns selbst. Dieser subtile und kaum bemerkte, alltägliche Prozess der Unterdrückung von Denken, Phantasie und Ausdrucksmöglichkeiten kultiviert Aggressivität, die mit der Zeit latente Sprengkraft von nicht gezündeten Atombomben bei allen Betroffenen bekommen kann. Davon spricht die dicke Luft in vielen Familien, die zur Beratung kommen. Vielleicht ist es gerade die Tatsache, dass wir dieses Verhalten so gut kultivieren, welche die Grundlage für reale Atombomben, Terrorismus und Gewalttaten abgibt. Ereignisse, von denen wir uns dank unserer gut funktionierenden Verleugnung immer wieder überrascht zeigen und die wir gar nicht recht verstehen können ...

Anstatt zum Nachdenken anzuleiten, zeigen wir ausser Erklärungen, Standpauken und langatmigen Belehrungen eine Menge Reaktionen, wenn ein Kind nicht zu denken scheint oder nicht so denkt, wie wir es wollen. Einige beabsichtigt, andere weniger. Mit letzteren untergraben wir überdies unsere eigene Würde. Wir schlagen das Kind. Wir schicken es auf sein Zimmer. Wir geben ihm kein Essen. Wir strafen es, indem es irgendetwas nicht tun darf, was es gerne tut. Wir jagen wild hinter ihm her durch die Wohnung, weil es uns respektlos behandelt hat, brüllen vor Wut und Verzweiflung herum und drängen das Kind in eine Ecke. Dort schreien wir es dann an. Manchmal brechen wir verzweifelt in Tränen aus. Manchmal verfallen wir in eine Apathie, die keine weitere Reaktion mehr nach aussen erlaubt ... Dass wir gefühlsbetont reagieren ist nicht der springende Punkt. Das geschieht einfach im belastenden Alltag. Selten wirken diese Reaktionen als Massnahme im gewünschten Sinn. Im Gegenteil bewirken einige, dass ein Kind erst recht den Respekt vor uns verliert. Was geben wir für ein Vorbild ab? Der springende Punkt ist, ob wir selber nachdenken können und noch eine andere Massnahme folgen lassen können, eine überlegte und zu den Umständen passende. – Strafen wirken wahrscheinlich nur, wenn sie im Sinn von Konsequenzen erfolgen, systematisch und nach klaren Kriterien. Das Kind kann sie dann einordnen und deshalb einen Sinn darin erkennen. So stellen sie einen Gegenpol zu Chaos dar. Wenn es Reaktionen andererseits als zufällig und chaotisch erlebt, bleibt die gewünschte Wirkung aus.

Andere, nicht geplante Effekte treten hingegen mit Bestimmtheit ein. Da Kinder viel und rasch über Identifikation und Imitation lernen, wird der Erfolg unserer Reaktionen nicht lange auf sich warten lassen. Wenn ein Kind langatmige Erklärungen nicht einordnen kann, entwickelt es selbst eine Neigung zu sinnlosem Reden, bzw. zu sinnlosen Erklärungen. Wir werden das Kind nicht mehr verstehen können. Wenn so etwas geschieht, hat das Kind, anstatt denken zu lernen, angefangen eine Denkstörung zu entwickeln. Schreien wir Kinder an, werden auch sie herumschreien. Sie werden sich angewöhnen, zurückzugeben, unruhig zu sein und andere chaotische und nicht weiter verstehbare Reaktionen zu entwickeln, je nach Modell, welches wir ihnen vorführen.

Egal ob die dargestellten Reaktionen die Wirkung haben, welche wir wollen, oder ob sie diese nicht haben, keine einzige enthält eine Strategie, die das Nachdenken explizit *verlangt*. Es bleibt dem Zufall überlassen, ob ein Kind über einen Vorfall nachdenkt oder nicht. Und keine enthält ein Vorgehen, in dem das Kind darin getestet wird, wie sich sein Denken entwickelt. Solche Vorgehensweisen haben keine Tradition. Wie in allen anderen Lebenssituationen braucht Nachdenken über Vorfälle im zwischenmenschlichen Bereich seinen Rahmen und seine Regeln. Es wird ähnlich wie im Beispiel oben mit der Begrüssung auf wohlwollende Art zu einer Aufgabe gemacht, deren Resultate ebenso wohlwollend später überprüft werden, vergleichbar dem Vorgehen in der Schule. Beispielsweise kann es nach folgenden Regeln durchgeführt werden:

➤ Man setzt das Kind an einen ruhigen Ort. Es soll keine Möglichkeit haben, durch etwas abgelenkt zu werden, was nicht zu seiner Aufgabe gehört. Insbesondere soll es keine Möglichkeit zu Kontakt haben, auch nicht die Möglichkeit, seine Geschwister zu beobachten. Dieser Rahmen schafft die geeigneten Bedingungen, konzentriert nachdenken zu können.

➤ Man erklärt ihm ruhig, dass es eine bestimmte Aufgabe allein lösen wird, beispielsweise vor dem Nachtessen. Solange die Aufgabe nicht gelöst sei, werde es keine anderen Aktivitäten geben, kein Spiel, kein Fernsehen oder was auch immer. Auch werde es für das Kind erst nach der Lösung der Aufgabe zu essen geben.

➤ Dann erklärt man ihm, zu welchen Fragen und Vorfällen man von ihm eine Antwort oder Überlegung will. Man kann beispielsweise verlangen,
   – dass es sein eigenes Verhalten exakt beschreibt,
   – die Wirkung davon auf die Betroffenen,
   – dass es seine Meinung dazu formuliert,
   – dass es überlegt, was falsch und was richtig ist und warum,
   – und wie es sich in Zukunft zu verhalten gedenkt.

➤ Man bereitet das Kind darauf vor, dass es klare Antworten werde geben müssen. Und dass es weitere Zeiten zum Nachdenken bekommen wird, falls die Eltern mit den Antworten nicht zufrieden seien.

Eltern, welche mit diesem Verfahren experimentieren, berichten von sehr guten Erfahrungen. Wenige lassen sich allerdings dazu motivieren. Natürlich braucht ein Kind Zeit, ein solches Vorgehen zu erlernen. Am Anfang wird es unsicher sein, einzelne Fragen vergessen und deshalb nochmals an die Arbeit gehen müssen. Es wird auch wütend sein. Aber es wird herausgefordert, Verantwortung zu übernehmen. Und wir muten ihm die Fähigkeit zu, die gestellte Aufgabe zu lösen. Wir werten es mit dieser Aufgabe auf. Je mehr Unterweisungen wir ihm in der Vergangenheit gegeben haben, desto genauer weiss es die Antworten. Jetzt geht es darum, dass es sich diese zu eigen macht oder dass es gut begründet eine andere Ansicht vertreten lernt. Und dieser Schritt kann nur aktiv erfolgen. Das ist der Sinn des beschriebenen Vorgehens.

Milton H. Erickson schildert in einer seiner Lehrgeschichten[41], wie er bei seiner gerade zwei Jahre alten Tochter mit einer einzigen Aktion dieser Art eine über Jahre anhaltende Wirkung erzeugt hat! Natürlich hat er das Verfahren dem Alter der Tochter entsprechend modifiziert. Als sie sich der Mutter gegenüber unverschämt benommen hatte, kämpfte Erickson mit ihr und liess sie nicht in Ruhe, bis sie von sich aus sagte, dass sie sich bei der Mutter entschuldigen *wolle*.

Der Autor wurde in Konsultationen gelegentlich Zeuge von Szenen ähnlicher Art: Ein Vater holt sich seinen Kleinen aus der Spielecke zurück, weil jener weder den Therapeuten begrüssen wollte, noch um Erlaubnis zu spielen gebeten hat. Er hält den Jungen, der sich wie wild von ihm zu befreien versucht, fest auf seinen Knien und fordert ihn mit liebevoller Stimme auf, dem Therapeuten in die Augen zu schauen, zu ihm hinzugehen, ihn zu begrüssen und um Erlaubnis zu bitten. Der Kleine hält demonstrativ die Hände vor die Augen, schweigt und windet sich. Der Vater stellt ihm wiederholt in Aussicht, dass er sofort werde spielen können, sogar mit dem Vater zusammen, sobald er sich anständig benehme. Er sagt ihm, dass er sein Verhalten nicht schön findet. Er erläutert ihm, wofür das Grüssen gut ist. Nach einem halbstündigen Kampf, während dem der Vater geduldig Ruhe wahrt, hartnäckig auf Anstand beharrt, selber anständig und andauernd wohlwollend bleibt, willigt der Junge ein. Er braucht die Führung seines Vaters, um für alles die richtigen Worte zu finden. Das ist neu für ihn. Er hat noch nie überlegt, wie man das macht. Seine mürrische Verweigerung weicht urplötzlich freudigem Stolz, als er bemerkt, dass er es gut gemacht und etwas gelernt hat. Beim Abschied geniesst er den Triumph einer neu erworbenen Freiheit und wendet sie gleich wieder an, indem er sich spontan, laut und selbstbewusst von allen Mitarbeitern verabschiedet, denen er im Gang noch begegnet.

Bei diesem Vorgehen sind wir weiterhin Erschaffer der Regeln und übermitteln diese, aber das Regeln selbst und das Wachen über deren Einhaltung, die Kontrolle, geht rascher an die Kinder über. Sie werden schneller selbstständig. Bald werden sie fähig, sich aktiv von sich aus mit der Frage zu beschäftigen, welche Verhaltensweisen wir in einer Situation akzeptabel finden und welche nicht. Wir erfahren mehr über die Denkweise eines Kindes, wenn es seine Überlegungen am Ende der Bedenkzeit darlegt. Vielleicht stossen wir bei ihm auf eine uns völlig fremde Logik. Dies führt uns wieder zur Diskussion über Toleranz gegenüber uns fremden Überzeugungen. Diese fordern wir bei dieser Erziehungsweise heraus. Wir entwickeln unsere eigene Bereitschaft zuzuhören, ohne sofort einzugreifen. Eltern und Kind profitieren von einer Kultur des Dialogs.

Auf den Beginn des dritten Jahrtausends hat unsere Phantasie uns ein weiteres Wunderwerk der Elektronik geschenkt, die mobile Telefonie. Sie ermöglicht grenzenlose Verstän-

---

41 Rosen, Sidney (Hrsg.): *Die Lehrgeschichten von Milton H. Erickson*. Hamburg 1985, speziell „Ich bräucht das nicht", S. 249

digung mit jedermann in Raum und Zeit. Bestimmt eine nützliche Erfindung. Etwas, mit dem sich viel Geld verdienen lässt. Auch ein Spielzeug und ein Fetisch: Kinder, Jugendliche und Erwachsene blicken in aller Öffentlichkeit mit verträumtem Lächeln minutenlang auf dieses winzige Gerät, das sie nicht mehr aus der Hand geben, streicheln es und drücken verspielt und gedankenverloren auf dessen Tasten herum. Ein alltäglicher und lächerlicher Anblick. Mit dieser neuen Maschine gaukeln wir uns auf eine rührend idiotische Weise vor, dass sich unsere zwischenmenschliche Verständigung verbessert hätte. Handys dürften gerade umgekehrt sehr viel zur Verschlechterung der Qualität unserer Beziehungen beigetragen haben.

Wir benötigen zur Verbesserung unserer Verständigung gar keine weitere Technik. Wir haben alles, was wir dazu benötigen in unseren Veranlagungen, in unserer Phantasie und unserem Denkvermögen. Dies genügt, um uns etwas einfallen zu lassen, wenn wir eine andere Reaktion aus einem Kind hervorlocken möchten, als diejenige, die wir bisher bekommen haben. Wir können eine neue Möglichkeit erfinden, eine andere Verhaltensweise für uns selbst, sie dann ausprobieren und ihre Wirkung studieren. Das kann Vergnügen bereiten und kostet keinen Heller. Mit der richtigen Gesinnung lässt sich daraus etwas machen, mit dem wir ernsthafte Ziele erreichen, zugleich spielerisch sein und Lebensfreude haben können. Dies führt Farrelly mit der „Provocative Therapy" vor und ist in seinen Zielsetzungen dieser Methode enthalten. Wir sollen Experimente wagen in unseren Beziehungen.

Aber dies weckt eher Skepsis, Unverständnis und Widerstand als Interesse. Und deshalb lassen wir in unserem Kulturkreis eine der wichtigsten Qualitäten verrotten, welche unser Menschsein ausmacht. Der Autor kennt Fälle von Erziehungsberatungsgesprächen, in denen er von schier unerträglich erstickenden Gefühlen der Öde, Langeweile und Leere erfasst wird, wenn eine Familie an grosser Leblosigkeit leidet. Fraglos ist es wichtig, ein funktionierendes Regelsystem zu entwickeln. Wenn aber Disziplin, Gehorsam und Kontrolle über Wochen und Monate die einzigen Themen sind, die ein Elternpaar noch beschäftigen, dann ist dies *tödlich* langweilig. Wenn ein Elternteil sich dazu noch beschwert, er könne deshalb mit seinem Kind nichts unternehmen, weil das Kind sich nicht für die Freizeitbeschäftigungen des Elternteils interessiere, ist die „Störung" des Kindes eine einzigartig gesunde Reaktion. Dann muss ein Kind stören, weil es etwas anderes vom Leben will, als Unwillen zu wecken und diese langweilende Friedhofsstimmung. Manchmal wollen Kinder ihre Eltern mit ihren Störungen wieder zum Leben erwecken. Und das gelingt zum Glück auch immer wieder, zumindest ein bisschen.

Warum steht im Umgang mit unseren Kindern überhaupt so häufig die Frage nach Störungen, Anpassung und Gehorsam im Vordergrund? Und warum nicht die Frage, was das Beste in einem Kind ist? Und was wir tun können, damit dieses Wertvolle sich voll entfalten kann? Der Poet Robert Lax bringt es in zwei Zeilen auf den Punkt: „you don't bring out the best by pointing out the worst – do the best or do nothing, sometimes doing nothing is best", übersetzt: „Das Beste holst du nicht heraus, indem du auf das Schlimmste hinweist – tu das Beste oder nichts, manchmal ist nichts das beste"[42].

Eltern suchten Rat, weil ihr Kind in der Pubertät wegen seiner Streiche, asozialem Verhalten gegenüber Mitschülern und Vandalenakten, die schon die Polizei auf den Plan gerufen hatten, von der Schule zu fliegen riskierte. Noch war aber nicht alles verschüttet. Der Autor stiess auf Hinweise einer latent vorhandenen Neigung zu sozialem Engagement. Es gelang ihm, Lehrerschaft und Eltern trotz ihrer Skepsis nach der Vorgeschichte für ein seltenes Experiment zu gewinnen. Für das Kind wurde ein Programm entwickelt. In der Schule und in der Freizeit bekam es eine Anzahl Aufgaben, in denen es anderen zu helfen hatte oder sonst wie auf konstruktive Weise einen Beitrag für die Gemeinschaft leisten würde. Dies provozierte sofort neue Verhaltensweisen aus ihm heraus, weil es genau seinen Neigungen entsprach. Und es machte ihm Freude. Zwar gab es seine unangepassten Verhaltensweisen nicht von einem Tag auf den anderen auf, aber die Besserung setzte in kurzer Zeit für alle wahrnehmbar ein.

Wir können auf beeindruckend phantasievolle Ideen stossen, wenn wir beobachten, was Kinder in uns auslösen, die uns mit ihren „Störungen" in Not und an den Rand unserer Möglichkeiten bringen. Wenn eine Mutter aufhört, ihre Tochter auf langweilende und wirkungslose Art zum Aufräumen ihres Zimmers zu ermahnen, und ihr anstatt dessen sagt, dass sie nicht mehr zu ihren Kolleginnen zu Besuch gehen werde, sondern eine Freundin bei sich zu Hause empfangen, damit die Mutter die Freundinnen ihrer Tochter einmal kennen lerne, löst sie mehrere Probleme zugleich. Das Zimmer ist rasch aufgeräumt, ohne dass die Mutter noch etwas zu sagen braucht. Sie lernt die Bekannten der Tochter kennen und zeigt Interesse an ihrem Leben. So kann Ungehorsam eines Kindes die Phantasie von uns Erwachsenen in Gang setzen.

Leider bezeugen wir kaum je Freude über Einfälle dieser Art. Trauriger noch, wir bemerken manchmal nicht, dass wir spontan Phantasie entwickelt haben! Wir können den Gewinn der eigenen Kreativität nicht geniessen. Manchmal entwerten wir die neue Lösung trotz ihrer Effekte, weil diese mit irgendeiner Überzeugung nicht im Einklang steht. Es reicht, dass die Mutter im Beispiel denkt: „Aber so habe ich mich nicht wirklich durchgesetzt mit der Ordnung." So versetzen wir der Phantasie im Keim schon wieder einen Todesstoss, wieder der Ausdruck einer subtilen und stillen Form von Gewalttätigkeit mit dennoch weitreichenden Konsequenzen für das Zusammenleben in einer Familie. Wie soll da die Lebendigkeit des Kindes auf Resonanz bei uns stossen? Es wäre ein Trugschluss, zu meinen, dass das Kind deswegen seine Phantasie nicht entwickeln kann. Das kann es dennoch. Aber eine wichtige Qualität in unserer Begegnung mit ihm wird unmöglich bleiben und bei uns und dem Kind Trauer zurücklassen.

---

42 Lax, Robert: *peace maker's handbook / handbuch für friedensstifter.* pendo-verlag, Zürich 2001, S. 20

Ähnlich herausfordernd hat der Autor den Umgang mit schizophrenen Patienten in Kliniken erlebt. Diese können ein absolut starres und unangepasstes Verhalten zeigen, welches uns „zwingt", sie in Kliniken zu bringen, weil wir damit nicht leben können. Dort sind sie aufgehoben und zeigen neben ihrer Starre manchmal eine phantasievolle Wendigkeit, wenn sie das Personal der Klinik darin testen, ob es eine Möglichkeit hat, mit ihnen umzugehen. Ihre Produktionen sind einfallsreich, unberechenbar und eine echte Herausforderung. – Da soll man eine Gruppe von 20 Patienten aus dem Garten zum Essen hineinführen. Der Autor ist vom Personal gerade als einziger anwesend und als Praktikant noch in keiner Weise ausgebildet für den Umgang mit diesen Leuten. Und ausgerechnet in diesem Moment legt sich ein Patient, der kaum je ein Wort von sich gibt, nach einem kurzen Blick auf den Autor bocksteif auf den Boden. Der Autor weiss genau, dass der Mann als ausbruchsgefährdet gilt und bei der nächstbesten Gelegenheit über den Zaun springen würde. Der Mann ist daran, ihn in eine schwierige Zwickmühle zu versetzen. Was tun jetzt? Das setzt die Phantasie in Gang!

Sind es also störrisch unangepasste Kinder und eingesperrte, psychisch Kranke, welche die Aufgabe haben, die uns alle innewohnende Phantasie im zwischenmenschlichen Umgang wieder zum Leben zu wecken? Wie praktisch wäre es, wenn wir unseren Geist in solchen Momenten ebenso wendig und mit demselben Vergnügen benutzen könnten wie ein Handy. Aber an diesem Punkt scheinen wir noch nicht ganz angelangt! Wir leiden eher an den langweiligen und lästigen Herausforderungen des „gestörten Kindes", weil wir verkennen, dass sie unsere Phantasie in Gang bringen wollen. Wir verpassen eine unserer besten Chancen, unsere Lebendigkeit zu pflegen. Das ist eine Form von Leid, die wir als solche vielleicht nicht einmal wahrnehmen.

Während der Zeit, in der dieses Buch geschrieben wird, passiert das Grässliche, dass ein Schüler in Erfurt zahllose Lehrer, einige Mitschüler und am Ende sich selbst erschiesst. Unausdenkbar grauenhaft. Regelmässig und periodisch passiert ein solch brutaler Akt an irgendeinem Ort der Welt. Ob wir von diesen schauderhaft bösartigen Provokationen erwachen und anders mit uns selbst und miteinander umgehen lernen werden? – Kaum, denn nach wenigen Tagen ist die Bluttat bereits in Vergessenheit geraten – bis zum nächsten Mal. Es gibt Wichtigeres zu tun. Wir haben unsere Terminpläne und Sachzwänge. Mit unserer Phantasie haben wir doch die Technik erschaffen und „müssen" noch ein wenig an ihr feilen. Sie hat in sehr kurzer Zeit bedeutende Fortschritte unserer Verständigung möglich gemacht. Wir haben doch schon getan, was in unseren Möglichkeiten steht. Was will man denn noch von uns? Für einmal können wir ruhig etwas weniger anspruchsvoll sein und uns mit dem Möglichen bescheiden. Und das können Gedanken folgender Art sein: Dass es soweit gekommen ist, da hat jemand anderer Schuld. Er hat ja den Anfang gemacht. Der ist ziemlich gestört. Es geht uns eigentlich nichts an, denn es ist nicht hier passiert, und hier könnte das sowieso nicht passieren. – Einige stets überraschende Erkenntnisse. Sie zeugen von unserer geistreichen Fähigkeit, in einem diffusen Dämmerzustand in ewig gleichen Denkkreisen vor uns hin zu brüten und uns selbst immer von neuem mit denselben Schlussfolgerungen zu überraschen. Wir können deshalb durchaus glauben, wir hätten über etwas ‚nachgedacht', auch wenn wir nichts weiteres machen, als die ewig gleiche Denkkonserve längst abgelaufenen Datums zu reproduzieren. Wir beherrschen das nach langer Übung so gut, dass dies ruhig noch ein paar tausend Jahre andauern darf. Wir wollen uns mal mit dem momentanen Fortschritt begnügen, dass wir hier endlich im Stillstand verharren und an Ort treten dürfen. Wenigstens da ist keine Hektik. Bitte sehr! Wo denn sonst noch dürfen wir uns soviel Zeit lassen. Das ist doch ein Resultat.

Literatur

Bandler, R. & Grinder, J.: *Patterns. Muster der hypnotischen Techniken Milton H. Ericksons.* Junfermann, Paderborn ^{2}2000

Bandler, R. & Grinder, J.: *Kommunikation und Veränderung. Die Struktur der Magie II.* Junfermann, Paderborn ^{8}2001

Bandler, R. & Grinder, J.: *Reframing.* Junfermann, Paderborn ^{7}2001

Bandler, R.: *Veränderung des subjektiven Erlebens.* Junfermann, Paderborn ^{6}2002

Dilts, R.B., Hallborn, T. & Smith, S.: *Identität, Glaubenssysteme und Gesundheit.* Junfermann, Paderborn ^{4}2001

Dilts, R.B.: *Die Veränderung von Glaubenssystemen.* Junfermann, Paderborn ^{3}2002

Dilts, R.B.: *Die Magie der Sprache.* Junfermann, Paderborn 2001

Erickson, M.H., Rossi, E.L. & Rossi, S.L.: *Hypnose.* Pfeiffer, München 1978

Erickson, M.H. & Rossi, E.L.: *Hypnotherapie.* Pfeiffer, München 1981

Erickson, M.H. & Rossi, E.L.: *Der Februarmann.* Junfermann, Paderborn ^{4}1994

Farrelly, F. & Ludwig, L.A.M.: „The Code of Chronicity." In: *Archives of General Psychiatry,* Dez. 15, S. 562–568, 1966. Deutsche Übersetzung in: „Das gepfefferte Ferkel", Online-Journal für systemisches Denken und Handeln, ein Angebot des Instituts für Beratung und Supervision Aachen, ibs. 15.10.2001. http://www.ibs-networld.de/ferkel/farrelly-chronizitaet.shtml

Farrelly, F. & Ludwig, L.A.M.: "The Weapons of Insanity." In: *American Journal of Psychotherapy,* Vol. XXI, No. 4, S. 737–749, Oktober 1967. Deutsche Übersetzung in: „Das gepfefferte Ferkel", Online-Journal für systemisches Denken und Handeln, ein Angebot des Instituts für Beratung und Supervision Aachen, ibs. http://www.ibs-networld.de/ferkel/farrelly-provokative.shtml

Farrelly, F. & Brandsma, J.M.: *Provokative Therapie.* Springer, Berlin/Heidelberg 1986

Farrelly, F.: *Persönliche Mitteilungen* 1997, 1999, 2000, 2001, 2002

Farrelly, F. im Internet: www.provocativetherapy.com 2002

Fenichel, O.: *Psychoanalytische Neurosenlehre.* Walter, Olten, ^{2}1980

Fried, E.: *Mitunter sogar Lachen. Erinnerungen.* Fischer, Frankfurt a.M. 1995

Greenson, R.R.: *Technik und Praxis der Psychoanalyse.* Klett-Cotta, Stuttgart ^{6}1992

Hain, P.: *Das Geheimnis therapeutischer Wirkung.* Carl Auer, Heidelberg 2001

Höfner, E. & Schachtner, H.-U.: *Das wäre doch gelacht! Humor und Provokation in der Therapie.* Rowohlt, Reinbek 1997

Holderegger, H.: *Der Umgang mit dem Trauma.* Klett-Cotta, Stuttgart 1993

James, T. & Woodsmall, W.: *Time Line.* Junfermann, Paderborn ^{5}2002

Lax, R.: *Peace maker's handbook. Handbuch für Friedensstifter.* Pendo-Verlag, Zürich 2001

Meyer, A. & Stender, J.: *Systemisches NLP.* Junfermann, Paderborn 1995

Neruda, P.: *Ich bekenne, ich habe gelebt. Memoiren von Pablo Neruda.* dtv, München ³1996

Racker, H.: *Übertragung und Gegenübertragung.* Ernst Reinhardt Verlag, München 1982

Reps, P. (Hrsg.): *Ohne Worte – ohne Schweigen.* Otto Wilhelm Barth Verlag 1998

Rosen, S. (Hrsg.): *Die Lehrgeschichten von Milton H. Erickson.* Hamburg 1985

Shah, I.: *Die fabelhaften Heldentaten des vollendeten Narren und Meisters Mulla Nasrudin.* Herder, Freiburg 1984

Stowasser, F. & Thumm, H.-G.: *Body & Mind Geographing.* A & O des Wissens, Hamburg und Zürich 2001

Weltgesundheitsorganisation: *Internationale Klassifikation psychischer Störungen, ICD-10 Kapitel V (F).* Hans Huber, Bern

Wippich, J. & Derra-Wippich I.: *Lachen lernen.* Junfermann, Paderborn 1996

Zeig, J.K.: *Meine Stimme begleitet Sie überallhin. Ein Lehrseminar mit Milton H. Erickson.* Klett-Cotta, Stuttgart ³1988

Personen- und Stichwortregister

A
Abhängigkeit 80
Ablehnung 193
Affekt 114
Aggression 31, 118, 193, 195
Ähnlichkeiten 152
Aktivdiagnose 26, 45
Akzeptanz 95
Alkoholiker 66
Ambivalenz 20
Andere 97
Angst 176, 179
Argumente 96
asoziale Handlungen 36
asoziales Verhalten 199
assoziierte Position 46
Aufmerksamkeit 102, 168f, 171
Aufmerksamkeitsdefizitstörung (ADS/ADHS) 170
Aufmunterung 17
Aufopferung 81
Ausdruck von Gefühlen 141
Autorität 112

B
Bagatellisieren 88
bedingungsloses Akzeptieren 41
Behandlung 172
Behandlungserfolg 159, 164
Beispiel 30, 60, 68
Beratungsanlass 190
Berufswahl 22
Beständigkeit 164
Beziehung stärken 92
Beziehung, gute 40
Brandsma, J.M. 23

Burn-out-Prophylaxe 14

C, D
Denken 89, 190ff, 194
Depression 93, 113f
Derra-Wippich, I. 23
Diagnostik 24, 159
Dialog 146
dissoziales Verhalten 99, 184
Dissoziation 54, 77
dissoziierte Position 46
Doppelbindung 84, 152
Durchsetzen 113
Dynamik 20

E
Ehrlichkeit 16
Einfühlung 55, 141
Einsicht 140, 159
Eltern 12, 38, 51, 61, 75, 106, 126, 128, 130, 152
Elterngespräche 125
emotionales Geschehen 115
Empathie 15
Empfindungen 169
Entmutigung 119
Entscheidung 170
Entwertungsstrategien 164
Entwicklung 78f
Erickson, M.H. 9, 65, 140, 145, 197
Erklären 138
Erlebnisintensität 171
Ermutigen 33, 119
Eröffnungsszene 111
Erstgespräch 128
Erwartung 83, 87, 113, 115

Erziehung 11, 73
Erziehungsalltag 185
Erziehungsberatung 8, 30, 51, 58, 62, 110, 127, 136
Erziehungsfragen 61
Erziehungsmaßnahmen 103
Erziehungsmodelle 187
Erziehungsziel 69

F
Fähigkeit 193f
Fallbeispiel 24, 126
Familie 55, 57, 69, 171
Familiengespräche 125
Familiensystem 18
Farrelly, F. 7, 9, 23f, 47, 58, 135
Frieden 191

G
Gedankenlesen 28
Gefühlsreaktionen 38
Gegenübertragung 10, 109
Gegenwart 66
Geschichten 146, 174f
Gesundung 43
Gewalt 187
Gewalttätigkeit 147, 191, 193
Gewinn 31, 101
Grenzen setzen 55

H
Haltungen 76
Handeln 89
Hilflosigkeit 192
Höfner, E. 23
Humor 9, 11, 16, 40, 63, 121
hyperaktives Verhalten 173
Hyperkinetische Störung (HKS) 170
Hypnotherapie 182
hypnotischer Zustand 145

I, J
Identifikation 74, 110, 149, 195
Illusion einer Wahl 176
inadäquate Lösungen 134, 136
Indikation 129
Inhalt von Botschaften 76
Inkongruenz 20, 22, 25, 30, 35, 43f, 56, 68, 73

innere Szenen 143
Interaktionsmuster 142
internaler Bezugsrahmen 78
Intervention 8, 45, 48, 74, 120, 150, 156
Intervention, erzieherisch 160
Interventionen, indirekt 145
Interventionsmethodik 109, 131
Interventionstechniken 8
Jugendliche 21

K
Kampf 156, 177
Kind 51, 104
Kindertherapien 168
Klagen 73, 75
Kommunikation 144
Kompetenz 53, 63, 95
Konflikt 55, 163, 187f
Konfliktmuster 49
Kongruenz 16
Konstruktion 32
Konsultation 132
Kontrolle 111
Konzentration 179
Kooperation 132
körperliche Kämpfe 178
Kritik 88, 124
Kurzzeittherapie 13

L
Lachen 40
Lebendigkeit 200
Lebenskrisen 15
Lerneffekt 189
Lernen 195
Lösungen 135
Lösungsmuster 134

M, N
Modell des Lernens 188
Modelle der Erziehung 188
Muster 156, 171
Nachdenken 165, 190, 195f
Negativbild 42
negative Gegenübertragungsgefühle 123
Nicht-Denken 187

O, P
offene Fragen 33
Opfer 152
Opferhaltung 54
Orientierung 112
Orientierungsmuster 26, 65f, 68, 70, 117
Paradoxie 85, 94
Paschas 82
passive Haltung 52, 62, 122, 129
Passivität 116, 139
persönliche Reaktionen 120
Phantasie 199f
Phantasiereisen 194
Phobie 57, 176
Pro + Vocare 13
Projektion 52f, 56, 61, 116, 118, 129, 148ff, 157
Protest 21, 39
Provocative Therapy 11ff, 47, 127
provokative Intervention 32
Provokative Therapie, Anfänge 24
Provozieren 11
Prüfungsangst 178
Psychohygiene 14, 62f
Psychoorganische Störung (POS) 170
psychosoziale Muster 19
Pubertät 199

R
Rapport 45
Rat 12
reaktive Haltung 54
reaktive Position 189
Realitätswahrnehmung 191
Reframing 120
Regelbildung 90
Regeln 126, 154, 196f
Regelsystem 158
Reifung 163
Ressourcen 60, 120
Rogers, C. 13, 24
Rolle 135, 143
Rückmeldung 120, 161
Rückmeldungen, direkte 117
Rückmeldungen, positive 123

S
Schachtner, H.-U. 23
Scheidung 153
schizophrene Patienten 200
Schlägereien 147
Schuldgefühle 17, 83
Schulkrise 153
Schweigepflicht 133
Selbst erfüllende Prophezeiung 84
Selbst 78, 97
Selbst, falsches 77
Selbständigkeit 80, 195, 197
Selbstbestimmung 18
Settings 125
Spiegel 143f
Spiel 177, 183ff
starke Mutter 81
starres Weltbild 162
Stimmen hören 93
Streit 147
Stuhlgang verweigern 174
Suggestionen 180f
Symptom 57
System 57, 94
szenisches Darstellen 27
szenisches Spiegeln 142

T
Tabu 41
Teufels Advokat 101f
Therapeut 122, 130, 137, 175
therapeutische Doppelbindung 151
therapeutische Sitzungen 44
Therapie 125f
Therapiemethoden 7
Therapiestunde 37, 128
Tobsucht 160

U
Übertragung 10, 109, 135
Überzeugungen 22, 25, 28, 31, 35, 91f, 94, 183
Übung 94
Umdeutung 151
Umprogrammieren 184
Unabhängigkeit 79, 195
Ungehorsam 199
Unruhe 172
Unterbrechen 157
Unterschiede 152

Unterstützung 33

V
Veränderungsprozess 13, 21
Verantwortung 79, 170, 196
Vergangenheit 98
Verhalten 37
Verhaltensänderung 168, 178
Verhaltensmuster 86, 117, 142
Verhaltensspiegel 173
Verhaltensstörungen 34
Verhaltensweisen 76, 154
Verhaltensweisen, problematische 101
Verleugnung 52, 54, 61, 116, 121, 133, 155, 192
verrückte Lösungen 138
Versagen 156
verschiedene Positionen 134
Verständigung 198
Verstärkung 37, 152
Vorbild 90
Vorgeben 189
Vorteile 101, 104, 106

W, Z
Wahrheit 148
Wahrnehmung 61, 70, 87, 161
Wahrnehmung, eingeschränkte 86
Wandlungsprozess 162
Wertvorstellungen 103
Widerspruch 178, 181
widersprüchliches Verhalten 25
Widersprüchlichkeit 14, 37
Widerstand 34, 36, 92, 94f, 137, 182
Wippich, J. 23
Wirklichkeit 91, 96
Zappeln 172
Zappelphilipp 170
Zen 99
Zerrspiegel 42
Ziele 17
Zirkelschluss 155
Zukunft 66
Zukunftsszenarien 139
Zuschauer 67

Notizen

Notizen

Notizen

Notizen

Notizen

Notizen

Worte können Fenster sein...

208 Seiten, kart., € 18,– [D]
ISBN 3-87387-454-7

Man kennt es aus dem Alltag, sei es im Privatleben oder im Beruf: Ein Streit kann so ausarten, daß man sein Gegenüber mit Worten verletzt – oder daß man selbst verletzt wird. Manchmal dauert es dann sehr lange, bis solche Verletzungen heilen. Wie kann man sich auch in Konfliktsituationen so verhalten, daß man sich seinen Mitmenschen gegenüber respektvoll verhält und gleichzeitig die eigene Meinung vertreten kann – und zwar ohne Abwehr und Feindseligkeit zu erwecken? Geht das überhaupt?
Man kann es lernen – mit dem Modell der Gewaltfreien Kommunikation. Die Methode setzt darauf, eine Konfliktsituation genau zu beobachten, unsere eigenen Gefühle auszusprechen, die Bedürfnisse hinter diesen Gefühlen aufzudecken, und dann den anderen zu bitten, sein Verhalten dementsprechend zu überdenken und zu ändern. Ehrlichkeit, Empathie, Respekt und Zuhören-Können stehen dabei im Vordergrund. Mit Hilfe von Geschichten, Erlebnissen und beispielhaften Gesprächen macht Marshall Rosenberg alltägliche Lösungen für komplexe Kommunikationsprobleme deutlich.

Dr. Marshall B. Rosenberg ist international bekannt als Konfliktmediator und Gründer des internationalen Center for Nonviolent Communication in den USA. Er lehrt in Europa und den USA und reist regelmäßig in Krisengebiete, wo er Ausbildungen und Konfliktmediationen anbietet.

www.junfermann.de
www.active-books.de

JUNFERMANN • Postfach 1840 • 33048 Paderborn
eMail: ju@junfermann.de • Tel. 0 52 51/13 44 0 • Fax 0 52 51/13 44 44

Richtig streiten kann man lernen

176 Seiten, kart.
€ 15,50 [D]
ISBN 3-87387-469-5

Kollegen vergraulen einander, Beziehungen scheitern, Geschäftspartner ziehen vor Gericht, weil sie sich nicht mehr verstehen ... es gibt viele Ebenen, auf denen wir uns mit anderen Menschen streiten. Kommunikations- und Konfliktfähigkeit als Basis unserer Beziehungen ist nur in den seltensten Fällen ein angeborenes Talent. Die meisten Menschen müssen sich Kompetenz auf diesem Gebiet erst aneignen. Ziel der *Streitschule* ist es, diese Qualitäten zu entwickeln und zu stärken. In der *Streitschule* treffen ganz unterschiedliche Menschen zusammen, um miteinander und aneinander zu lernen, wie man sich im Konfliktfall behauptet, ohne andere zu verletzen.

Das Buch beschränkt sich auf kurze theoretische Ausführungen, dafür finden Sie viele Übungen und Rollenspiele. Das Einzige, was Sie zu diesem Trainingskurs mitbringen müssen, ist Ihre Neugier auf sich selbst und auf andere.

Simone Pöhlmann ist Rechtsanwältin. Sie betreibt eine Praxis für Mediation bei Trennung, Scheidung, Erbschafts- und Nachbarschaftskonflikten in München.

Angela Roethe ist Journalistin und Mediatorin in München und Vorsitzende von ‚KLASSE! Die AG Schulmediation'.

www.junfermann.de
www.active-books.de

JUNFERMANN • Postfach 1840 • 33048 Paderborn
eMail: ju@junfermann.de • Tel. 0 52 51/13 44 0 • Fax 0 52 51/13 44 44

Es geht auch ohne Ritalin!

320 Seiten, kart.
€ (D) 22,50
ISBN 3-87387-494-6

Dieses Buch setzt sich kritisch mit der fälschlichen Diagnostizierung von Millionen von Kindern mit der sogenannten Aufmerksamkeitsdefizit-Hyperaktivitätsstörung (ADHS) und dem übermäßigen Gebrauch psychoaktiver Medikamente – wie Ritalin – zur Behandlung von Hyperaktivität auseinander. Nach Auffassung des Autors sind viele der Verhaltensweisen, die als ADHS bezeichnet werden, in Wahrheit aktive Reaktionen eines Kindes auf komplexe soziale, emotionale und erzieherische Einflüsse. Wenn Eltern an den Ursachen der Probleme arbeiten, statt Symptome mit potentiell schädlichen Medikamenten nur zu überdecken, können sie ihren Kindern zu mehr Lebensqualität verhelfen. Zu den vom Autor empfohlenen fünfzig „drogenfreien" Strategien zur Überwindung der Aufmerksamkeits- und Verhaltensprobleme von Kindern zählen u.a. Maßnahmen zur Stärkung der Selbstachtung und zur optimalen Förderung von Vitalität und Kreativität. Das Buch enthält Checklisten, mit deren Hilfe Leser die für ein bestimmtes Kind besten Interventionen finden können.

Thomas Armstrong, Ph.D., ist Autor mehrerer Bücher. Er war früher Sonderschullehrer; heute hält er Vorträge und Seminare in vielen Ländern.

www.junfermann.de
www.active-books.de

JUNFERMANN • Postfach 1840 • D-33048 Paderborn
eMail: ju@junfermann.de • Tel. 0 52 51/13 44 0 • Fax 0 52 51/13 44 44